hänssler

JOETTA H. SCHLABACH

Weniger ist mehr

Gesünder leben und nicht verschwenden

Band 2

Die Deutsche Bibliothek – CIP-Einheitsaufnahme
Weniger ist mehr : gesünder leben und nicht verschwenden /
[hrsg. vom Mennonite Central Committee (MCC), Akron, Pennsylvania, USA]. –
Neuhausen-Stuttgart : Hänssler.
NE: Mennonite Central Committee <Akron, Pa.>
Bd.2. Joetta H. Schlabach. – Neuaufl. – 1992
Orig.-Ausg. u.d.T.: Extending the table
ISBN 3-7751-1750-4
NE: Schlabach, Joetta H.

Bestell-Nr. 391.750

Originaltitel: Extending the Table. A World Community Cookbook
Herausgegeben vom Mennonite Central Commitee (MCC), Akron, Pennsylvania
Übersetzt aus dem Englischen von Barbara Büchner

Umschlaggestaltung: Daniel Dolmetsch
Satz: AbSatz Ewert-Mohr, Klein Nordende
Printed in Germany

Inhalt

Dank an die Mitarbeiter

Eine große Anzahl Menschen hat uns geholfen, für dieses Buch »den Tisch zu decken«. Die folgende Namensliste umfaßt noch längst nicht alle, die uns bis zur Vollendung des Projekts förderten und unterstützten.

In erster Linie bin ich Kristina Mast Burnett zu Dank verpflichtet, die gemeinsam mit Reg Toews vom Zentralkomitee der Mennoniten und Vertretern des Herald Press-Verlages die Idee zu diesem Projekt hatte und mich einlud, das Buch zu schreiben. Tina arbeitete während des gesamten Planungsprozesses und der Materialsammlung für das Buch eng mit mir zusammen, obwohl uns viele Meilen voneinander trennten. Während ich zu Hause in Indiana arbeitete, die Einleitung zu den Kapiteln schrieb, die Geschichten bearbeitete, Rezepte ausprobierte und überprüfte, arbeitete Tina im Büro des MCC in Pennsylvania. Sie half mit, die Rezepte auszuwählen, zu überprüfen und zu revidieren, sie koordinierte die Prüfung der Rezepte, die von Freiwilligen getestet wurden, sie übernahm die Nachforschung nach seltenen und wenig gebräuchlichen Zutaten und erwies sich als überaus tüchtig bei der Koordination administrativer Angelegenheiten.

Acht Personen standen uns als beratendes Komitee bei der Gestaltung dieses Buches zur Verfügung. Diese Gruppe traf sich in der Anfangsphase zu einem Wochenendmeeting und half uns dabei, dem Projekt seine Gestalt zu geben. Diese Mitarbeiter standen uns ständig mit Rat und Tat zur Seite. Zu den Mitgliedern dieses Komitees zählten Sadie Campbell (Jamaika), Cynthia Peacock (Indien), Ezra Sigwela (Südafrika); aus den Vereinigten Staaten kamen Karen Klassen Harder (Kansas), Jessie Hostetler (Oregon), Carol Loeppky (Kentucky und Ontario), Willard Roth (Indiana) und Ingrid Schultz (Britisch Columbia).

Rund 250 Mitarbeiter trugen mit mehr als tausend Rezepten und vielen Geschichten zu diesem Buch bei. Obwohl wir nur einen Teil davon unterbringen konnten, half uns jeder einzelne Beitrag dabei, dem Buch Gestalt zu geben und seinen Wert zu festigen.

Jedes Rezept, das wir auswählten, wurde mehrfach überprüft, nach Möglichkeit in je einer kanadischen und einer US-amerikanischen Küche. Eine große Gruppe von Hauswirtschaftsfachleuten, Ernährungsfachleuten und erfahrenen Köchen meldete sich freiwillig dazu, bei dieser ungeheuren Aufgabe zu helfen. Der Platz reicht nicht aus, alle ihre Namen einzeln aufzuzählen, aber ihre Beurteilungen und Empfehlungen waren uns von unschätzbarem Wert. Sie nahmen die Herausforderung, unbekannte Rezepte zu testen, mit einer inneren Einstellung von Abenteuerlust und Begeisterung an und erwiesen oft ihre Gastfreundschaft darin, daß sie Freunde einluden, die so entstandene Mahlzeit mit ihnen gemeinsam zu genießen.

Die im folgenden genannten Personen haben zusätzliche Spezialistenarbeit bei der Überprüfung der Rezepte geleistet und gaben uns technische Hilfestellung bei der Entwicklung der Rezepte: Carolyn J. Grasse, Herb Hoover, Margaret Loewen, Sarah E. Myers, Dawn Russel, Joann Burnett und die Studenten der Lebensmittel- und Ernährungswissenschaftlichen Studienrichtung am Goshen College, Janet Harder und die Studenten der Ernährungswissenschaft am Eastern Mennonite College, Mary Ann Mihok und die Studenten der Ernährungswissenschaft am Messiah College, Evie Shaar und die Belegschaft des Speisesaals des MCC, Barbara Stettler und die Studenten der Hauswirtschaft am Bluffton College sowie Marge Warta und die Studenten der Hauswirtschaft am Bethel College.

Helen Alderfer, Amy Dueckman, Jan Enns, Suzanne Franz, Karen Klassen Harder, Nancy Heisey, Jessie Hostetler, Mary Beth Lind, Catherine Mumaw, Willard Roth und Ingrid Schultz lasen die Manuskripte und gaben Anregungen zu einzelnen Passagen.

Cheryl Zehr Walker und Andrea Schrock Wenger kopierten das Manuskript, Carol Brubaker lektorierte es. Larry Litwiller stellte wertvolle Hilfen bei der Arbeit in den letzten Monaten des Projekts zur Verfügung.

Mein Mann und meine Söhne unterstützten mich auf vielfältige Weise – sie munterten mich auf, wenn ich mich niedergeschlagen fühlte, zeigten Geduld, wenn ich Überstunden machte, kosteten die Rezepte ... und erwiesen mir ihre Liebe.

Joetta Handrich Schlabach

Über die Autorin und die Herausgeberin der Rezepte

Die Autorin

Joetta Handrich Schlabach ist seit langem als Autorin, Erzieherin und administrative Mitarbeiterin für das Zentralkomitee der Mennoniten (MCC) tätig. In den Jahren 1980 - 1982 arbeitete sie in der Abteilung für Ernährungsangelegenheiten; von 1982 bis 1987 waren sie und ihr Ehemann vor Ort in Nicaragua und Honduras tätig.

Joetta wuchs in Grand Marais, Michigan, auf. Sie schloß ihr Studium am Goshen-College, Indiana, im Jahre 1980 mit einem Diplom in Hauswirtschaftslehre ab und studierte später an der Universität Michigan Hauswirtschaft. Sie ist verheiratet und hat zwei Söhne, Gabriel und Jacob.

Nach ihrer Rückkehr aus Lateinamerika fanden Joetta und ihre Familie weiterhin Geschmack an der Vielfalt internationaler Lebensformen. Während ihrer Aufenthalte an der Universität Michigan, in den Associated Mennonite Biblical Seminaries, in Elkhart, Indiana, und an der Universität Notre Dame wohnten sie in Studentenwohnheimen, die auch vielen ausländischen Familien als Heim dienen. An den beiden letztgenannten Orten führte Joetta die Arbeiten für das vorliegende Buch durch.

Joetta und ihr Ehemann sind Mitglieder des Michigan State University Mennonite Fellowship und besuchen die Mennonitenkirche Kern Road in South Bend, Indiana, wo sie auch ihren festen Wohnsitz haben.

Die Herausgeberin der Rezepte

Kristina Mast Burnett ist seit 1976 als Autorin, Redakteurin und in der Verwaltung für MCC tätig. Von 1978 bis 1989 war sie Leiterin des MCC-Informationsdienstes. In früheren Jahren gab sie für MCC ein Informationsblatt über die Entwicklung des Lebensstandards der in Amerika geborenen Einwohner heraus.

Kristina wuchs in Clarence Center, New York, auf und beendete die Ausbildung am Eastern Mennonite College in Harrisonburg, Virginia, mit einem Diplom in Englisch. Sie arbeitete als Journalistin und Hochschullehrerin für Englisch.

Sie und ihr Ehemann Tom sind Mitglieder der Pilgrim Mennonite Church in Akron, Pennssylvania, wo sie auch leben. Sie haben zwei Kinder, Kevin und Kathryn.

Vorwort

Vor zwei Jahren besuchten meine Frau Nancy Heisey und ich Argentinien. Eines Tages saßen wir dort unter einem Baum und plauderten mit Salustiano Lopez, einem Kirchenältesten der Toba-Indianer. Wir waren daran interessiert, von ihm zu erfahren, welchen Weg die nordamerikanischen Missions- und Entwicklungshilfe-Gemeinschaften in den kommenden Jahren einschlagen sollten. Wir fragten ihn, wie er es anfangen würde, in Argentinien oder den umliegenden Ländern das Evangelium unter den Einheimischen zu verbreiten, in deren Umfeld es keine Kirchen gibt.

Er zögerte einen Augenblick und antwortete dann: »Ich würde hingehen und mit ihnen essen.« Er begann zu weinen, und das Missionarsehepaar, das für uns dolmetschte, weinte mit ihm. Auch Nancy und ich fühlten uns von seiner so einfachen und doch so eindrucksvollen Antwort überwältigt. Wir wußten, daß diese Leute – seit vierzig Jahren als Missionare im Feld – die Würde der einheimischen Argentinier achteten, indem sie ihre Nahrung aßen, in ihren Häusern schliefen und ihre Sprachen erlernten und dokumentierten.

»Weniger ist mehr -Band 2« ist eine Einladung, Salustiano Lopez' Rat zu folgen und sich an den Geschenken der Menschen von Argentinien bis Zambia zu erfreuen. Die Geschichten und die Rezepte sollen uns helfen, uns in die Lebenssituation dieser Menschen zu versetzen und uns auf bemerkenswerte Weise von ihnen verändern zu lassen. Essen ist ein Weg, mit anderen Menschen Gemeinschaft zu haben, aber es ist noch mehr als das; in einer geheimnisvollen Art und Weise ist es ein Teil der christlichen Botschaft, wie es Jesus so lebensnah darstellte, als er das Brot brach und allen davon zu essen gab.

»Weniger ist mehr -Band 2« steht in der Tradition von Doris Janzen Longacres »Weniger ist mehr-Kochbuch« und besonders ihrem Buch »Mehr Leben mit weniger«, das ich, als ihr Witwer, nach ihrem Tod fertiggestellt habe. Beide Bücher bedeuteten eine Herausforderung für uns, von der weltweiten Gemeinschaft zu lernen, mit Vergnügen Feste zu feiern und Fürsorge für die Erde zu tragen. »Weniger ist mehr -Band 2« präsentiert Rezepte und Geschichten von Menschen aus aller Welt. Viele von ihnen müssen mit einem Minimum an materiellen Dingen ihr Auskommen finden, und dennoch teilen sie Geschenke aus, die uns einen anderen und freieren Lebensweg weisen.

»Weniger ist mehr – Band 2« ist viel mehr als ein Kochbuch. Man wird es zweifellos in erster Linie auf dem Küchenbord finden, aber es würde ebensogut als erbauliche Lektüre auf das Nachttischchen oder auf den Kaffeetisch passen. Möge es auch seinen Weg auf das Bücherbord des Pastors finden, denn es enthält ausgezeichnete Ideen für Sonntagspredigten.

Uns allen gibt es wiederholt Gelegenheit, am Leben von Menschen in aller Welt teilzuhaben und uns an dem Reichtum, den sie uns zu bieten haben, zu erfreuen. In dem Maße, in dem wir fähig werden, andere Völker und ihre Überlieferungen mit Respekt und Zartgefühl zu behandeln, werden auch wir Veränderung erfahren.

Paul Longacre
Dezember 1990

Für Doña Angela Silva und Sonia Chávez,
unsere Freundinnen, die ganz ohne Kochbuch kochen,
deren Leben jedoch
zur Inspiration für dieses Kochbuch wurde.

Über die Rezepte

Am Schluß jedes Rezepts findet sich ein Hinweis auf die Menschen, durch deren wertvolle Mitarbeit es uns ermöglicht wurde, dieses Rezept in die Sammlung aufzunehmen. Wie andere traditionelle Überlieferungen sind Rezepte jedoch kein »Privatbesitz«. Sie stehen für ganze Gemeinschaften, Regionen und Länder. So haben uns Nordamerikaner Rezepte geschenkt, die sie von ausländischen Gästen erhielten oder zu einer Zeit sammelten, in der sie selbst in fremden Kulturen lebten. Wo es möglich war, haben wir daher in unserer Anmerkung auch den Namen der Personen erwähnt, von denen das Rezept ursprünglich stammte.

Wir haben uns eine gewisse Freiheit genommen, ähnlichklingende Rezepte zu kombinieren und den Vorschlägen unserer Fachberater gemäß zu verändern. In einigen Fällen mußten wir das Rezept etwas weniger originalgetreu gestalten, um es amerikanischen und europäischen Köchen leichter zugänglich zu machen.

Der Preis der einzelnen Zutaten hängt von der jeweiligen geographischen Lage ab; nicht alle Zutaten sind überall erhältlich. Den einzelnen Köchen und Köchinnen mag es also vorteilhaft erscheinen, die eine oder andere Zutat wegzulassen, wenn sie am Ort allzu kostspielig ist, oder einen entsprechenden Ersatz zu verwenden. Viele der weniger gebräuchlichen Zutaten, wie Kardamom, Garam Masala, Sesamöl und Fischsauce, sind zu günstigeren Preisen in türkischen, arabischen, chinesischen usw. Geschäften erhältlich. Diese liegen meist etwas abseits der gewohnten Einkaufswege, aber ein Besuch in einem solchen Laden kann eine günstige Gelegenheit sein, Angehörige anderer Kulturen kennenzulernen, die inmitten unserer Gemeinschaft leben.

Rezepte, deren Zutaten zum Teil mit * versehen sind, sind scharf gewürzt. Leute mit empfindlichem Gaumen sollten diese Rezepte lieber überblättern oder die Menge der Gewürzzutaten verringern. Wir haben bei einigen Rezepten Hinweise auf die Zubereitung mit Mikrowelle gegeben, wo sich diese Art zu kochen als besonders zeitsparend oder besonders schonend für Geschmack und Gestalt der Speise erwies. Viele andere Rezepte könnten ebenfalls mit Mikrowelle zubereitet werden; wer Erfahrung im Umgang mit Mikrowelle hat, hat die Möglichkeit dazu. Da die Kochzeiten von der

Watt-Leistung der Geräte abhängen, haben wir jeweils mehrere Kochzeiten angegeben. Arbeiten Sie zunächst mit der am kürzesten angegebenen Zeit, um so die für Sie günstigste Kochzeit festzustellen.

Wenn nicht anders angegeben, bezieht sich *Mehl* auf gebräuchliches weißes Mühlenmehl und *Zucker* auf weißen feinen Zucker. Wir haben durchweg *Margarine* statt Butter verwendet und *Milch* als Zutat angegeben, anstatt speziell auf Magermilch oder Vollmilch hinzuweisen. Hier mag jeder Koch und jede Köchin die Zutaten wählen, die ihnen am liebsten sind.

Würzmittel wie Sojasauce (die in vielen asiatischen Rezepten vorkommt), Brühwürfel und Salz enthalten sehr viel Natrium. Sie sollten in gesundheitsbewußter Ernährung nur in Maßen verwendet werden.

Folgende Abkürzungen für Standardmaße werden im Buch verwendet:

Zentimeter	– cm
Gramm	– g
Kilogramm	– kg
Liter	– l
Milliliter	– ml
Eßlöffel	– EL
Teelöffel	– TL

Rezepte haben in gewisser Weise Ähnlichkeit mit Landkarten und Bilderbüchern. Sie zeichnen ein Bild davon, wie bestimmte Nahrungsmittel zubereitet werden. Sie sind jedoch kein Ersatz für die köstliche Kunst, Gemüse zu hacken oder Teig zu kneten. Sie sind auch kein Ersatz für die Freundschaft, die entsteht, wenn man von einem anderen Menschen in seine Kochkunst eingeweiht wird. Verwenden Sie also die Rezepte, aber suchen Sie die Gelegenheit, mit anderen Leuten zu kochen und von ihnen zu lernen.

Worterklärungen

Die Rezepte in diesem Buch enthalten eine Anzahl von Gewürzen und anderen Zutaten, die Ihnen zunächst fremd sein mögen. Viele sind jedoch in Kräuterhandlungen und Spezialitätengeschäften, Reformhäusern und Supermärkten leicht erhältlich. Einige dieser Gewürze und Zutaten sind teuer, aber da für ein Rezept für gewöhnlich nur eine sehr geringe Menge verwendet wird, verteilen sich die Kosten auf viele Gelegenheiten. Gewürze, die nur selten verwendet werden, sollten luftdicht verschlossen und im Gefrierfach aufbewahrt werden, um sie frischzuhalten. Wir führen im Folgenden einige Ersatzmöglichkeiten an, um die Rezepte flexibler zu gestalten – ihre beste Wirkung entfalten ausländische Gerichte jedoch, wenn Sie die Originalzutaten verwenden.

Anis: Sternanis ist die sternförmige Frucht eines kleinen immergrünen Baumes, der in China beheimatet ist. Die getrockneten Sternchen verleihen Suppen und anderen Gerichten einen köstlichen Geschmack. Sternanis, Anisöl und Anissamen sind am Gewürzstand von Supermärkten oder in Spezialitätengeschäften erhältlich.

Austernsauce: Diese Würzmischung im Stil der chinesischen Küche, die unter vielen Markennamen im Handel ist (meist in Flaschen angeboten), erhält man in asiatischen Geschäften, in der Spezialitätenabteilung von Feinkostgeschäften, manchmal auch in Supermärkten. Im Kühlschrank aufbewahren.

Bulgur: Bulgur ist der gebräuchliche Name für ganze Weizenkörner, die in Wasser erhitzt, dann getrocknet und zerrieben werden, wobei einiges von der Kleie entfernt wird. Im Nahen Osten wird Bulgur sehr häufig verwendet, vor allem in Kombination mit Fleischgerichten, Pilaf, Suppen, Salaten, Nachspeisen und als warme Getreidemahlzeit. Erhältlich ist Bulgur in Naturkostläden und Reformhäusern.

Chilischoten: Chilis stammen aus Südamerika und gehören zur selben Familie wie unsere Paprika. Es gibt zahlreiche Sorten, die sich, was Größe und

Geschmack angeht, beträchtlich unterscheiden, angefangen von den milden grünen Paprika bis zu den extrem scharfen Chilischoten. Die Schoten wechseln während des Reifens die Farbe, sie sind erst grün, dann gelb, später orange und zuletzt rot. Zu den gebräuchlichsten Chilis gehören die Jalapeños, die in der mexikanischen Küche Verwendung finden, und die langen, schmalen grünen Chilis, die in der indischen Küche gebräuchlich sind.

Scharfe Chilis sind im allgemeinen leicht erhältlich. Es lohnt sich, nach asiatischen Läden Ausschau zu halten, falls die gewöhnlichen Lebensmittelläden sie nicht führen. Sie lassen sich auch leicht im eigenen Garten anbauen; man kann sie dann (kleingehackt) einfrieren oder trocknen und so einen Wintervorrat anlegen. Gefrorene Schoten behalten ihren Geschmack, verlieren jedoch ihren knackigen Biß. Chilischoten lassen sich, in einer Papiertüte verpackt, leicht im Kühlschrank aufbewahren.

Da einige Chilisorten außergewöhnlich scharf sind, sollte man sie mit Vorsicht genießen. Im allgemeinen gilt die Regel: Je kleiner die Schoten, desto schärfer. Am schärfsten sind die Samenkörner und die Häutchen. Man kann sie, falls notwendig, vor dem Gebrauch entfernen. Während der Verarbeitung roter Chilis sollte man die Hände mit Plastikhandschuhen schützen und es sorgfältig vermeiden, Augen oder Mund zu berühren. Getrocknete Schoten sind im allgemeinen nicht so scharf wie frische.

Statt frischem Chili kann man auch roten Pfeffer (Cayenne-Pfeffer) oder Tabasco-Sauce verwenden.

Cilantro / Koriandergrün: Die starkriechenden Blätter dieses zähen Pflänzchens, das würzige Koriandergrün, werden in der südamerikanischen, asiatischen und nahöstlichen Küche verwendet - etwa wie bei uns die Petersilie. Koriandergrün ist im örtlichen Lebensmittelhandel nur selten erhältlich, versuchen Sie es in einem asiatischen Geschäft oder ziehen Sie diese Pflanze selbst aus den Samenkörnern.

Erdnüsse: Afrikanische und auch einige asiatische Rezepte verwenden gemahlene Erdnüsse, roh oder geröstet, für Suppen, Saucen, Fleisch- und Gemüsegerichte. Sie können im Kühlschrank aufbewahrt werden. Gefrorene Erdnüsse sind leichter zu mahlen als Erdnüsse mit Zimmertemperatur, da das austretende Öl leicht die Mahlmesser verkleben kann. Erdnußbutter wird gerne als Ersatz für frischgemahlene Erdnüsse verwendet, obwohl der unverwechselbare Geschmack dabei ein wenig verlorengeht.

Fenugreek: Diese Samen werden in Currygerichten, in der nordafrikanischen Küche und teilweise auch in der mediterranen Küche verwendet.

Feta-Käse: Dieser griechische Käse, der aus Ziegenmilch hergestellt wird (deshalb auch als Ziegenkäse bekannt), hat einen kräftigen, salzigen Geschmack und ist von krümeliger Beschaffenheit. Man findet ihn für gewöhnlich in der Käseabteilung eines Supermarktes.

Fischsauce: Diese wäßrige braune Sauce wird aus eingesalzenem Fisch hergestellt und ist auch unter dem Namen Patis bekannt. Sie spielt in der vietnamesischen und thailändischen Küche dieselbe Rolle wie die Sojasauce in der chinesischen Küche. Erhältlich in asiatischen Läden.

Garam masala: Diese indische Gewürzmischung ist in asiatischen Geschäften und gut sortierten Kräuterhandlungen erhältlich.

Ghee: Diese geklärte Butter wird in der indischen Küche verwendet. In asiatischen Lebensmittelläden erhältlich. Mit Ausnahme ganz besonders festlicher Gerichte kann sie überall durch Öl ersetzt werden.

Glasnudeln: Diese feinen durchsichtigen Nudeln werden aus Bohnenstärke hergestellt. Man erhält sie in Fernostläden.

Ingwerwurzel: Ingwer gibt asiatischen Gerichten einen unverwechselbaren Geschmack und verleiht warmen und kalten Getränken einen würzigen »Biß«. Achten Sie auf eine glatte Außenhaut der Wurzeln; alter Ingwer sieht rauh und runzelig aus. Es ist im allgemeinen nicht notwendig, die Wurzeln vor dem Reiben zu schälen. In einer braunen Papiertüte im Kühlschrank aufbewahrt, hält sich Ingwer zwei bis vier Wochen. Man kann ihn auch reiben oder in dünne Scheiben schneiden, dann sorgfältig zudecken und einfrieren. Gemahlener Ingwer kann bei einigen Rezepten als Ersatz verwendet werden, aber wenn möglich sollten Sie, um den besten und originalen Geschmack zu erzielen, frischen Ingwer verwenden.

Kardamom: Dieses Gewürz, das zur Familie der Ingwergewächse gehört, ist eine häufig verwendete Zutat bei asiatischen und afrikanischen Currygerichten sowie in Broten und Keksen. Viele Lebensmittelgeschäfte verkaufen Kardamom gemahlen, aber die Fruchtschoten, die die kleinen Samen enthalten, findet man vorwiegend in asiatischen Lebensmittelgeschäften. Werden ganze Kardamomschoten in Eintöpfen oder Currygerichten verwendet, so entfernt man sie vor dem Auftragen.

Koriander: In diesem Buch bezeichnet Koriander gemahlenen Koriander, der in Currygerichten, bei der Wurstherstellung und beim Einwecken von Gemüse Verwendung findet.

Knoblauch: Auf allen Kontinenten verbreitet ist die Knoblauchpflanze, deren Knolle aus einer Anzahl keilförmiger Zehen besteht. Achten Sie beim Einkauf auf feste Zehen, die keine verfärbten Stellen aufweisen dürfen. Schälen Sie die äußere, papierartige Haut ab, entfernen Sie eventuell verfärbte Stellen und zerdrücken oder hacken Sie den Knoblauch. Die breite, flache Klinge des Küchenmessers eignet sich besonders gut zum Zerdrükken. Knoblauch hält sich praktisch unbegrenzt, wenn er in einem fest verschlossenen Behälter im Kühlschrank aufbewahrt wird. Vor dem Einfrieren sollte man die Zehen teilen. Schälen und hacken Sie sie in gefrorenem Zustand. Bei einigen Gerichten kann statt frischem Knoblauch auch Knoblauchgranulat oder Knoblauchsalz verwendet werden.

Laos: Dieses Gewächs, das zur Ingwerfamilie gehört, wird auch **Galangal**, Galanga, Galingale oder Galgantwurzel genannt. Es wird in der indonesischen Küche verwendet und ist in einigen asiatischen Läden erhältlich.

Linsen: Linsen sind Hülsenfrüchte wie Bohnen und Erbsen, werden beim Kochen jedoch schneller weich. Es gibt zahlreiche Sorten, die in der nahöstlichen und südasiatischen Küche weite Verbreitung finden. Die gebräuchlichste Sorte sind braune Linsen. Rote (orange) Linsen ergeben hübsch aussehende, auffallend gefärbte Eintöpfe, Suppen und Currygerichte.

Masa harina: Dieses Tortilla-Mehl, das auch unter seinem spanischen Namen bekannt ist, wird aus fein gemahlenem Maismehl hergestellt. Es kann in einigen Rezepten durch weißes Maismehl ersetzt werden. Man erhält es in spanischen Geschäften sowie in Supermärkten mit einem reichen Angebot an Mehlsorten bzw. in dessen Spezialitätenabteilung.

Pilzspezialität: Getrocknete chinesische Pilze sind duftende Pilze, die man in asiatischen Läden erhält. Sie müssen vor Gebrauch eingeweicht werden. Wenn sie mit Wasser vollgesogen sind, haben sie eine feste, elastische Substanz. Shiitake-Pilze, die es getrocknet, frisch und in Dosen in asiatischen Geschäften zu kaufen gibt, sind eine ähnliche duftende Pilzsorte, die in der japanischen Küche verwendet wird. Trockenpilze, die in ganz Asien verwendet werden, werden auch Wolkenohrpilze oder Waldohren genannt. Sie haben nur ein geringes Eigenaroma und nehmen den Geschmack anderer Ingredienzien an. Falls nicht erhältlich, können sie durch andere Pilzsorten ersetzt werden. Getrocknete Pilze sind praktisch unbegrenzt haltbar, wenn sei in einem verschlossenen Behälter an einem kühlen Ort aufbewahrt werden.

Pfeffer: Damit ist immer gemahlener schwarzer Pfeffer gemeint. Gemahlener roter Pfeffer ist auch als Cayennepfeffer bekannt. Siehe auch unter Chilischoten.

Phyllo: Auch **Filo** oder **Fillo-Teig** genannt. Dieser außergewöhnlich dünne Teig kann zu flockigem Gebäck herausgebacken werden. Er findet in der griechischen und mediterranen Küche Verwendung. Erhältlich in griechischen Geschäften und den Spezialitätenabteilungen vieler Feinkostgeschäfte.

Pignolien: Auch Piñon genannt. Diese zarten Samenkörner der Pinien werden in der mediterranen Küche und von Stämmen amerikanischer Ureinwohner im Südwesten der USA verwendet. Man findet sie in den Regalen mit italienischen, griechischen oder spanischen Lebensmitteln. Sie können durch Mandeln ersetzt werden.

Planten: Diese große, harte, grüne Frucht gehört zur Familie der Bananen und wird in der westindischen, lateinamerikanischen und afrikanischen Küche verwendet (ähnlich wie bei uns die Kartoffel). Die grüne Frucht wird gebraten oder gekocht und als Gemüse gegessen. Reife Planten, die eine schwarze

Farbe annehmen, werden gebraten und als kleiner Imbiß oder Gemüse gegessen, oder sie finden in einer Vielzahl von Nachspeisen Verwendung.

Rotes Öl: Wird manchmal auch scharfes Öl oder Pfefferöl genannt. Diese feurige Mischung aus Sesamöl und rotem Pfeffer wird in der asiatischen Küche verwendet. In der Spezialitätenabteilung erhältlich.

Reisnudeln: Dies sind sehr dünne Nudeln aus Reismehl, die in asiatischen Lebensmittelgeschäften und vielen Supermärkten verkauft werden. Sie werden sehr viel schneller gar als Nudeln aus Weizenmehl.

Reispapier: Vietnamesische Eierrollen werden in dieses Papier gewickelt. Es wird tiefgekühlt oder gekühlt in asiatischen Geschäften verkauft. Falls nicht erhältlich, kann es durch chinesisches Frühlingsrollenpapier ersetzt werden.

Sesam: Sesamprodukte umfassen Sesamsamen, -öl, -paste und -butter. Sesamsamen und -öl sind in der Spezialitätenabteilung des Supermarktes leicht erhältlich. Das Öl ist ein wichtiges Gewürz in der chinesischen Küche. Sesampaste – eine grob zerdrückte Samenmischung, die als Tahini bekannt ist – und Sesambutter, eine etwas feiner gemahlene Paste, finden in vielen Gerichten des Nahen Ostens Verwendung. In vielen Rezepten sind die beiden Zutaten austauschbar. Sie finden diese Ingredienzien in griechischen oder asiatischen Geschäften oder Spezialitätengeschäften.

Teff: Dieses seit Jahrhunderten bekannte Korn aus Äthiopien gehört zur Hirsefamilie und soll das kleinste bekannte Getreidekorn der Welt sein. Es wird zu einem feinen dunklen Mehl vermahlen. Teff erhalten Sie in Reformhäusern und Spezialitätengeschäften.

Tempeh: In Geschmack und Substanz unterscheidet sich dieses Produkt aus fermentierten Sojabohnen, das in der indonesischen Küche weit verbreitet ist, deutlich von Tofu, einem anderen Sojaprodukt, das in vielen Lebensmittelgeschäften erhältlich ist. Tempeh ist erhältlich in Reformhäusern, asiatischen Lebensmittelgeschäften und Naturkostläden.

Zitronengras: Dieses, auch Zitronella genannte, tropische Gras wird in Teilen Asiens, Afrikas und Südamerikas verwendet. Es hat den starken Geruch und Geschmack von Zitronen und kann durch Zitronenschale ersetzt werden, die in dünne Streifen geschnitten oder gerieben wird. Man erhält es, frisch oder getrocknet, in asiatischen Lebensmittelgeschäften.

Mach unseren Tisch weit

In meiner Kindheit war Sonntag immer der Tag, an dem der Eßtisch ausgezogen wurde, um Gästen Platz zu bieten. Mein Vater war Pastor in einem abgelegenen Dörfchen in Michigan, am Ufer des Oberen Sees. Meine Mutter kochte gewöhnlich größere Portionen, manchmal für geladene Gäste, manchmal für unerwartete Besucher, die nach der Kirche zu einem Besuch in unserem Heim eingeladen wurden.

Das Sonntagsessen war die beste Mahlzeit der Woche. Mutter holte das Feinste und Beste aus dem Vorratsschrank, und mein Vater, der sich nun – nachdem er seine Predigt gehalten hatte – ausruhen konnte, bereicherte das Tischgespräch mit seinen besten Geschichten. Die Gäste, die an unserem Tisch saßen – manche wohnten hinter der nächsten Ecke, manche auf der anderen Seite des Erdballs – brachten ihre eigenen Geschichten mit und erweiterten so den Horizont unserer winzigen Welt.

Jahre später reiste ich als Collegestudentin im Rahmen eines internationalen Studentenhilfsdienstprogramms nach Honduras. Dort befand ich mich wiederum im Hause eines Pastors in einem entlegenen Dörfchen. Diesmal waren die Rollen jedoch anders verteilt. Ich war der Gast, und niemals habe ich eine solche Gastfreundschaft erlebt, wie sie mir dort zuteil wurde.

Gonzalo und Lilian Alemán wohnten mit ihren sechs Kindern in einem winzigen Häuschen mit zwei Schlafzimmern. Sieben Wochen lang stellten sie mir eines ihrer Betten zu meinem alleinigen Gebrauch zur Verfügung. Doña Lilian besaß weder eine Spüle, noch gab es fließendes Wasser im Haus, sie hatte keine Arbeitsplatte und nur einen zweiflammigen Gasherd. Ihr Tisch war nicht groß genug, und sie hatte auch nicht genug Teller, um ihrer gesamten Familie auf einmal den Tisch zu decken. Aber sie lud jeden freigebig ein, der zur Essenszeit vorbeischaute. Inmitten der endlosen Routine von Haushaltsarbeiten, der Arbeit in einer Kakaoplantage und kirchlichen Pflichten beantworteten Lilian und Gonzalo geduldig alle meine Fragen, stellten mich ihren Nachbarn vor und erzählten mir von ihren Träumen und Problemen.

Bevor ich nach Honduras reiste, hatte ich gedacht, ich wüßte, was Gastfreundschaft und Freigebigkeit bedeuten, aber die Familie Alemán lehrte mich die wahre Bedeutung der Worte. Um von ihnen zu lernen, mußte ich die unbehagliche Aufgabe übernehmen, einfach nur Gast zu sein und ihre aufopfernden Geschenke entgegenzunehmen.

Zwei Tische. Einer im Überfluß, der andere inmitten bitterster Armut. An einem dieser Tische lernte ich geben, am anderen empfangen. An beiden Tischen lernte ich, daß man sich ebenso die Zeit nehmen muß, einander seine Lebensgeschichten zu erzählen, wie Essen und Obdach miteinander zu teilen.

jhs

Weniger ist mehr

1976 stellte Doris Janzen Longacre ihr »Weniger ist mehr-Kochbuch« zusammen. Der Anlaß dazu war die sogenannte Welternährungskrise. Ihre Erzählungen und Rezepte animierten viele Menschen dazu, intensiver über die Zusammenhänge des Hungers in der Welt nachzudenken und sich für alternative Eßgewohnheiten zu interessieren. Sie forderte ihre Leser heraus, auf ihren übermäßigen Nahrungsmittelkonsum zu verzichten und den Überfluß ihres Landes mit den Hungernden in anderen Regionen in der Welt zu teilen.

Doris wußte, daß rechtes Geben immer zwei Seiten haben muß, und daß materielle Güter nicht das einzige sind, was sich zu teilen lohnt. In einem zweiten Band, »Besser leben mit weniger«, lud sie ihre Leser ein, »von der Weltgemeinschaft zu lernen« und sich eine Lebensweise anzueignen, die auf Respekt vor der Natur und enge zwischenmenschliche Beziehungen gründet.

Es ist nicht immer leicht, von anderen zu lernen, besonders wenn es Menschen sind, die wir nicht kennen. Es fällt uns leichter, zu geben als zu nehmen, zu lehren als zu lernen. Das ändert sich jedoch, wenn wir uns dem Leben anderer Menschen öffnen und sie gut genug kennenlernen, um ihre Stärken und Schwächen, ihre Bedürfnisse und den Reichtum, den sie zu bieten haben, zu entdecken.

Als Mary Yoder Holsopple nach Uganda reiste, um bei einem Entwicklungsprogramm für ländliche Gemeinwesen mitzuarbeiten, war sie durchaus offen für neue Erfahrungen. Sie hatte damals jedoch keine Ahnung davon, daß sie mit einem völlig neuen Begriff von Freigebigkeit, Gastfreundschaft und der Bedeutung des Essens in einer Gemeinschaft nach Hause zurückkehren würde.

Zu den Dingen, die ich in Uganda am meisten genoß, gehörte die Möglichkeit, auf sich schlängelnden Pfaden durch Gärten zu wandern, hügelauf, hügelab und an den Ufern der Flüsse entlang. Spazierengehen und Plaudern waren fast ein und dasselbe, denn jedesmal traf ich irgend jemand, der auf dem Pfad unterwegs war oder im Garten arbeitete, und wir kamen ins Gespräch.

Eines Nachmittags traf ich meine Freundin Ruth, als sie gerade eifrig am Unkrautjäten war. Nach einem Schwätzchen führte sie mich in einen Winkel ihres Gartens, um mir zu zeigen, was sie dort angebaut hatte. Sie war ziemlich aufgeregt, denn sie hatte zum ersten Mal Auberginen angepflanzt, und diese fingen eben an, Frucht zu tragen – zwei hübsch aussehende Früchte baumelten bereits an den Stengeln. Später am Abend tauchten zwei unangemeldete Gäste auf, die bei mir übernachten sollten. Die Neuigkeit, daß wir Gäste hatten, verbreitete sich rasch, und es dauerte nicht lange, da stand Ruth vor der Küchentür. In der Hand hielt sie die beiden Auberginen. Sie gab sie mir und sagte: »Nimm sie zum Abendessen für deine beiden Freunde.«

Ich wollte abwehren: »Nein! Nein! Behalte deine Auberginen. Wir haben so viel zu essen, und du nur so wenig.« Aber ich brachte es nicht übers Herz. Ich konnte Ruth nicht um die Gelegenheit bringen, uns – buchstäblich – die Erstlingsfrüchte ihres Ackers zu schenken. Sie gab sie uns mit solcher Freude!

So nahm ich die Auberginen mit tiefer Dankbarkeit, feuchten Augen und neuer Demut entgegen. Wieder einmal hatte eine Frau aus Uganda mich gelehrt, was wahre Freigebigkeit ist.

Geschichten von Leuten wie Ruth sind nicht so sensationell, daß sie Schlagzeilen machen würden. Häufig verblassen sie ganz neben den Bildern bitterer Armut und den Geschichten von schweren Krisen. Dennoch können wir gerade aus ihnen so viel lernen.

Fünfzehn Jahre nach dem ersten Erscheinen des »Weniger ist mehr-Kochbuchs« sind Änderungen und neue Trends bei den Eßgewohnheiten der Amerikaner zu beobachten. Das Ernährungsbewußtsein ist so hoch wie nie zuvor. Worte wie Natrium, Cholesterin, ungesättigte Fettsäuren – kurz alles, was man früher ins Kleingedruckte auf den Lebensmittelpackungen verbannt hatte – sind heute in aller Munde.

Weniger Menschen als je zuvor sind mit der Produktion von Nahrungsmitteln befaßt. Nur zwei Prozent der erwachsenen Amerikaner sind Besitzer von Ackerland[1], und nur vier Prozent der Kanadier gelten als »ländliche Bevölkerung«[2]. Die Menschen haben es eiliger als früher, sie verlangen praktisches, leicht zu handhabendes Essen und essen häufiger als früher außer Haus.[3]

Gleichzeitig gaben jedoch die Nordamerikaner 1987 weniger als 15 Prozent ihrer persönlichen Ausgaben für Essen aus. Zum Vergleich: Die Kosten für Nahrungsmittel beliefen sich in Thailand auf ungefähr 35 Prozent des persönlich verfügbaren Einkommens, auf den Philippinen sogar auf 52 Prozent.[4]

Das – zuerst noch unauffällige – Resultat dieser Trends war eine immer geringer werdende Achtung vor dem Essen bei den Menschen, die am leichtesten Zugang dazu haben. Essen wird nur noch in Kategorien wie »gut«, »schlecht«, »schnell serviert« und »preisgünstig« betrachtet. Man hat den Blick dafür verloren, daß Essen in erster Linie heilig ist – ein kostbares Geschenk der Erde, das in Gemeinschaft mit anderen genossen werden und allen zur Verfügung stehen soll.

Die Absicht dieses Buches ist es, uns an die Tische von Menschen zu leiten, für die Nahrung die Substanz des Lebens ist. Diese Sammlung von Rezepten und Geschichten lädt uns ein, uns mit Menschen zusammenzusetzen, denen wir nie begegnet sind, den Geschmack ihres Essens kennenzulernen, die Wärme ihrer Zuwendung zu fühlen und von ihren Erfahrungen zu lernen.

Wenn uns das zunächst mit einem fremden und unbehaglichen Gefühl erfüllt, so mag uns das Beispiel Jesu ein Leitstern sein. Erinnern wir uns daran, wie er als Gastgeber einer hungrigen Menge ein paar Brote und Fische vermehrte. Aber in seinem Dienst war es ihm auch wichtig, Nahrung und Wasser von anderen entgegenzunehmen und von ihnen gesegnet zu werden.

Der Jesus des Lukasevangeliums »tritt immer als ein um Gastfreundschaft bittender Gast auf. Er hat nichts, wo er sein Haupt hinlegen könnte, es sei denn, ein freundlicher Gastgeber käme ihm entgegen«, vermerkt Johann Koenig, Autor des Buches *Gastfreundschaft im Neuen Testament.* »Auf einer anderen Ebene jedoch ist dieser obdachlose Mann ganz offenkundig der höchste Gastgeber, der Willkommenheißende par excellence, der uns in Gottes Königreich einlädt.«[5]

Ich glaube, die Erfahrung, neuartige Speisen zuzubereiten und andere Menschen auf dem Wege über die Geschichten kennenzulernen, kann unser Verständnis für andere Menschen vertiefen und uns neuen Einblick in ihre Probleme und unser eigenes Wesen gewähren. Deshalb ist dieses Buch mehr als ein Rezeptbuch.

Wir haben die Rezepte nicht mit der Absicht gesammelt, eine raffinierte Auswahl der besten Gerichte der Welt zusammenzustellen. Diese Rezepte haben Menschen kennengelernt, während sie an so völlig unterschiedlichen Orten wie den gewundenen Pfaden Ugandas, dem Appalachengebirge, einer Reisplantage in Indonesien und einem internationalen Zentrum in London lebten, arbeiteten und die Bekanntschaft anderer Menschen machten. Jedes Rezept steht für eine Freundschaft, und daher müssen wir auch gemeinsam an den Geschichten und den Freundschaften teilhaben, die die ursprüngliche Würze dieser Rezepte waren.

Viele dieser Rezepte und Geschichten stammen von gebildeten und wohlhabenden Menschen. Sie begaben sich in einen anderen Kulturkreis mit der Absicht, einer »unterentwickelten« oder »bedürftigen« Gemeinschaft etwas von ihrem Wissen und Können, ihren Fertigkeiten oder ihrem materiellen Wohlstand zugute kommen zu lassen.

In den meisten Fällen fanden sie sich jedoch rasch in der Rolle der Beschenkten. Ihre neuen Freunde und Gastgeber ließen sich vom Mangel an materiellen Mitteln und schulischen Einrichtungen nicht davon abhalten, freigebig sich selbst und ihren Besitz zu verschenken. Im Gespräch, durch Sprichwörter und durch ihr Beispiel lehrten sie, was Gastfreundschaft, Freigebigkeit und Dankbarkeit inmitten von Armut bedeuten; was es heißt, in Gemeinschaft mit anderen zu leben, zu verzeihen und Feste zu feiern, während sich ringsum Ungewißheit ausbreitet.

Freigebigkeit und Armut, Feiern und Ungewißheit. Für Menschen, die an Wohlstand gewöhnt sind, mögen das unvereinbare Begriffe sein. Aber auch Jesus predigte dieses Paradoxon. Sein Beispiel für Freigebigkeit war das der armen Witwe, die ihr letztes Scherflein spendet (Mk 12,41-44). Sein Rezept für Sicherheit hieß, sein Leben für andere hinzugeben (Mt 16,25).

Viele der Geschichten in diesem Buch erzählen von festlichen Ereignissen, aber einige berichten auch von der harten Notwendigkeit, mit geringen Mitteln zu Rande kommen zu müssen, wenn die Vorräte zu Ende gehen.

Einige sind ermutigend, sie erzählen von der erstaunlichen Widerstandskraft des Menschen; andere wecken Verzweiflung.

Man kann Kindern unbekanntes Essen sehr leicht nahebringen, indem man ihnen Geschichten erzählt und sie bei der Zubereitung des Essens mithelfen läßt. Bei vielen Gelegenheiten war ich mir nicht sicher, wie unser Fünfjähriger die Rezepte aufnehmen würde, die ich gerade ausprobierte. Eine einfache Einleitung genügte jedoch zumeist schon, seine Neugier zu wecken und ihm den Mund wäßrig zu machen: »Das ist japanisches Essen, das unser Freund N. N. immer aß, als er in Japan lebte«, oder »Dieses Gericht haben Jabulani und Mazoe (unsere früheren Nachbarn in Südafrika) immer gegessen, bevor sie in die USA kamen.«

Auch die Rezepte selbst erzählen, auf ihre Weise, Geschichten. Sie spiegeln die wichtigsten Feste und Feiertage einer Kultur wider, den Lebensrhythmus und die natürlichen Nahrungsmittel der Gegend, aus der das Rezept stammt.

Nun waren viele dieser Rezepte in ihrer ursprünglichen Form überaus zeitaufwendig. Für einen großen Teil der Frauen in aller Welt ist die Zubereitung der Nahrung immer noch die Hauptbeschäftigung. Sie bereiten die meisten – oder alle – Nahrungsmittel für ihre Familien zuhause zu, wobei sie oft nur einige wenige primitive Kochutensilien und naturbelassene Lebensmittel zur Verfügung haben.

Für keines der Originalrezepte gab es Anweisungen für die Zubereitung im Mikrowellenherd. Es waren sehr viel mehr Rezepte zum Braten als zum Backen vorhanden. Für zahllose Familien in aller Welt ist eine ein- oder zweiflammige Kochplatte ein Luxus; eine Bratpfanne oder ein rußgeschwärzter Kochkessel, der über einem offenen Feuer hängt, sind weitaus gebräuchlicher.

Die Rezepte erzählen auch eine Geschichte darüber, wie es mit der Gesundheit bestellt ist. In einem Großteil der wohlhabenden Welt von heute – in der die Menschen mehr essen, als sie nötig haben, und wo der Streßpegel hoch ist – sind Fett und Cholesterin ein Übel. Sie sind die Hauptursachen für Herz- und Kreislauferkrankungen, eine der weitestverbreiteten Todesursachen.

Im Gegensatz dazu sind Fett und Öl in den weniger wohlhabenden Gebieten der Erde immer noch ein Symbol für Gesundheit und Wohlstand. Sie sind beliebtes Aroma und wichtige Energielieferanten für Menschen, deren Füße ihr Haupttransportmittel sind, deren Arbeit schwere körperliche Belastung bedeutet, und deren magere Einkommen es nur bei seltenen Gelegenheiten erlauben, sich den Luxus von Fleisch und anderen hochwertigen Nahrungsmitteln zu leisten. Für sie ist ein glitzernder Fettrand der beste Beweis für die Reichhaltigkeit eines Eintopfs.

Wir haben einige Rezepte unseren Gegebenheiten angepaßt, indem wir den Fettanteil verringerten und für kürzere Zubereitungszeiten sorgten, aber unsere »Gastgeber« laden uns ein, ihren Eßgewohnheiten Aufmerksamkeit zu schenken. Vielleicht gewinnen wir das Gefallen am »Freudenöl« (Psalm 45,8) wieder, wenn wir unsere alltägliche Ernährung bescheidener gestalten und üppiges Essen für Festtage aufheben. Unser Respekt vor der Nahrung wird sich vertiefen, wenn wir uns gelegentlich die Zeit nehmen, ein zeitintensives Gericht zuzubereiten, und dabei darüber nachdenken, woher es kommt und wer es produziert hat, um es dann in Gemeinschaft mit anderen zu genießen.

Diejenigen, die uns die Rezepte geschenkt haben, wollen uns davor warnen, sie allzu genau zu nehmen. Kochbücher sind einigen der besten Köche der Welt ein Rätsel, die kurzerhand eine Zutat nach der anderen in den Topf werfen, bis es »richtig aussieht und richtig schmeckt«. Eine Anzahl Rezepte in diesem Buch wurden uns mit solchen und ähnlichen Hinweisen überreicht: »Ich sah ein paar Leuten zu, wie sie das kochten, und versuchte abzuschätzen, wieviel Handvoll und Prisen sie nahmen ...«

Es ist schwierig, den Geschmack dieser oder jener Region genau wiederzugeben, denn jeder Koch und jede Köchin hat persönliche Vorlieben, was Geschmack und Zubereitung angeht. Wir haben jedes Rezept sorgsam geprüft und einige revidiert, um sie amerikanischen und europäischen Küchen und Tischen gemäß zu gestalten. Dennoch wollen wir Sie ermutigen, beim Gebrauch dieses Buches den Ratschlägen von Milkah Terman zu folgen, einer Besucherin aus Nigeria. Sie reichte ein Rezept mit genauen Maßeinheiten ein, erklärte jedoch: »Wir gebrauchen keine Meßbecher und Waagen, wie ihr das tut. Wir peilen einfach über den Daumen.« Dann zitierte sie ein Sprichwort in der Hausa-Sprache ihres Heimatlandes: »*Da gwadelawa ake san na kwarai* – Übung macht den Meister.«

Nehmen Sie sich also etwas künstlerische Freiheit beim Kochen, lassen Sie sich von den Geschichten berühren, wenn Sie sie lesen, und machen Sie mit Freuden den Tisch weit, wenn Sie essen.

Anmerkungen:

1 Gene Wunderlich,»The Evolution of Land Ownership«, Our American Land, 1987 Yearbook of Agriculture, Hrsg. William Whyte (Washington D. C., US Government Printing Office, 1987) S. 125.

2 Statistisches Jahrbuch Kanada, Ottawa, Ontario.

3 Ewen M. Wilson, »Marketing Challenges in a Dynamic World«, Marketing US Agriculture: 1988 Yearbook of Agriculture, Hrsg. Deborah Takiff Smith (Washington D. C., US Government Printing Office, 1988), S. 3.

4 Statistisches Jahrbuch Kanada, zitiert in Food Market Commentary, Juli 1989, und World Agricultural Trends and Indicators 1970-1988 (Economic Research Service, USA, Statistical Bulletin No. 781, Juli 1989).

5 John Koenig, »New Testament Hospitality: Partnership with Strangers as Promise and Mission« (Philadelphia: Fortress Press, 1974), S. 90.

1. Brote

Eine Guerilla-Offensive zwang den 70jährigen Don Jesús und seinen 50jährigen Sohn Don Chayo zu einem unfreiwilligen, acht Tage dauernden Aufenthalt im Heim seiner Schwester in einem armseligen *barrio* in der Hauptstadt El Salvador. Während der ersten Tage ernährten sie sich von wäßriger Suppe und kleinen Tortillas, die sie aus halbgemahlenem Maismehl backten. Nachdem diese Vorräte verbraucht waren, tranken sie Tee aus Orangenblättern.

Als die beiden Männer schließlich in ihr Dorf zurückkehren konnten und dort erzählten, wie es ihnen ergangen war, wurde ihnen bewußt, daß sie auf eine solche Erfahrung vorbereitet gewesen waren. »Wir haben beide den Hunger schon kennengelernt«, erklärte Chayo. »Ich erinnere mich an meine Kindheit. Papa verdiente 25 Centavos am Tag. Zu fünft teilten wir uns ein Ei. Durch diese Erfahrung gestärkt, konnten wir dem Hunger widerstehen.«

Diese letzte Erfahrung hatte die Männer in ihrer Überzeugung bestärkt, wie man mit knappen Vorräten umzugehen hat. »Es hat keinen Sinn, die ganze Tagesration zu Mittag hinunterzuschlingen und dann abends hungrig dazusitzen«, fuhr Chayo fort. »Tatsächlich betrachten wir gieriges Essen als Sünde, denn wenn ich alles aufesse, was ich habe, dann mache ich mich vielleicht selbst am Ende krank damit; und wenn jemand an meine Tür kommt, habe ich nichts, was ich ihm geben könnte.

Ich sagte meiner Frau: ›Wenn du Huhn auf dem Tisch hast, und jemand kommt daher und bittet um Tortilla, dann gib ihm nicht bloß die Tortilla, gib ihm Tortilla mit einem Stückchen Huhn.‹ Man sollte niemals gutes Essen verstecken, um es heimlich ganz allein zu essen. Was man hat, soll man mit anderen teilen.«

Don Jesús fügte hinzu: »Wenn wir beten, dann sollten wir nicht um ein langes Leben bitten. Wir sollten um die Kraft beten, das Richtige zu tun.«

Noel Wiggins, San Francisco Gotera, El Salvador

In der Fastenzeit des Jahres 1989 weigerten sich Hunderte von Männern, Frauen und Kinder in Gefängniszellen in ganz Südafrika, Nahrung zu sich zu nehmen. Viele waren seit Monaten in Haft, manche seit Jahren, ohne daß Anklage gegen sie erhoben worden war. Sie verlangten, entweder vor Gericht gestellt oder freigelassen zu werden.

In den Medien lief diese Aktion unter der Bezeichnung Hungerstreik, obwohl es keine gut geplante, abgesprochene Aktion war. Eine Gruppe von jungen Männern und Frauen in einem Gefängnis in Johannesburg hatte zu fasten begonnen, und die Neuigkeit verbreitete sich in anderen Gefängnissen. Bis zur Karwoche hatten sich Hunderte von Menschen in den Gefängnissen und Tausende außerhalb der Kerkermauern der Fastenaktion angeschlossen.

Viele Menschen betrachteten dieses spontane Fasten und die Reaktion der Behörden darauf als das Werk Gottes. Rechtsanwälte, Ärzte, Familienangehörige und Mitarbeiter hatten alle gesetzlichen Möglichkeiten ausgeschöpft, hatten sich erfolglos in dem Bemühen abgekämpft, die Freilassung dieser Menschen zu erreichen. Dann setzten diese »hilflosen« Gefangenen ihr einziges Mittel ein, ihre Körper, um es ihren Kerkermeistern zu sagen, den Vorgesetzten ihrer Kerkermeister, der ganzen Welt: Wir müssen frei sein.

Die Entschlossenheit und Hingabe der Gefangenen erschreckten die Behörden, die keine Todesfälle riskieren wollten. So begannen sie, Gefangene freizulassen. Wie freudig waren die Osterfeiern in diesem Jahr, als Kinder, Eltern, Schwestern und Brüder aus dem Gefängnis kamen, abgemagert und hungrig, aber frei!

Dale und Gann Herman, Maseru, Lesotho

Vom Brotbrechen und der Versöhnung

Brot ist eines der einfachsten, grundlegendsten Nahrungsmittel, das wir kennen, und dennoch – mit welchem Reichtum an Symbolen verbindet es sich! In der jüdisch-christlichen Tradition ist Brot ein Symbol für so weit auseinanderliegende Begriffe wie Leiden, Hoffnung, Befreiung und Versöhnung.

Bevor die Israeliten zum Exodus aus Ägypten aufbrachen, bereiteten sie ein ungesäuertes »Brot des Elends« (5. Mose 16,3). Es symbolisierte das Leiden ihrer Knechtschaft, das nun bald ein Ende haben sollte, und die steinige Straße in die Freiheit.

Während ihrer 40jährigen Wanderung in der Wildnis gab Gott ihnen das Manna, ein Brot, das sie vor dem Verhungern in der Wüste bewahrte. Viele Jahre später, als Jesus einige wenige Brotlaibe vermehrte, um eine große Menge der unter römischer Herrschaft lebenden Juden zu speisen, dachten sie an das Manna, das ihre Vorfahren gegessen hatten, und sehnten sich nach ihrer eigenen Befreiung.

Jesus aß Brot mit seinen Freunden und vermehrte es für die Armen. Er beschrieb sein Königreich mit dem Bild des Sauerteigs, der den Teig durchsäuert und zum Aufgehen bringt. Aber was wohl das Wichtigste ist – er selbst wählte das Brot als seine Identität. Um die Versöhnung zwischen den Völkern und zwischen Gott und Mensch herbeizuführen, ließ er es geschehen, daß man seinen Körper zerschund und sein Leben nahm.

Viel von der Kraft dieser Symbole ist in den Brotabteilungen der Supermärkte verlorengegangen, wo in Fabriken produziertes Brot in Folie eingeschweißt daliegt. Wir essen es, ohne einen Hauch vom Aroma frischen Brotes zu verspüren, das den Backofen verläßt. Wir kaufen Mehl, aber wir begegnen nur selten dem Bauern oder wandern über das Land, das die Ähren hervorbringt; es mag sein, daß wir niemals eine Kornähre berühren und zusehen, wie sie gemahlen wird.

Aber viele Menschen auf dieser Welt berühren noch täglich die rohen Getreidekörner – sie pflanzen, sie ernten, sie mahlen, und dann formen sie aus dem Teig ihre Tortillas, *Injera, Chapatis, Arepas, Pitas*. Dies ist – buchstäblich – ihr tägliches Brot, ein verehrter und geliebter Bestandteil ihrer Ernährung.

Während ihres Aufenthalts in der Türkei beobachtete Jewel Showalter, mit welch großer Ehrfurcht die Türken das Brot behandeln. »Wenn ein Stück zu Boden fällt, hebt man es auf und küßt es, bevor man es entweder auf den Teller zurücklegt oder, wenn es verschmutzt ist, in den Abfall wirft. Wenn die Leute ein Stück Brot auf der Straße finden, dann heben sie es auf, küssen es und tragen es zum Abfallkübel, damit es nicht zertreten wird.«

Nicht wenige Menschen backen heute noch das »Brot des Elends«. Sie arbeiten den ganzen Tag auf den Feldern, aber da diese Felder nicht ihr Eigentum sind, können sie sich nicht der Früchte ihrer Arbeit erfreuen. Sie und ihre Familien kennen Tage und Jahreszeiten, in denen es nicht genug Brot gibt, um sie zu sättigen und ihnen die Kraft zu geben, die sie brauchen.

Andere »essen Manna« und finden Mittel und Wege, die paar Körner, die sie haben, zu vermehren. Sie hoffen, wo es kaum noch Hoffnung gibt, und überleben, wo niemand es erwartet hätte. Kori Leaman-Miller schrieb aus El Salvador, daß Menschen, die Hausdurchsuchungen und Razzien, Todesdrohungen, Folter und Krieg überlebt haben, immer noch sagen können: »Wie gut ist Gott!« – und wissen, daß es die Wahrheit ist.

Die alte Lucia war eine von denen, die das sagten. Mit Tränen in den Augen erzählte sie, wie sie vor sieben Jahren auf der Flucht vor dem Schrekkensregiment der Militärs gewesen war. Obwohl schon hochbetagt, überlebte sie siebzehn Tage ohne Nahrung, ohne menschliche Gesellschaft. Sie hatte die Furcht und den Hunger noch in lebhafter Erinnerung, aber dann fügte sie hinzu: Irgendwie sei es ihr möglich gewesen, jede Nacht fest und tief zu schlafen. »Wie gut ist Gott!« sagte sie.

Andere verbringen ihr Leben inmitten von Feindseligkeiten und tiefverwurzeltem Mißtrauen, die auf kulturelle Unterschiede und historische Konflikte zurückzuführen sind. Dennoch brechen sie das Brot, buchstäblich und im übertragenen Sinne, als einen Akt der Versöhnung. In den meisten historisch gewachsenen Wirtschaftssystemen nehmen die Kinder Anteil an vielen Aufgaben in der Landwirtschaft und bei der Zubereitung der Nahrung; sie haben auch Anteil daran, Frieden zu stiften.

Vor einigen Jahren zogen die Schüler einer christlich-palästinensischen Schule im Städtchen Zababdeh – auf der israelisch besetzten West Bank – von Tür zu Tür und sammelten Spenden für ein benachbartes Moslemdorf, das unter der von den Militärs angeordneten Ausgangssperre stand. Die Leute von Zababdeh spendeten rund 1 500 Dollar, obwohl die meisten von ihnen wegen der Aufstände in den besetzten Gebieten seit mehr als drei Monaten arbeitslos waren. Die Schüler kauften Reis, Zucker, Milchpulver, Kekse und andere Nahrungsmittel und schickten sie Familien mit Kleinkindern. Jede Schachtel trug die Botschaft: »Mit lieben Grüßen – von den Kindern von Zababdeh an ein Kind in Qabatiyeh.«

Die folgenden Brotrezepte und die dazugehörigen Geschichten helfen uns, ein besseres Verständnis zu entwickeln für das Leiden des zermahlenen Korns, die Hoffnung des aufgehenden Teiges und die Befreiung und Versöhnung im Brotbrechen mit unseren Nächsten.

Äthiopisches Fladenbrot

Injera
(in-TSCHEH-rah)

Injera, ein weiches, an Crêpes erinnerndes Brot, wird zu äthiopischen Eintöpfen gegessen. In Äthiopien bereitet man diese Brote auf einem *Mesob,* einem runden, korbähnlichen Tisch, aus, und die würzigen Eintöpfe werden darauf gehäuft. Familienmitglieder und Gäste sitzen auf Stühlen rund um den *Mesob* und reißen Stückchen von dem Brotstapel ab, mit denen sie den Eintopf fassen und essen. Die Gastgeber erweisen wichtigen Gästen die Ehre, indem sie den ersten Bissen dem Gast in den Mund stecken. Originalgetreues *Injera* wird aus *Teff,* einer Hirseart, und Sauerteig zubereitet. Der Teig wird zwei bis drei Tage lang durchsäuert. Das vorliegende Rezept basiert auf einer

Ergibt 20 Brote von 30 cm Größe

Vermengen:

875 g Weizenvollkornmehl
125 g Maismehl oder **Masa harina**
1 EL Trockenhefe (15 g)
875 ml warmes Wasser

In einer großen Schüssel zugedeckt eine Stunde oder etwas länger ruhen lassen, bis der Teig aufgeht und sich ziehen läßt. Man kann ihn ruhig 3–6 Stunden gehen lassen. Dann den Teig umrühren, falls sich Flüssigkeit am Boden abgesetzt hat. Danach im Mixer in Portionen von jeweils 500 g aufschlagen, wobei Sie ihn mit 125–175 ml Wasser verdünnen. Der Teig wird ziemlich dünnflüssig.

Backen Sie die Brote in einer antihaftbeschichteten Pfanne ohne Öl bei mittlerer bis starker Hitze. Verwenden Sie pro Fladen 125 g Teig (ca. 8 EL) für eine 30 cm-Pfanne und 75 g Teig (ca. 5 EL) für eine 25 cm-Pfanne. Gießen Sie den Teig in die erhitzte Pfanne und verteilen Sie ihn dann rasch so dünn wie möglich. Er sollte nicht dicker als 1/3 cm sein. Nicht wenden. *Injera* bleiben zumeist nicht kleben und brennen auch nicht an. Der Fladen ist gar, wenn Bläschen auf der ganzen Oberfläche erscheinen. Legen Sie jeden Fladen ein bis zwei Minuten auf ein sauberes Tuch, halten Sie ihn dann in einer zugedeck-

Zubereitungsart, die in Amerika lebende Äthiopier entwickelt haben. Es braucht seine Zeit, die einzelnen *Injera* herauszubacken, aber schwierig ist es nicht.

ten Schüssel warm. Fertige *Injeras* sind dicker als Crêpes, aber dünner als Pfannkuchen.

Zum Servieren legen Sie einige Fladen fächerförmig übereinander und schöpfen den Eintopf darauf. Oder legen Sie einen Fladen auf jeden Teller und häufen die Portion Eintopf darauf. Geben Sie jeder Person am Tisch drei oder mehr *Injeras*, um den Eintopf damit zu fassen; legen Sie sie zusammengerollt oder auf Viertel gefaltet dem Teller bei.

Falls Sie originalgetreuere Fladen machen wollen: Fügen Sie 125 g *Teff*-Mehl dem Teig bei und verringern Sie die Menge an Weizenvollkornmehl auf 800 g.

Mary Jane Wehibe, Elizabethtown, Pennsylvania, und Blanche Horst, Stevens, Pennsylvania

»Mein Brot« – das gibt es nicht. Alles Brot ist uns gemeinsam und wird mir gegeben, wird anderen durch mich gegeben und mir durch andere. Denn nicht nur das Brot, sondern alle Dinge, die wir hier zum Leben brauchen, sind uns gemeinsam mit anderen geliehen, und das um anderer willen und für andere und anderen durch uns.

Meister Eckhart

Vollweizenbrot-Bällchen
(Indien)

Puris
(PUH-rihs)
Dies ist ein in Indien weitverbreitetes Brot, das zu Currygerichten gegessen wird, manchmal auch mit Sauce als kleiner Imbiß.

Menge: 20 – 25 Stück

Vermengen:
- **500 g Weizenvollkornmehl**
- **250 g weißes Mehl**
- **1 TL Salz (5 g)**
- **1 EL Backfett (15 g)**
- **250 ml Milch**

Auf einem bemehlten Brett alle Zutaten kneten, bis der Teig fest und geschmeidig ist. Teig in 20 – 25 Portionen teilen und jedes Stück zu einem dünnen, 7–10 cm großen Kreis ausrollen (oder das ganze Teigstück ausrollen und Kreise ausstechen). Öl in einer tiefen Kasserolle erhitzen. Jeweils nur ein Stück Teig ausbacken; wenden, sobald die *Puri* sich aufblähen und an die Oberfläche des Öls steigen. Aus dem Öl nehmen und auf Papier abtropfen lassen.

Selma Unruh, North Newton, Kansas

Indisches Fladenbrot

Chapati
(tschah-PAH-tih)

Chapatis werden in Südasien und Ostafrika in den verschiedensten Größen und Stärken hergestellt. Man verwendet sie anstelle von Besteck, um Currygerichte oder Chutney damit aufzunehmen.

Menge: 10 Stück

Vermischen:
500 g Weizenvollkornmehl
1 TL zerlassene Margarine (5 g)
1 Prise Salz
Allmählich hinzufügen:
1/8 l (oder mehr) lauwarmes Wasser

Kneten, bis der Teig weich ist. Mit feuchtem Tuch bedecken und 1 Stunde ruhen lassen. Teig in zehn Portionen teilen. Auf einem bemehlten Brett jede Portion zu einem 10 cm großen, 3/4 cm dicken Kreis ausrollen.
Erhitzen Sie eine Pfanne mit starkem Boden (ohne Fett). Backen Sie jedes *Chapati,* bis es an der Unterseite Blasen zu werfen beginnt, backen Sie dann die andere Seite und nehmen Sie es aus der Pfanne. In ein dickes Tuch gehüllt aufbewahren, damit die Fladen warm bleiben.
Variation: Ersetzen Sie das Weizenvollkornmehl zur Hälfte durch weißes Mehl.
oder: Nach dem Wenden beträufeln Sie die Fladen mit einigen Tropfen Margarine oder Öl. Wenn die zweite Seite fertig ist, backen Sie noch einmal kurz die erste Seite. Träufeln Sie Fett oder Öl auf die zweite Seite und backen Sie auch diese noch einmal kurz.

Cynthia Peacock, Kalkutta, Indien

Während des Vietnamkrieges löschten US-amerikanische Bombengeschwader ganze Bergdörfer in Laos aus, wobei zahlreiche Menschen den Tod fanden. Die Überlebenden wurden von amerikanischen Flugzeugen über Luftbrücken in Flüchtlingslager in die tropisch heißen Täler transportiert. Nach dem Krieg kehrten die Menschen in ihre Dörfer zurück, um einen neuen Anfang zu machen.

Sie fanden sich in der Lage von Pionieren, die ganz von neuem beginnen mußten. Aber ihr Land war weder jungfräulich noch war es leer. Bomben in der Größe von Tennisbällen lagen in den Feldern vergraben, auf denen die Menschen Reis pflanzen, Gärten anlegen und Häuser bauen wollten. Sie mußten das Land erst von dem »Bömbchen«, wie sie sie nannten, reinigen. Ein Schlag mit der Gartenharke auf eine Bombe konnte den Tod oder zumindest schwere Verstümmelung bedeuten.

1985, zwölf Jahre nach Kriegsende, besuchte ein US-amerikanisches Versöhnungsteam eines dieser Dörfer – Ban Ponsovan. Die Dorfbewohner bereiteten ein Festmahl für ihre Gäste. Die Gastgeber servierten das Essen auf Bananenblättern und gaben jedem Gast einen großen Suppenlöffel, den sie kunstvoll aus dem Metall eines abgestürzten amerikanischen Flugzeugs gearbeitet hatten. Eine große Suppenschüssel stand jeweils vier Personen gemeinsam zur Verfügung; je zwei Tischgäste hatten zusammen eine Schüssel von Klebrigem Reis. Jeder nahm sich von den Fleischspeisen und scharfen Saucen in der Mitte des Tisches.

Ein offizieller Regierungsvertreter sagte zu dem amerikanischen Team: »Seht euch diese Leute an, die hier mit euch Amerikanern essen. Sie könnten Haß und Groll gegen euch empfinden nach allem, was euer Land ihnen im Kriege angetan hat, statt dessen emfangen sie euch in Freundschaft und essen mit euch. Sie akzeptieren euch als die Menschen, die ihr seid – Menschen, die Frieden und Freundschaft in der Welt wollen, damit wir alle zusammen leben können.«

Martha Zimmerly, Orville, Ohio

Pitabrot

(West Bank)

Khubiz Arabi
(KHUH-biz AH-rah-bih)
Pitabrot ist eines der Haupterzeugnisse im ganzen Nahen Osten, wo man es gefüllt als belegtes Brot ißt oder Stückchen von der dünnen Kruste abreißt, um anderes Essen damit aufzunehmen. Pitafladen, die sich beim Backen nicht aufblähen, können als Grundlage für Pizzas nach individuellem Geschmack dienen. Unsere Tester haben angemerkt, daß Unterschiede bei den Zutaten weniger entscheidend sind als die richtige Technik, um gute *Pitas* zu machen. Wir empfehlen daher, den Anleitungen sorgfältig Folge zu leisten.

Menge: 12 Stück

Backtemperatur: 230 °C
Backdauer: 5–6 Min.

In einer großen Schüssel vermengen, 5 Minuten lang wiederholt umrühren, bis die Hefe aufgelöst ist:

1 EL Trockenhefe (15 g)
1/2 l warmes Wasser

Einrühren:

1 EL Öl (15 g)
1 1/2 kg Mehl
2 TL Salz (10 g)

Auf leicht bemehltem Brett kneten, bis der Teig glatt und geschmeidig ist. In eine gefettete Schüssel geben. Zudecken und etwa 45 Min. aufgehen lassen. Teig auf das bemehlte Brett legen und in 12 Portionen teilen. Zu leicht abgeflachten Bällchen formen. Zudekken und 20 Min. gehen lassen. (Teigstücke immer bedeckt halten, wenn nicht gearbeitet wird, um das Austrocknen zu verhindern.) Backofen auf 230 °C vorheizen. Kuchenblech erhitzen (es ist wichtig, den Teig auf das heiße Blech zu legen). Die Teigbällchen zu 15 cm großen Scheiben ausrollen, dabei den Teig jeweils um ein Viertel weiterdrehen. Achten Sie darauf, daß Sie den Teig nicht zerren, einstechen oder drücken. Legen Sie vier Scheiben auf das heiße Kuchenblech. (Einer unserer Tester empfiehlt, auf dem umgekehrten

Kuchenblech auf der untersten Einschubhöhe im Backofen zu backen.) 3–4 Min. backen, bis sie aufgegangen sind. Mit einer Küchenhand umdrehen und weitere 2 Min. bräunen lassen. Unsere Tester empfehlen, jeweils einen Schub fertigzubacken, bevor man den nächsten ausrollt. Mit Küchenhand oder Topfhandschuh vom Blech nehmen (das Blech bleibt im Ofen, um gleichmäßig heiß zu bleiben). Brote auf ein Tuch legen und mit einem zweiten Tuch bedecken, während sie abkühlen; durch das Zudecken bleiben die *Pita* weich. Nach dem Abkühlen können sie in Plastiktüten im Kühlschrank bis zu 1 Monat aufbewahrt werden. Zum Servieren erhitzt man sie kurz im Mikrowellenherd oder Backofen. Aufschlitzen und nach Wunsch mit Füllung belegen.

Variation: Wenn Sie Pitabrot aus Vollkornmehl backen möchten, reduzieren Sie das Wasser auf 375 ml, das Salz auf 1/2 TL (2 g) und verwenden Sie 1 kg Vollkornmehl statt 1 1/2 kg Weißmehl. Lassen Sie das Öl weg.

Oder: *Thalamae*, ein dickeres Brot ohne Tasche, erhalten Sie, wenn Sie den Teig in sechs Stücke teilen und zweimal so dick ausrollen. Stechen Sie die Scheiben mit der Gabel an, damit sie nicht aufgehen. Bestreichen Sie sie mit Eiweiß oder Olivenöl und bestreuen Sie sie mit Sesamsamen, Oregano, gehacktem grünen Paprika oder anderem.
8–10 Min. backen.

Alice W. Lapp, Akron, Pennsylvania

Gebratenes Brot der Ureinwohner Amerikas

(Vereinigte Staaten)

Variationen dieses Rezepts sind in vielen Gemeinschaften der Ureinwohner Amerikas, einschließlich der Cheyenne, Choctaw und Navajo weit verbreitet. Kinder haben Vergnügen daran, den Teig flachzuklopfen und zuzusehen, wie er sich beim Backen aufbläht, aber Vorsicht vor dem heißen Öl!

Menge: 8 Stück

In großer Rührschüssel vermengen:

750 g Mehl
1 1/4 TL Backpulver (ca. 6 g)
1 TL Salz (5 g)
2 EL Milchpulver (30 g), nach Belieben

Allmählich einrühren:

325 ml oder etwas weniger warmes Wasser

Mit den Knethaken des Rührgerätes rühren, bis der Teig einen Kloß bildet und sich von den Wänden der Schüssel löst. Auf einem leicht bemehlten Brett kneten, bis alle Zutaten gut vermischt sind und der Teig geschmeidig ist. In 8 Stücke teilen und zu Bällchen rollen. In den Handflächen zu etwa 1 cm dicken Scheiben flachklopfen.

2 cm hoch Öl in der Bratpfanne auf 230 °C erhitzen. Vorsichtig eines der runden, flachen Teigstücke ins heiße Öl gleiten lassen. Das Brot steigt zur Oberfläche des Öls auf. Wenn die Unterseite braun ist, umdrehen und die andere Seite bräunen. Auf Küchenpapier gut abtropfen lassen, dann in einer Backform in den auf 100 °C vorgeheizten Ofen geben und mit einem feuchten Tuch bedecken, um das Brot warm und knusprig zu halten. Vorgang mit dem restlichen Teig wiederholen.

Betty E. Hart, Clinton, Oklahoma, Velma Heisey, Mount Joy, Pennsylvania, und Nancy Heisey, Ephrata Pennsylvania, Myrtis Morris, Philadelphia, Mississippi, und Elaine Maust, Meridian, Mississippi

In der frühen Morgenstunde vor Sonnenaufgang, wenn die Hähne gerade erst zu krähen beginnen, erfüllt in vielen mittelamerikanischen Dörfern ein Geräusch von Mahlen und Klopfen die Luft. In ihrem Heim im ländlichen Nicaragua entzündet Doña Petronila eine kleine Petroleumlampe, die Schatten über die rauchgeschwärzten Holzpfähle wirft, die die Küchenwand bilden. Als nächstes zündet sie ein Feuer unter dem *Comal* an, einem schweren runden Metallstück, das in einen selbstgebauten Lehmofen eingelassen ist.

Petronila nimmt den Mais, der die Nacht über in Wasser eingeweicht war, und mahlt ihn durch eine handbetriebene Mühle. Sie gibt dieses *Masa* auf einen flachen Stein und mahlt die Masse noch einmal, wobei sie einen zylindrischen Stein verwendet.

Sobald der Maisbrei fein und glatt ist, formt Petronila ihn zu Tortillas. Ihre Großmutter und ihre Mutter taten diese Arbeit immer *a mano* (von Hand) und formten gleichmäßig runde Tortillas mit den bloßen Händen. Petronila hat sich eine moderne Arbeitsmethode zu eigen gemacht; sie gibt die Masse auf ein Stück Plastik und klopft die Tortillas auf dem Tisch zurecht. Dann legt sie Stück für Stück auf die heiße Metallplatte und dreht sie mit bloßen Fingern um. Sobald die Tortillas fertig sind, nimmt sie sie vom *Comal* und legt sie in einen Korb. Dieser Korb ist mit einem Tuch ausgelegt, das die Tortillas auch bedeckt.

Während der Arbeit wirft Petronila den Küken, die auf der Suche nach Futter in die Küche kommen, kleine Bröckchen zu. Ihre Hände bewegen sich flink, während sie eine Tagesration Tortillas zurechtklopft. Ihre Familie wird die frischen, heißen Tortillas und Stückchen von trockenem Käse zum Frühstück essen. Zu Mittag werden aufgewärmte Tortillas zu Suppe, Reis und Bohnen, *Yucca* und – falls jemand im Dorf geschlachtet hat – etwas Fleisch auf den Tisch kommen. Abends wird es wiederum Reis und Bohnen geben, vielleicht auch ein Ei oder Käse, auf jeden Fall aber Tortillas. Petronilas Mann sagt: »Solange du keine Tortilla gehabt hast, hast du noch nicht gegessen.«

Joetta Handrich Schlabach

Maisbrei-Käse-Küchlein

(Kolumbien)

Arepas con Queso
(ah-RÄIH-pahß kohn KÄIH-soh)

Arepas, ein typischer kolumbianischer Brotersatz, werden auf die verschiedenste Weise zubereitet. Einige haben die Form kleiner Bällchen und werden ohne Salz zubereitet. Bei anderen wird eine Scheibe Käse zwischen zwei dünne Fladen gelegt. Sie gewinnen immer mehr an Popularität, denn sie werden aus Mais hergestellt, einem örtlichen Erzeugnis, das günstiger und nahrhafter ist als die importierten, raffinierten Mehlprodukte.

Menge: 12 Stück

Im Mixer fein zerkleinern:
375 g Maisbrei aus der Dose und
50 ml der Flüssigkeit aus der Dose
In eine Schüssel geben und hinzufügen:
175 g gelbes Maismehl
250 g Käse, gerieben oder zerbröselt
1 EL brauner Zucker (15 g)
1/4 TL Salz (1 g)

Gut vermischen. Zwölf kleine Küchlein formen und sorgfältig zu Scheiben von 5–7 cm flachklopfen. Auf dem leicht gefetteten Backblech bei mittlerer bis starker Hitze braten oder auf dem Grill rösten. Umdrehen, sobald sich die Unterseite zu bräunen beginnt. Der Käse macht die *Arepas* knusprig. Statt Brot zu Mahlzeiten oder als kleinen Imbiß servieren.

Saúl Murcía, Brownsville, Texas
Mary Becker Valencia, Bogotá, Kolumbien

Tortillas sind nicht nur ein Grundnahrungsmittel für die meisten Menschen in Mittelamerika, sondern auch eine Einkommensquelle, insbesondere für Frauen in der Stadt. Da die Zubereitung von Tortillas ziemlich zeitaufwendig ist, geben manche Frauen den ganzen Tag dran, sie zu backen und an Leute in der Nachbarschaft zu verkaufen, die keine Zeit haben, sie selbst zuzubereiten.

Die Zubereitung von Tortillas ist eine Familienangelegenheit. Sobald die Kinder kräftig genug sind, einen Korb mit Mais auf dem Kopf zu tragen, gehen sie zur nächsten Mühle, um den Mais mahlen zu lassen. Ältere Töchter helfen mit, den Teig flachzuklopfen und auszubacken. Sobald die Kinder die Grundrechenarten beherrschen und einen Korb voll Tortillas tragen können, überträgt man ihnen den Straßenverkauf.

Mehltortillas

(Mexiko)

Tortilla de Harina (tor-TIH-jahß däi ah-RIH-nah)

Mehl- und Maistortillas sind in den Spezialitätenabteilungen mancher Supermärkte erhältlich, auch Feinkostgeschäfte haben sie oft in ihrem Angebot. Richtig zubereitete Mehltortillas sind vorwiegend weiß, aber bräunlich gefleckt und stellenweise blasig; sie sehen trocken aus, sind aber weich und biegsam.

Menge: 8–11 Stück

In einer Rührschüssel vermischen:

500 g Mehl
1 TL Salz (5 g)

Mit dem Teigrührer untermischen:

3 1/2 EL Backfett (ca. 50 g)

Den fein vermischten Zutaten hinzufügen:

1/8 l lauwarmes Wasser

Mit der Gabel aufschlagen, um einen festen Teig zu gewinnen. Zu einem Kloß formen und auf einem leicht bemehlten Brett kneten, bis der Teig glatt und mit Luftblasen durchsetzt ist. Um den Teig leichter zu handhaben, fetten Sie die Oberfläche ein, decken ihn gut zu und stellen ihn 4–24 Stunden vor Gebrauch in den Kühlschrank. Lassen Sie den Teig wieder Raumtemperatur annehmen, bevor Sie ihn ausrollen.

Teig in 8 Kugeln für große oder in 11 Kugeln für kleine Tortillas aufteilen. Zwischen Frischhaltefolie oder auf einem leicht bemehlten Brett so dünn wie möglich ausrollen. In eine sehr heiße, ungefettete Pfanne legen; backen, bis auf einer Seite Flecken erscheinen (etwa 20 Sek.) Am Rand hochheben, umdrehen und ebenso kurz auf der anderen Seite backen. Zum Warmhalten in ein sauberes Küchentuch wickeln. Übriggebliebene Tortillas können in luftdichter Verpakkung tiefgefroren oder im Kühlschrank aufbewahrt werden.

Aus dem »Weniger ist mehr«-Kochbuch von Doris Janzen Longacre (Herald Press, 1976), mit freundlicher Genehmigung des Verlages.

Die folgenden drei Rezepte aus verschiedenen Kontinenten zeigen überraschende Ähnlichkeit bei der Zusammenstellung der Zutaten und bei der Zubereitung. Die Zutaten sind leicht erhältlich, die Brote können rasch hergestellt werden.

Traditionsgemäß wurden sie über offenem Feuer gebacken.

Traditionelles Fladenbrot

(Kanada)
Bannock
(BA-nick)
Die Ureinwohner Kanadas pflegten *Bannock* zu backen, wenn sie zum Fallenstellen unterwegs waren oder zur Zeit der Beeren- oder Reisernte im Freien kampierten. Ursprünglich wurden die Fladen aus dem Mehl des wilden Reis zubereitet und über einem offenen Feuer gebacken. Der Teig kann auch um einen Zweig gewickelt und über dem Feuer gebacken werden. Dieses schwere, feuchte Brot mit der knusprigen Kruste paßt sehr gut zu Suppen.

Menge: 1 Laib

Backtemperatur: 200 °C
Backdauer: 30 Min.

Backofen auf 200 °C vorheizen.
Vermischen:

1 kg Mehl
1/2 TL Salz (2 g)
5 TL Backpulver (25 g)
375 ml Wasser

Zu einem zähen Teig vermischen. Auf einem bemehlten Brett kneten (bei Bedarf weiteres Mehl zugeben). Zu einem runden oder länglichen Laib von 2,5 cm Höhe formen. Auf einem gefetteten Backblech etwa 30 Min. lang backen, oder in der Bratpfanne in etwas heißem Öl braten. Heiß mit Margarine und Marmelade oder Honig servieren.
Variation: Verwenden Sie zur Hälfte Weizenvollkornmehl.
Oder: Vergrößern Sie die Salzmenge auf 1 TL (5 g), verringern Sie die Backpulvermenge auf 4 TL (20 g), fügen Sie 1 Ei, 1 EL Öl (15 ml) und 175 g Rosinen bei, nehmen Sie statt Wasser 425 ml Milch. Zu einem klebrigen Teig vermengen. Nicht kneten. Löffelweise in eine gefettete Backpfanne geben. Pfanne mehrmals schütteln, damit die Luftblasen entweichen. Etwa 40 Min. (bei 190 °C) backen.

Marguerite E. Brite, May Pitchenese und Kate Kroeker, Dinorwic, Ontario

Ofenklappenbrot
(Australien)

Dieses mit Backpulver zubereitete Brot ist überaus beliebt und wird im australischen Busch am Lagerfeuer gebacken – wobei das Lagerfeuer zehn oder tausend Kilometer von der nächsten Frischbrotquelle entfernt sein kann. Australische Christen verwenden das Ofenklappenbrot zuweilen als Abendmahlsbrot.

Menge: 1 runder 22 cm-Laib

Backtemperatur: 190 °C
Backdauer: 30 Min.

Vermischen:
- **1 kg Mehl**
- **4 TL Backpulver (20 g)**
- **1 TL Salz (5 g)**

Hinzufügen:
- **ca. 400 ml warme Milch oder warmes Wasser**

Rühren, bis der Teig gut zusammenklebt. Gußeisernen Holländerofen über dem Lagerfeuer erhitzen. Sobald der Ofen heiß ist, Teig hineingeben, Ofen auf die glühenden Kohlen stellen und die Ofenklappen mit heißen Kohlen bedecken. (Man kann das Ofenklappenbrot auch direkt auf die Kohlen legen, allerdings ist dann vermutlich nur das Innere eßbar.) Etwa 30 Min. backen – die genaue Zeit hängt von der Hitze der Kohlen ab. Wenn Sie im Backofen backen, geben Sie den Teig in eine gefettete Kuchenform mit 1 l Fassungsvermögen. Mit bemehlten Händen den Teig sanft klopfen, so daß er die Form ausfüllt und einen runden, flachen Laib bildet. Bei 190 °C 25–30 Min. backen (oder so lange, bis der Laib goldbraun ist). Vor dem Anschneiden 10–15 Min. ruhen lassen.

Janet Stutzman, Lathlain, Australien

Während zweier verschiedener Aufenthalte zum Sprachstudium in Botswana wohnte ich bei der Familie Mokolare im Dorf Mmankgodi. Ich nahm an vielen Unternehmungen der Familie teil. Im Verlauf meines zweiten Besuches fiel mir die Aufgabe zu, zusammen mit dem Familienvater, Herrn Rra-Phakedi, die Spatzen aus den *Sorghum* – den Maisfeldern der Familie zu vertreiben.

Die Regenfälle waren reichlich, und das Getreide wuchs gut. Aber eines Tages wurde ein großer Teil des *Sorghum* zerstört – nicht von den Spatzen, sondern von den Ziegen einer Nachbarin.

Abends ging die Mutter, Mma-Phakedi, hinüber zum Hof der Nachbarin und vereinbarte mit ihr, daß sie kommen und sich den Schaden ansehen sollte, den ihre Ziegen angerichtet hatten. Am nächsten Morgen begleitete ich die beiden aufs Feld. Mma-Phakedi führte ihre Nachbarin herum, zeigte ihr den Schaden und machte ihr verhaltene Vorwürfe, daß sie nicht besser auf ihre Ziegen aufgepaßt hatte.

Nach etwa zwanzig Minuten schickte mich Mma-Phakedi mit dem Auftrag, die größten und schönsten Wassermelonen zu pflücken, die ich finden konnte, ans andere Ende des Feldes.

Ich kehrte mit drei Prachtexemplaren zurück und nahm an, Mma-Phakedi würde sie zum Mittagessen mit nach Hause nehmen. Statt dessen schenkte sie sie ihrer Nachbarin und gab ihr Gottes Segen mit auf den Weg.

Ich habe nie erfahren, ob die Nachbarin den Schaden ersetzte, aber Mma- Phakedis Akt der Vergebung werde ich niemals vergessen.

Eugene Thieszen, Gaborone, Botswana

Herdplatten-Muffins

(Botswana)
Diphaphata
(dih-pah-PAH-tah)
Diphaphata werden im allgemeinen mit Hefe hergestellt, aber diese einfache Version, bei der wir Backpulver verwenden, ist ebenfalls weit verbreitet. Dieses Rezept ergibt ein geschmackvolles rundes Brot, ähnlich wie englische Muffins, aber schwerer.
Fette Kuchen, *Dikuku* genannt, erhalten Sie, wenn Sie den Teig zu kleinen Kugeln formen und in viel Fett fritieren.

Menge: 8–12 Stück

Zusammenrühren:
1 kg Mehl
4 TL Backpulver (20 g)
1 Prise Salz
2 TL Zucker (10 g)
1/4 l Milch oder Wasser

Auf einem bemehlten Brett kneten, bis sich der Teig ausrollen läßt. Mit den Händen oder dem Nudelholz ausrollen. 7,5–10 cm große Kreise schneiden. Dickwandige Pfanne auf kleines Feuer setzen. Mit etwas Mehl bestreuen, damit das Brot nicht anklebt. Brotscheiben in die Pfanne geben und auf beiden Seiten bräunen – etwa 10 Min. pro Seite. Sofort servieren.

Jean Maribe, Mochudi, Botswana,
und Kathleen Roth, Akron, Pennsylvania

Maisbrot aus Kentucky

(Vereinigte Staaten)
Maisbrot kommt zu jedem Essen in Kentucky auf den Tisch. Dieses Grundrezept ohne Eier, Öl oder Zucker stammt vom Koch der Hindman-Settlement- Schule.

Für 4–6 Personen

Backtemperatur: 180 °C
Backdauer: 30–35 Min.

Backofen auf 180 °C vorheizen.
Zutaten vermischen, bis der Teig die Konsistenz von Kuchenteig hat:

250 g Mehl
250 g Maismehl
1 TL Natron (5 g)
1 TL Backpulver (5 g)
1/4 TL Salz (1 g)
375 ml Milch

In eine gefettete 2l-Kasserolle oder gefettete Muffinförmchen gießen. 30–35 Min. backen. Warm mit Margarine servieren.

Debbie Beverly, Hindman, Kentucky, und Carol Loeppky, Whitesburg, Kentucky

Käse-Muffins
(El Salvador)

Quesadillas
(käh-sah-DIH-jahß)

Quesadillas eignen sich vorzüglich als köstliche Zwischenmahlzeit oder schnelles Frühstück. Die Leute in El Salvador bereiten sie mit der doppelten Zutatenmenge an Margarine, Zucker und Eiern zu und verwenden einen ortsüblichen, harten weißen Käse. Diese Muffins sind nicht mit den mexikanischen *Quesadillas* zu verwechseln – dabei handelt es sich um mit Käse gefüllte Tortillas. Beide Namen stammen vom spanischen Wort für Käse, *Queso*, her.

Menge: 18 Stück

Backtemperatur: 180 °C
Backdauer: 15–18 Min.

Eine Creme herstellen aus:
125 g zerlassene Margarine
11 EL Zucker (ca. 175 g)
2 Eier
Vermischen:
500 g Mehl
2 TL Backpulver (10 g)
Abwechselnd mit 1/4 **l Milch** oder **saurer Sahne** der Crememischung beifügen. Glattrühren.
Einrühren:
375 g geriebener Käse (Mozzarella, Cheddar oder eine Mischung von beiden)
Papierbackförmchen in Muffin-Formen geben und zu 3/4 mit Teig füllen.
Mit Sesamsamen bestreuen.
Bei 180 °C 15–18 Min. backen, bis die Oberfläche goldfarben wird oder nichts mehr an einem Holzstäbchen hängenbleibt.
Diese Muffins lassen sich gut einfrieren.
Variation: 20 Min. lang in einer gefetteten 3,5 l-Kuchenform backen. Vor dem Servieren in Vierecke schneiden.

Karen Canales und Dolores Braun, Saskatoon, Saskatchewan, Angela Méndez und Edna Hohnstein, Edmonton, Alberta

»Ich arbeitete auf der Hazienda dort drüben. Jeden Tag mußte ich die Hunde mit Schüsseln voll Fleisch und Milch füttern; Dinge, die ich meinen eigenen Kindern nicht auf den Tisch stellen konnte. Als meine Kinder vor Hunger krank wurden, starben sie. Der Gutsbesitzer klopfte mir mitfühlend auf die Schulter. Als die Hunde krank waren, mußte ich sie zum Tierarzt in Suchitoto bringen.

Sie werden weder Gewalt noch Gewaltlosigkeit verstehen, bevor Sie verstanden haben, welche Gewalt der Seele angetan wird, wenn man zusehen muß, wie einem Kinder an Unterernährung sterben.«

Ein Bauer in El Salvador

Eiercrêpes

(Somalia)

Ambabur Bed
(ahm-bah-buhr-bed)

Die Moslems in Somalia backen diese mit Nelken gewürzten *Crêpes* für den heiligen Tag, der das Ende des Ramadan anzeigt, des Fastenmonats, an dem man täglich von Sonnenaufgang bis Sonnenuntergang auf Nahrung verzichtet.

Menge: 10 Stück

Zu einem glatten, dünnen Teig verarbeiten:

5 EL Zucker (75 g)
2 Eier
1/2 TL Backpulver (2 g)
1/8 TL Salz
1/2 TL gemahlene Gewürznelke (2 g)
300 ml Milch
300 g Mehl

Jeweils 75 g Teig in eine ungefettete, antihaftbeschichtete Pfanne geben. Pfanne schnell hin und her bewegen, damit sich der Teig gleichmäßig verteilt. Die Crêpes werden etwa 12,5 cm groß. Garwerden lassen, bis die Bläschen platzen. Umdrehen und andere Seite backen. Auf einen Teller geben und im Backofen warmhalten, bis alle *Crêpes* gebakken sind. Zu Röllchen drehen und mit den Fingern essen. Ohne Belag servieren, am besten zu süßem Tee.

Marian Yussuf, Suna, Migori, Kenia,
und Sylvia L. Hess, Bausman, Pennsylvania

Crêpes
(Jugoslawien)

Palacinka
(pah-lah-TSCHIN-kah)

Dieses sehr beliebte jugoslawische Abendessen ist zugleich schlicht und festlich. Variieren Sie die Füllung nach Belieben, und Sie erhalten eine kleine Mahlzeit, einen Snack oder einen Nachtisch. *Palacinka* sind eine herrliche Mahlzeit für unterwegs – sie krümeln nicht und sind handlich zum Verzehren.

Für 4–5 Personen

CRÊPES:
Zu einem sehr dünnflüssigen Teig verarbeiten:
500 g Mehl
1/2 l Milch
2 Eier
1/8 l Wasser
1 Prise Salz
1 EL Öl (15 ml)

Mit dem Rührbesen verquirlen, bis der Teig glatt ist; falls notwendig, Wasser zugeben. Eine kleine Menge Teig in eine heiße, leicht eingeölte Bratpfanne gießen (nach Möglichkeit eine antihaftbeschichtete Pfanne). Pfanne bewegen, bis der Teig gleichmäßig verteilt ist und einen großen, dünnen Pfannkuchen bildet. Herausbacken, bis er hellbraun ist, wenden und kurz auf der anderen Seite backen. Fertige Pfannkuchen aufeinanderstapeln. Gefüllt servieren oder mit Beilagen zum Selbstfüllen.

FÜLLUNGEN:
(1) Vermischen:
500 g Hüttenkäse
Abgeriebene Schale 1 kleinen Zitrone
1 EL Zucker (15 g)
1–2 EL (15–30 g) Füllung in jede *Palacinka* geben und zusammenrollen.

(2) Vermischen:
500 g feingehackte Walnüsse
8 EL Zucker (ca. 125 g)
1–2 EL Füllung (15–30 g) in jede *Palacinka* geben, einmal zusammenlegen, dann keilförmig überschlagen. Mit Staubzucker bestreut ergibt dies ein reizvolles Dessert.

(3)
Die keilförmig gefalteten *Palacinka* innen und außen mit warmer **Schokoladensauce** begießen.

(4)
Palacinka mit **Erdnußbutter und Gelee** füllen.

(5)
Palacinka mit **Erdbeeren und Sahne** füllen.

(6)
Palacinka mit **Dosenfrüchten** füllen und mit **Staubzucker** bestreuen.
Variation: Fügen Sie 1/2 TL gemahlenen Zimt (2 g), 1/4 TL Kardamom (1 g) oder ein anderes Gewürz nach Wahl bei, um den Crêpes zusätzliche Würze zu verleihen.

Nena und Stevan Medarac, Bacuga, Jugoslawien, und Sara Wenger Shenk, Harrisonburg, Virginia

In der Sprache der Iteso im östlichen Uganda hat jeder Monat des Jahres einen aussagekräftigen Namen. Die ist in vielen afrikanischen Sprachen so. August — der Monat nach der Hirseernte — ist »der Monat des großen Magens«; in schreiendem Gegensatz dazu steht der Mai, der Monat unmittelbar vor der Ernte, wenn die Kornspeicher leer sind: »der Monat, in dem die Kinder auf Brot warten«.

Überall in den riesigen Savannengebieten Afrikas, in denen man sich hauptsächlich von Getreide und Gemüse ernährt, orientiert sich das Leben von Millionen Menschen am Rhythmus der Regenfälle, der Ernte, und der hungrigen Monate vor der Ernte, wenn Getreide knapp und oft von Ungeziefer befallen ist. Dann ist das einzige Nahrungsmittel, das sich anbietet, die jederzeit verfügbare, aber wenig nahrhafte *Cassava,* die Maniokwurzel.

In diesen mageren Monaten, in denen die Hirseernte unter der glühenden Sonne heranwächst und reift — ach, wie langsam! — geht das Gespenst der Mangelernährung im Lande um. In diesen Monaten sterben viele der von Hunger geschwächten Kinder an Krankheiten, die den Kindern normalerweise nicht gefährlich würden. Kinder im Wachstumsalter sind immer die ersten und die am schlimmsten betroffenen Opfer jeder Nahrungsmittelknappheit. Vielleicht ist es kein Zufall, daß der Mai der Monat genannt wird, in dem *»die Kinder* auf Brot warten«.

Jim Mc Dowell: »The month when the children wait for food«. UNICEF News 85, Nr. 3 (1975), S. 27-28. Mit freundlicher Erlaubnis des Herausgebers.

Süße, eingedrehte Brötchen

(Gemeinschaft Unabhängiger Staaten)
Ragaliki
(rah-GAH-lih-kih)

Kinder werden ihren Spaß daran haben, wenn sie dabei mithelfen dürfen, dieses Brot zu mischen, auszurollen und einzudrehen. Es hat Ähnlichkeit mit Rollkuchen, einem bei russischen Einwanderern in Kanada sehr beliebten Brot. Servieren Sie gezuckerte *Ragaliki* mit Tee zum Frühstück oder als sommerlichen kleinen Imbiß mit Wassermelonen. Ungezuckert paßt das Brot gut zu *Borschtsch.*

Menge: 16–18 Stück

Vermischen:
2 Eier
8 EL Zucker (ca. 125 g)
Hinzufügen und durch Rühren vermischen:
250 ml Joghurt
1/2 TL Natron (2 g)
50 g zerlassene Margarine
Einrühren:
1 kg Mehl

Auf einem bemehlten Brett kneten, bei Bedarf weiteres Mehl zufügen, bis der Teig glatt und geschmeidig ist. 3–4 cm dick ausrollen. In 10 cm lange und 3,5 cm breite Streifchen schneiden. In die Mitte jedes Streifchens einen 2,5 cm langen Schlitz schneiden. Ein Ende des Streifens durch den Schlitz fädeln und nach außen umdrehen. In heißem Öl herausbacken, bis die Brötchen hellbraun sind (ca. 1–2 Min. pro Seite). Auf Küchenpapier abkühlen lassen. Mit Staubzucker bestreut oder ungezuckert servieren. Sie schmecken am besten, wenn sie noch am selben Tag gegessen werden.

Variation: Statt einzudrehen als Vierecke herausbacken.

Mariya Onishchenko, Bowmannsville, Pennsylvania, und Janice Horning, Mohnton, Pennsylvania

Bananenbrot

(Jamaika)

Diese karibische Spezialität ist leicht und schnell herzustellen. Unsere Tester berichteten von Ausrufen des Entzückens seitens der Gäste, die den Laib kosteten!

Menge: 1 Laib

Backtemperatur: 180 °C
Backdauer: 55 Min.

Cremig rühren:
125 g Margarine
8 EL Zucker (ca. 125 g)
1 TL Vanille (5 g)
1 gut verquirltes Ei
Vermischen mit:
500 g Mehl
1 EL Backpulver (15 g)
1/2 TL gemahlene Muskatnuß (2 g)
1 Prise Salz

Abwechselnd mit 3 reifen mittelgroßen Bananen (zerdrückt) der Mischung beigeben.
Hinzufügen:
3 EL gehackte Nüsse (ca. 50 g)
3 El Rosinen (ca. 50 g)

In eine gefettete 2l-Brotform geben. Im auf 180 °C vorgeheizten Backofen 55 Min. bakken, bis das Bananenbrot goldbraun ist.

Pauline Cousins, St. Mary, Jamaika

Festliches Schinkenbrot

(Venezuela)

Pan de Jamón

(pahn däi hah-MOHN)

Pan de Jamón wird in Venezuela als Weihnachtsbrot gegessen. Es wird immer zu der traditionellen Mitternachtsmahlzeit am Heiligen Abend und oft auch zu Silvester auf den Tisch gebracht. Servieren Sie es als Hauptspeise. Übriggebliebene Reste eignen sich sehr gut als kleiner Imbiß.

Menge: 2 große Laibe

Backtemperatur: 180 °C
Backdauer: 30 Min.

In einer großen Schüssel vermischen:

375 ml warmes Wasser
1 TL Zucker (5 g)
1 EL Trockenhefe (15 g)

Zehn Minuten ruhen lassen (oder bis die Mischung blasig wird).

Einrühren:

3 Eier (nacheinander)
1 TL Salz (5 g)
3 EL Zucker (ca. 50 g)
3 EL Margarine (45 g)
ca. 2 kg Mehl

Auf einem bemehlten Brett kneten, bis der Teig glatt und geschmeidig ist. In eine gefettete Schüssel geben, mit einem feuchtem Tuch bedecken und gehen lassen, bis der Teigkloß die doppelte Größe erreicht hat. Flachklopfen und in zwei Hälften teilen. Jede Hälfte zu einem 5 cm dicken Rechteck ausrollen. Auf Wunsch leicht mit Margarine oder Speckfett bestreichen. Die folgende Mischung zubereiten, in zwei Hälften teilen und je auf die Oberfläche streichen:

250 g gewürfelter Schinken
250 g gewürfelter und gebratener Speck
250 g Rosinen
250 g gefüllte Oliven, in Scheiben geschnitten

In Form französischer Brotlaibe aufrollen, die Enden unterschlagen. Mit der Naht nach unten auf ein gefettetes Kuchenblech legen. Im auf 180 °C vorgeheizten Backofen 30 Min. lang backen. Heiß oder kalt in 1 cm dicken Scheiben servieren (ohne zusätzliche Butter oder Aufstrich). Reste im Kühlschrank aufbewahren.

Variation: Verwenden Sie statt des angegebenen Teiges den Brotteig, den Sie bevorzugen, oder gefrorenen Brotteig.

Yajaira Andrades und Martha Giles, Caracas, Venezuela
Ken Holderman, Caracas, Venezuela

Würziges Teebrot

(Äthiopien)

Ambesha
(ahm-BEH-shah)
In Äthiopien serviert man *Ambesha* und süßen, gewürzten Tee als Erfrischung bei Konferenzen und zu gesellschaftlichen Anlässen. Ein köstliches, würziges Hefebrot.

Menge: 1 großer runder Laib

Backtemperatur: 180 °C
Backdauer: 30 Min.

In 1/8 l warmem Wasser auflösen:
1 EL Trockenhefe (15 g)
An einen warmen Ort stellen, bis die Mischung schäumt und die doppelte Größe erreicht hat.
Hinzufügen:
375 ml warmes Wasser
Einrühren:
2 EL gemahlener Koriander (30 g)
1 TL gemahlener Kardamom (5 g)
1/2 TL weißer oder schwarzer Pfeffer (2 g)
2 TL Salz (10 g)
125 g Margarine
1 TL Feenugreek (5 g) nach Geschmack
Hinzufügen:
ca. 1–1,3 kg Mehl
Jeweils 125 g der Mischung hinzufügen, sorgfältig vermengen, bis der Teig einen weichen Kloß bildet.
5 Min. kneten, bei Bedarf weiteres Mehl zugeben. In runde Pizzaform geben und leicht ausziehen, so daß der Teig die Form ausfüllt. An einem warmen Ort gehen lassen, bis der Teig die doppelte Größe erreicht hat. Bei 180 °C im Backofen 30 Min. backen, oder bis das Brot durch ist. Das fertige Brot ist nur wenige Zentimeter hoch.

Das noch heiße Brot bestreichen mit:
2 EL Margarine (30 g)
1 Prise Berbere oder gemahlener roter Pfeffer (nach Geschmack)
Ohne zusätzlichen Aufstrich servieren.
Variation: Ersetzen Sie das Mehl teilweise durch Weizenvollkornmehl.

Blanche Horst, Stevens, Pennsylvania

Santa Lucia-Brötchen

(Schweden)
Lussekatter
(luh-seh-kah-ter)
Kinder werden ihre Freude daran haben, die Brötchen zu formen und die Rosinen auf die eingerollten Enden zu geben. Die Brötchen werden am 13. Dezember serviert, als Auftakt zur Weihnachtszeit.

Menge: 24 Stück

Backtemperatur: 180 °C
Backdauer: 12–15 Min.

In einer großen Schüssel vermischen:
125 g zerlassene Margarine
375 ml lauwarme Milch
1 EL Trockenhefe (15 g)
1 TL Zucker (5 g)
Während sich die Hefe auflöst, zermahlen Sie zu feinem Pulver:
1/2–1 TL Safran (2–5 g)
1 Zuckerwürfel oder 1 TL Zucker (5 g)

Die Schweden verwenden marmorne Schüsseln und Stößel, um Zucker und Safran zu zermahlen. Eine feste Schüssel erfüllt denselben Zweck.
Der Hefemischung hinzufügen:
Safran-Zucker-Mischung
1 verquirltes Ei

8 EL Zucker (ca. 125 g)
1 TL Salz (5 g)
ca. 1 1/2 kg Mehl

Rühren, bis der Teig handlich ist. Auf einem leicht bemehlten Brett kneten, bis der Teig glatt und geschmeidig ist (etwa 5 Min. lang). In eine gefettete Schüssel geben und zugedeckt an einem warmen Ort gehen lassen, bis der Kloß den doppelten Umfang erreicht hat (etwa 1 Std. lang). Flachklopfen. 24 kleine Teigstücke zu 1 cm dicken und 15–20 cm langen Streifen ausrollen. Drehen Sie die Zipfel in entgegengesetzter Richtung zur Mitte hin ein, so daß eine S-Form entsteht. Legen Sie die Laibchen in einem Abstand von 3–5 cm auf gefettetes Küchenpapier und verzieren Sie die eingedrehten Zipfel mit je einer Rosine. Zudecken und gehen lassen, bis die doppelte Größe erreicht ist (etwa 40 Min.).
Backofen auf 180 °C vorheizen.
Die Laibchen mit folgender Mischung bestreichen:

1 verquirltes Ei
1 EL Wasser (15 ml)
Mit etwas Zucker bestreuen

12–15 Min. goldbraun backen.
Variation: Ersetzen Sie die Safran-Zucker-Mischung durch 1 TL gemahlenen Kardamom.

Brigitta Oberg und Elizabeth Hess, Jokkmokk, Schweden

Wenn in Schweden die Weihnachtszeit naht, bäckt man in den Familien *Lussekatter,* ein besonders süßes Brot zu Ehren der christlichen Märtyrerin St. Lucia. Am frühen Morgen des 13. Dezembers, des St. Lucia-Tages, steht das älteste Mädchen der Familie auf und brüht eine Kanne Kaffee auf. Sie stellt die Kaffeekanne, ein paar Stück *Lussekatter,* und eine Kerze auf ein Tablett.

Dann legt sie ein weißes Kleid mit einem roten Gürtel (dem Symbol des vergossenen Blutes der Märtyrerin) an und setzt eine Lichterkrone auf.

So gekleidet, weckt sie ihre Geschwister. Diese begleiten sie, während sie das Tablett mit dem Kaffee und dem süßen Brot ins Elternschlafzimmer trägt. Dort beginnen die Festlichkeiten dieses Feiertages, der den Beginn der Weihnachtszeit ankündigt.

Käsestrudel
(Jugoslawien)
Sirnica
(SIHR-nih-tzah)

Dieses mit Käse gefüllte Plundergebäck mit einem Hauch Zitrone eignet sich hervorragend als Frühstücksbrot oder als besonderer Leckerbissen für die Kaffeepause. Zu Weihnachten ersetzt man in Jugoslawien den Käse durch eine besondere, aus Walnüssen hergestellte Füllung. Traditionell wird dieser Strudel als gerollter Laib gebakken; eine unserer Mitarbeiterinnen hat uns jedoch das folgende Rezept vorgeschlagen, das einfacher in der Durchführung ist und genauso gut schmeckt.

Für 8–10 Personen

Backtemperatur: 160 °C
Backdauer: 30–40 Min.

Auflösen:
1 EL Trockenhefe (15 g)
150 ml warme Milch

In separater Schüssel vermischen:
75 g zerlassene Margarine
8 EL Zucker (ca. 125 g)
1 gut verquirltes Ei

Einrühren:
Hefemischung
675 g Mehl

5–10 Min. kräftig mit einem hölzernen Löffel schlagen. Nicht kneten. Zudecken und an einem warmen Ort ruhen lassen (etwa 1–2 Stunden), bis der Teig zu doppelter Größe aufgegangen ist. Teig auf einem bemehlten Brett umdrehen und vorsichtig flachklopfen, dabei ein wenig Mehl zufügen, damit der Teig nicht an den Händen klebenbleibt. Teig in zwei Portionen teilen. Eine Hälfte vorsichtig zu einem 3/4 cm dicken Rechteck ausrollen, dabei gerade genug Mehl zugeben, daß der Teig nicht anklebt. In eine gefettete 3 1/2 l-Kuchenform geben und strecken, bis der Teig die ganze Form ausfüllt. Füllung (siehe unten) auf den Teig geben. Den restlichen Teig ausrollen, bis er in die Kuchenform paßt, und die Füllung damit bedecken.

Mit 1 EL (15 g) zerlassener Margarine bestreichen. 20 Min. stehen lassen. Bei 160 °C 30–40 Min. backen oder bis der Strudel eine goldbraune Farbe annimmt. Abkühlen lassen und zum Servieren in 6 cm große Quadrate schneiden.

FÜLLUNG:
Durch ein grobes Sieb pressen oder mit der Gabel zerdrücken:

500 g gut abgetropften Hüttenkäse oder **Quark**

Hinzufügen und gründlich vermischen:

2 gut verquirlte Eier
10 EL Zucker (150 g)
abgeriebene Schale 1 Zitrone oder
2 TL Zitronensaft (10 ml)
8 EL Rosinen (ca. 125 g)

Variation: Wenn trockener Hüttenkäse verfügbar ist, verwenden Sie 375 g. Nicht abseihen.
Oder: Wenn Sie den Strudel nach traditioneller Art machen wollen, teilen Sie den Teig nicht. Nehmen Sie für die Füllung nur 1 Ei. Den ausgerollten Teig leicht mit zerlassener Margarine bestreichen. Verstreichen Sie die Füllung auf dem Teig, lassen Sie 2,5 cm Abstand zu den Rändern. Falten Sie zwei gegenüberliegende Teigränder 5 cm weit, damit der Käse nicht auslaufen kann. Dann schlagen Sie den Teig 3–4mal übereinander – beginnen Sie an der Seite, die Ihnen zugewandt ist – bis Sie einen länglichen Laib vor sich haben. Drücken Sie die Teigränder fest zusammen. Legen Sie den Laib vorsichtig, aber

so rasch wie möglich in eine gefettete 3,5 l-Kuchenform (oder, wenn möglich, noch schmaler) mit dem Saum nach unten hinein. Mit Margarine bestreichen und wie oben beschrieben backen. Aufgeschnitten servieren.

Helen Nenadof, Jugoslawien, und Naomi Fast, Newton, Kansas
Danica Pavlak, Brinje, Jugoslawien, und Sanya Serpa, Notre Dame, Indiana

Die serbischen Christen in Jugoslawien backen Münzen in das Brot, das sie zum Frühstück am Weihnachtsmorgen servieren. Wenn sich die Familie zum Frühstück versammelt hat, spricht eines der Kinder das Vaterunser. Bevor das Brot gebrochen wird, ist es üblich, daß die Familienmitglieder sich miteinander aussöhnen. Sie bekennen, was sie Unrechtes getan haben, und verzeihen einander. Dann stehen alle auf und nehmen gemeinsam das große runde Brot in die Hände, von dem dann alle gleichzeitig ein Stück abbrechen. Die Kinder freuen sich, wenn sie eine oder zwei Münzen in ihrem Brotstück finden. Eine brennende Kerze auf dem Tisch gibt dieser Mahlzeit eine ganz besondere Atmosphäre.

Nena und Stevan Madarac, Bacuga, Jugoslawien

Eines Sonntags wurde in einer Dorfkirche auf Haiti über das Thema »Liebet eure Feinde« gepredigt. Nach der Predigt stand einer der Männer in der Versammlung auf und erklärte, was unter den Lebensumständen der Leute dort »seine Feinde lieben« bedeutet.

»Wenn du nicht mehr aus noch ein weißt, und deine Kinder dir zu Füßen vor Hunger schreien, und alle den Bauch mit Tüchern eingeschnürt haben, damit es nicht so weh tut, dann mußt du etwas unternehmen. Du beschließt, in den Garten zu gehen und die letzten Mangos am Baum zu pflücken. Aber wenn du dorthin kommst, dann entdeckst du, daß jemand sie gestohlen hat. Das ist der Zeitpunkt, an dem du deinen Feind lieben mußt, den Dieb, der das Essen deiner Kinder gestohlen hat.«

Carla Bluntschli, Bwardlorens, Haiti

Osterbrot aus der Ukraine

Paska
(PAHSS-kah)
Viele Familien, die aus der ehemaligen Sowjetunion nach Kanada auswanderten, brachten Rezepte für Osterbrot mit. Die hier angegebene Version ergibt ein großes Brot – es soll für die ganze Familie reichen, und es soll noch genug übrigbleiben, um Gästen und Fremden davon abzugeben. Halbieren Sie die Zutatenmenge, wenn Sie ein kleineres Brot backen möchten.

Menge: 1 Laib zu 1,5 kg und 5 Laibe zu 500 g

Backtemperatur: 160 °C
Backdauer: 50–60 Min.

Vermischen und beiseite stellen:
2 1/2 EL Trockenhefe (35 g)
1/8 l warmes Wasser
In einer großen Rührschüssel verquirlen
500 g Zucker
6 Eier
Hinzufügen und verrühren:
175 g Margarine
Hefemischung
abgeriebene Schale 1 Orange
1 TL Vanille (5 g)
Abwechselnd hinzufügen und vermischen:
1/4 l Sahne
2 1/2–3 kg Mehl

Teig auf einem bemehlten Brett kneten, bis er glatt und geschmeidig ist. Laibe formen und in gut gefettete Formen geben. Der Teig sollte nur 1/3 der Form ausfüllen, da er während des Backens noch weiterhin aufgeht. 5 Stunden gehen lassen. 50–60 Min. bei 160 °C backen. Um die Laibe aus der Form zu holen, fahren Sie mit einem Messer rundherum, drehen Sie die Form um und schütteln Sie die Brote vorsichtig heraus.

GLASUR:

1 EL Margarine (15 g)
250 g Puderzucker
50 ml heiße Milch

Während die Laibe abkühlen, glasieren Sie sie mit einem Kuchenpinsel. Oberfläche mit bunten Streuseln oder mit kleinen Zuckerostereiern verzieren.

AUFSTRICH:

Durch ein grobes Sieb pressen, oder im Mixer pürieren, oder kräftig mit dem Schneebesen verrühren:

500 g trockenen Hüttenkäse oder Quark
2 Eidotter oder 1 ganzes Ei, hartgekocht und kleingehackt

Schaumig rühren und hinzufügen:

125 g Margarine
8 EL Zucker (ca. 125 g)

Hinzufügen:

1/2 TL Vanille (2 g)

Verrühren, bis die Mischung streichfähig ist, magere Sahne beifügen, falls sie zu trocken ist. Auf *Paska*-Scheiben servieren.

Variation: Falls kein trockener Hüttenkäse erhältlich ist, verwenden Sie gewöhnlichen und lassen Sie ihn in einem Sieb oder Musselintuch vor Gebrauch abtropfen.

Annie und Ingrid Schultz, Aldergrove, Britisch Kolumbien

Rosinenbrot

(Irland)

Barm Brack
(Bahrm-bräk)

Barm Brack wird in Irland das ganze Jahr über gerne gegessen, oft als Beilage zum 5-Uhr-Tee. Zu Halloween (Abend vor Allerheiligen; 31. Okt.) gibt man beim Backen einen goldenen Ring in den Laib. Der Überlieferung zufolge wird ein Junggeselle, der den Ring findet, noch im selben Jahr heiraten. *Barm Brack* ist ein herzhaftes Brot, das sich lange frisch hält und besonders gut schmeckt, wenn es geröstet wird.

Menge: 2 runde Laibe

Backtemperatur: 180 °C
Backdauer: 40–50 Min.

In kleiner Schüssel vermischen und schaumig werden lassen:
- **1 EL Trockenhefe (15 g)**
- **1 TL Zucker (5 g)**
- **1/4 l warme Milch**

In einer großen Schüssel vermischen:
- **1 kg Mehl**
- **10 EL Zucker (150 g)**
- **1/2 TL gemahlener Zimt (2 g)**
- **1/4 TL gemahlene Muskatnuß (1 g)**
- **1/2 TL Salz (2 g)**

Hineingeben:
- **2 EL Margarine (30 g)**

Hinzufügen:
- **Hefemischung**
- **1 Ei,** verquirlt

Rühren, bis der Teig fest, aber geschmeidig ist.

Unterheben:
- **250 g Rosinen,** vorzugsweise weiße Rosinen
- **250 g Korinthen**
- **125 g gemischte kandierte Fruchtschalen,** kleingehackt (nach Geschmack)

Vorsichtig auf einem bemehlten Brett kneten, bei Bedarf weiteres Mehl zugeben. In eine gefettete Schüssel geben, mit einem Tuch be-

decken und an einem warmen Ort mehrere Stunden gehen lassen, bis der Teig den doppelten Umfang erreicht hat. In zwei Portionen teilen. Runde Laibe formen, Ring hineingeben (nach Belieben) und auf ein großes gefettetes Backblech geben oder in zwei runde Brotformen. Wiederum bedecken und etwa 30 Min. gehen lassen. Backofen auf 180 °C vorheizen, 40–50 Min. backen.
Oberfläche glasieren mit:
1 EL Zucker (15 g), der in 2 **EL** kochendem **Wasser (30 g)** aufgelöst wurde.
Weitere 3 Min. in den heißen Backofen stellen. Auf dem Rost auskühlen lassen. Aufschneiden und nach Geschmack mit Butter oder Margarine servieren.

Pauline Fischer, Goshen, Indiana

Hefezopf
(Schweiz)

Hefezopf wird in der Schweiz gerne zum Frühstück gegessen. Ältere Kinder haben Spaß daran, den Zopf zu flechten.

Menge: 1 Laib

Backtemperatur: 190 °C
Backdauer: 35–40 Min.

In einer großen Schüssel vermischen:
50 g zerlassene Butter
300 ml warme Milch
1 EL Trockenhefe (15 g)
Sobald die Hefe sich aufgelöst hat, rühren Sie ein:
875 g Mehl
3/4 TL Salz (3 g)
Auf einem bemehlten Brett kneten, bis der Teig glatt und geschmeidig ist. In eine gefettete Schüssel geben, mit einem Tuch bedecken und etwa 1 Stunde gehen lassen, bis der Teigkloß den doppelten Umfang erreicht hat. Flachklopfen. In drei Stücke teilen. Jedes Stück zu einem langen Strang ausrollen und einen Zopf flechten. Auf ein gefettetes Backblech legen, zudecken und noch einmal 45 Min. gehen lassen. Backofen auf 190 °C vorheizen.
Zöpfe mit einem verquirlten Ei bestreichen. 30–45 Min. backen. Auf dem Rost abkühlen lassen. Hefezopf schmeckt am besten, wenn er noch am selben Tag gegessen wird.

Margrit Ummel-Rediger, Elkhart, Indiana

Brot aus Wildem Reis

(Kanada)

Manomin Baquajeegan (mah-NOH-min bah-KWÄIH-tschih-gann)

Dieses Rezept wurde für das Kagiwiosa Manomin Wildreis-Projekt der Ojibway-Gemeinde in Wabigoon, Ontario, entwickelt. Die Selbsthilfeläden des MCC verkaufen Kagiwiosa-Wildreis, der von den Ojibway-Pflanzern bezogen und nach traditioneller Art vor dem Schälen geröstet wird.

Menge: 2 Laibe

Backtemperatur: 200 °C
Backdauer: 30 Min.

In eine Kasserolle geben:
125 g Wildreis
375 ml Wasser
1/2 TL Öl (2 ml)
Kochen, bis der Reis weich ist (etwa 30 Min.).
Während der Reis kocht, vermischen Sie:
50 ml Wasser
2 EL Melasse (30 g)
1 EL Trockenhefe (15 g)
Beiseite stellen.
In großer Schüssel vermischen:
gekochter Reis
1/4 l kaltes Wasser
2 EL Öl (30 ml)
1/4 TL gemahlener Ingwer (1 g)
Hefemischung:
1 1/2 TL Salz (7 g)
375 g Weizenvollkornmehl
625–750 g weißes Mehl

Einen festen, glatten Teig daraus kneten. Auf einem bemehlten Brett etwa 10 Min. lang kneten. In eine gefettete Schüssel geben und gehen lassen, bis der Teig die doppelte Größe erreicht hat. Flachklopfen und noch einmal kneten. Zwei Laibe formen. In gefettete Formen geben und ganz kurz noch einmal gehen lassen. Backofen auf 200 °C vorheizen.

30 Min. backen, bis die Brote schön braun sind.

Variation: Sie können statt Wildreis auch Naturreis verwenden.

Ruth McCaslin, Wabigoon, Ontario

Herzhaftes Weizenbrot

(Deutschland)

Dieses kräftige Brot enthält keinerlei Süße oder Backfett. »Das ist richtiges Brot, an dem man ordentlich etwas zu kauen hat«, sagte einer unserer Tester.

Menge: 2 Laibe

Backtemperatur: 190 °C
Backdauer: 25–30 Min.

In eine große Schüssel geben:
3/4 l warmes Wasser
Einstreuen:
1 EL Trockenhefe (15 g)
Sobald die Hefe sich aufgelöst hat, fügen Sie folgende Zutaten zu und vermischen sie:
2 TL Salz (10 g)
500 g Weißmehl
ca. 1 1/2 kg Weizenvollkornmehl

Auf einem bemehlten Brett kneten, bis der Teig glatt und geschmeidig ist (etwa 10 Min. lang). In eine gefettete Schüssel geben, mit einem Tuch bedecken und an einem warmen Ort gehen lassen, bis der Teig den doppelten Umfang erreicht hat. Zwei Laibe formen und in gefettete Backformen geben. Noch einmal gehen lassen. 25–30 Min. bei 190 °C backen. Auf dem Rost abkühlen lassen.

Katharina Koop, Vineland, Ontario

Sauerteig-Roggenbrot (Schwarzbrot)

(Österreich)

Dieses Brot hat einen charakteristischen säuerlichen Geschmack und eine dicke, knusprige Kruste. Einer unserer Mitarbeiter lernte dieses Rezept als Junge in der Bäckerei seines Vaters in Österreich kennen. Wir haben es etwas verändert, um ohne Sauerteig auszukommen.

Menge: 2 große Laibe

Backtemperatur: 190 °C
Backdauer: 45–50 Min.

HEFEMISCHUNG:
In einer großen Schüssel vermischen:
3/4 l warmes Wasser
1 EL Trockenhefe (15 g)
750 g Roggenmehl
Verrühren, bis die Mischung glatt ist. Zudekken und 6–24 Stunden bei Zimmertemperatur ruhen lassen. Je länger die Ruhezeiten, desto saurer das Brot.
BROT:
In einer kleinen Schüssel auflösen:
1 EL Trockenhefe (2 Päckchen)
1/4 l warmes Wasser
1 EL Salz (15 g)
Der ersten Hefemischung beifügen.
Einrühren:
875 g Roggenmehl
1 kg Weißmehl
Auf ein bemehltes Brett geben und einarbeiten:
375–500 g zusätzliches Weißmehl

Kneten, bis der Teig glatt und geschmeidig ist. Zwei längliche Laibe formen und auf ein gefettetes Kuchenblech legen. Mit einem Tuch bedecken und gehen lassen, bis der Teig die doppelte Größe erreicht hat (40–50 Min. lang). Bei 190 °C 45–50 Min. lang backen. Auf dem Rost auskühlen lassen. Zum Servieren in dünne Scheiben schneiden.

Variation: Um Geschmack und Substanz des Schwarzbrotes zu verstärken, fügen Sie eine der folgenden Zutaten bei: 3 EL Koriandersamen (50 g), 3 EL Fenchelsamen (50 g), 5 EL Kümmel (75 g) oder 5 EL Weizenflokken (75 g).

Oder: Um das Schwarzbrot nach traditioneller Art zu backen, müssen Sie von der ersten Hefemischung am Ende der Ruheperiode 500 g wegnehmen und diesen Hefekern im Kühlschrank für den zukünftigen Gebrauch aufbewahren. Wenn Sie in der Folgezeit bakken, so fügen Sie den gekühlten Sauerteig der ersten Hefemischung bei; am Ende der Ruheperiode entnehmen Sie wieder 500 g und stellen diese Menge beiseite. Fahren Sie dann wie im Rezept angegeben fort. Variieren Sie die Menge des weißen Mehls nach Bedarf, bis der Teig glatt und geschmeidig ist.

Franz und Barbara Goller, Notre Dame, Indiana

Wir hatten im Rahmen des Projekts »Friedenstal« für das Umsiedlungsprojekt für Flüchtlinge aus El Salvador in Belize gearbeitet und gingen nun nach Honduras, um an dortigen Flüchtlingsprogrammen mitzuarbeiten. Kurz vor unserer Abreise backte uns Doña Francisca, eine der Flüchtlingsfrauen, die uns eine gute Freundin geworden war, drei kleine Laibe süßes Brot als Reiseproviant. Als sie uns die Brote überreichte erzählte sie uns, daß sie drei Laibe süßes Brot mitgenommen hatte, als sie aus dem von Kriegswirren geschüttelten El Salvador nach Belize geflohen war. Die Brote hatten sie die ganze Reise hindurch ernährt – eine Reise im Autobus und zu Fuß, die mehrere Tage lang gedauert hatte. Sie hoffe, sagte sie, die Brote würden auch für uns ausreichen. Wir waren tief berührt von ihrer Großherzigkeit. Unsere »Reise« war ein knapp 30 Minuten dauernder »Hopser« mit dem Flugzeug von Belize City nach San Pedro Sula in Honduras.

Grace Weber, Reading, Pennsylvania

Kokosnußbrot

(Belize)

Pan de Coco
(pahn däi KOH-koh)

Dies ist ein leichtes, feuchtes Brot mit dem charakteristischen süßen Geschmack der Kokosnuß.

Maud Adolphus backt ihr Kokosnußbrot in der Radnabe eines Lastwagenreifens über offenem Feuer. Sie bedeckt den Rand des Reifens mit einem Faßdeckel und häuft Kohlen darauf. Den Rest der ausgepreßten Kokosnußmasse verfüttert sie an ihre Küken. Die Masse kann jedoch auch zum Backen verwendet werden.

Menge: 6 kleine Laibe

Backtemperatur: 180 °C
Backdauer: 25–30 Min.

Reiben:
1 Kokosnuß, geschält

Fügen Sie 625 ml heißes Wasser zu und lassen Sie die Mischung mindestens 20 Min. lang stehen. Abseihen und die Flüssigkeit (Kokosmilch) aufbewahren.

Fügen Sie der warmen Kokosmilch bei:
1 EL Trockenhefe (15 g)
8 EL Zucker (ca. 125 g)
1 TL Salz (5 g)
3 EL Öl (ca. 50 ml)

5 Min. stehen lassen.

Einrühren:
ca. 2 kg Mehl

Etwa 8 Min. lang auf einem bemehlten Brett kneten, bis der Teig glatt und geschmeidig ist. In eine gefettete Schüssel geben und 35–40 Min. gehen lassen. Flachklopfen und in 6 Kugeln teilen. Runde Laibe formen und die Mitte mit dem Handballen niederdrükken. Auf ein gefettetes Backblech legen und zugedeckt 20 Min. gehen lassen. Backofen auf 180 °C vorheizen, Laibe 25–30 Min. backen oder bis sie goldbraun sind.

Variation: Statt frische Kokosmilch herzustellen, können Sie auch 625 ml Kokosmilch aus der Dose verwenden. Falls die Milch gesüßt ist, Zucker weglassen. Falls die

Milch in 475 g-Dosen verkauft wird, fügen Sie Wasser zu, um auf die nötige Menge von 625 ml zu kommen. Die Kokosnuß selbst zu reiben kommt billiger, ist aber sehr zeitaufwendig.

Oder: Statt der Laibe kann man kleine einzelne Brötchen formen. Verkürzen Sie in dem Fall die Backzeit auf 20–25 Min. oder backen Sie, bis die Brötchen goldbraun sind.

Maud Adolphus, Valley of Peace, Belize, und Grace Weber, Reading, Pennsylvania

Gott gibt seinen Segen allen Menschen. Wären es die Menschen, die den Segen verteilten, so gingen viele leer aus.

Sprichwort der Hausa (Afrika)

Ninkii sun ku siiya, subag baa la siiyaa.
Wenn einer dir Gift gibt, gib ihm Butter dafür.

Sprichwort aus Somalia

Wenn die ganze Menschheit gemeinsam leidet, dann leidet der einzelne nicht mehr.

Afrikanisches Sprichwort

Darf ich deine Schmerzen auf mich nehmen, darf ich sie als die meinen betrachten.

Armenisches Sprichwort

2. Getreide, Hülsenfrüchte, Eintöpfe und Hauptgerichte

Die frische Luft des frühen Morgens in den Bergen im Norden Guatemalas ist von einer Atmosphäre des Friedens und Wohlbehagens durchdrungen. Es ist der Tag, an dem der Mais gepflanzt wird; der Tag, der in der Kultur der K'ekchi'-Indianer im Zentrum aller anderen Aktivitäten steht. Mais ist für diese Indianer der »Stoff, aus dem das Leben gemacht ist«, die Grundlage all ihres Tuns, ihres Handelns und ihrer Feste.

Dieser Tag ist die Krönung wochenlanger Vorarbeiten: Das Feld muß ausgesucht, dann gerodet, abgebrannt und eingezäunt werden. Sobald der Mais gepflanzt ist, geht die Arbeit weiter: Unkraut muß gejätet, schließlich muß der Mais geerntet, ausgelöst und ins Dorf transportiert werden.

Der Tag des Pflanzens beginnt mit einer Mahlzeit, die aus Bohnen, Kaffee und dicken, frischen, dampfenden Tortillas besteht. Nach dem Essen sprechen christliche Familien ein Gebet, in dem sie um Bewahrung während der Arbeit des Pflanzens und um Gottes Segen für die Saat bitten, während diejenigen Indianer, die dem alten Glauben der Maya anhängen, dem Maisgott ein Opfer darbringen.

Das Saatgut wird sorgfältig unter den Männern verteilt. Sie tragen nur zwei Dinge bei sich, wenn sie aufs Feld gehen: Einen Sack voll Saatgut, den sie sich über die Schulter hängen, und einen Pflanzstock – eine lange, schlanke Stange mit einem scharf zugespitzten Ende. Die Pflanzer ziehen, einem vorgegebenen Muster folgend, über das Feld – ein Loch in den Boden stechen, das Saatgut hineingeben, mit Erde bedecken, einen Schritt weitergehen, ein Loch in den Boden stechen …

Am frühen Nachmittag ist das Feld dann eingesät, und nun sind die Frauen an der Reihe, die daheimgeblieben sind, denn die Männer kommen mit großem Hunger zurück. Die Frauen haben eine Anzahl gefüllter Truthähne vorbereitet, einen riesigen Kessel voll Suppe, Kannen voll Kaffee und einen fast unerschöpflichen Vorrat an Tortillas. Wenn alle gegessen haben, wikkeln die Gäste die Reste in Bananenblätter und machen sich auf den Heimweg. Die Gastgeber sprechen ihnen beim Abschied Dank und Anerkennung aus.

Der Mais ist gepflanzt, und mit ihm keimt die Hoffnung, daß neues Leben und neue Möglichkeiten erwachsen. Der Lebensunterhalt eines ganzen Jahres hängt vom Ergebnis dieses einen Arbeitstages ab.

Mary Jane Newcomer, Lake Wales, Florida

Wenn Gott ihnen Gesundheit, reichlich Regen und eine erfolgreiche Ernte schenkt, dann feiert das Volk der Senufos im südwestlichen Burkina Faso irgendwann im September die »Saatgut-Mahlzeit«. Vom Anpflanzen bis zur Ernte legen sie einen Teil des Saatguts sorgfältig beiseite und hüten es – die einzige Versicherung gegen eine Mißernte, die sie kennen. Aber sobald die Ähren prall gefüllt sind, können sie aus diesem Saatgut eine Mahlzeit zubereiten.

Üblicherweise bereitet nur eine einzige Frau in der Großfamilie das Getreide für die Mahlzeiten zu, aber bei dieser festlichen Gelegenheit helfen alle mit. Sie beginnen damit, daß sie die Kleie von den Körnern entfernen. Jede Frau in der Sippe, von der ältesten Großmutter bis zum jüngsten Töchterchen, nimmt den großen Mörser und Stößel zur Hand. Danach worfeln sie das Getreide, indem sie es von einem großen Korb in den anderen schütten, so daß der Wind die Spelzen wegblasen kann. Dann knien sie nacheinander an den beiden Mühlsteinen, zwischen denen sie die Körner mahlen. Nachdem das Korn gemahlen und gesiebt ist, schütten es die Frauen in einen Topf mit kochendem Wasser. Mit einem langen hölzernen Rührlöffel rühren sie es um, bis es zu einem dicken Brei gequollen ist.

Zur Essenszeit essen alle Frauen der Familie gemeinsam aus einer Schüssel und alle Männer aus einer zweiten. Sie formen den Kornbrei zu Bällchen und tauchen ihn in eine Soße, die zuweilen ein Stück Fleisch enthält, das dann am Ende der Mahlzeit von allen gemeinsam gegessen wird.

Wir haben das Saatkorn gegessen. *Barika!* Preist den Herrn! Gott schenke uns nächstes Jahr wieder eine gute Ernte!

Mawa Coulibaly und Kathy Peterson, NDorola, Burkina Faso

Reis

Im Swahili gibt es ein Sprichwort: »Reis bleibt immer derselbe, aber man kann ihn auf die verschiedensten Arten kochen.« Reis ist über fast die ganze Welt verbreitet, aber wie die folgenden Rezepte zeigen, gibt es je nach geografischer Lage eine Vorliebe für bestimmte Reissorten und ebenso für bestimmte Zubereitungsarten.

Rundkornreis und »klebriger Reis« sind sehr beliebte Reissorten in Asien. Asiatische Köche fügen ihrem täglichen Reis nur selten Öl oder Salz zu; sie schätzen ihn als Zutat mit wenig Eigengeschmack zu kräftig gewürzten Hauptgerichten.

In Lateinamerika ist langkörniger Reis sehr verbreitet. Viele Köche braten den Reis in Öl, bis er glasig ist, und fügen dann Wasser zum Fertigkochen bei.

Basmati, eine sehr aromatische langkörnige Reissorte, wird in großen Teilen von Indien, Bangladesh und Nepal zu besonderen Gelegenheiten verwendet. Die Sorte ist etwas teurer als anderer Reis. Basmati muß vor dem Zubereiten sehr gut gewaschen werden.

Brauner Reis ist die naturbelassenere Variante des polierten weißen Reis. Nach dem Schälen wird das Korn ganz gelassen, um die Nährstoffe zu bewahren. Brauner Reis muß etwa doppelt so lange gekocht werden wie weißer Reis.

Reispilafs (oder Pilaus) erhält man, indem man ungekochten Reis in Öl brät, oft unter Zugabe von Gewürzen und Zwiebeln, und ihn dann in Rinds- oder Hühnersuppe oder Tomatensaft kocht. Angebratene gehackte Zwiebeln, Erdnüsse und Rosinen können als Garnierung beigegeben werden.

Wilder Reis spielte eine bedeutende Rolle in der traditionellen Ernährung und in der Wirtschaft der Ureinwohner Kanadas und der Vereinigten Staaten. Einige dieser Gemeinschaften etablieren sich heute wieder auf dem Markt, den sie eine Zeitlang an Handelsfirmen verloren hatten, die Wilden Reis in erster Linie als ausgefallene Delikatesse verkauften. Die Wildreisrezepte in diesem Buch stammen vom Kagiowasa-Manomin-Wildreis-Projekt, einer Gemeinschaft der Ojibway in Wabigoon, Ontario. Kagiowasa Manomin wird in Kanada durch das Handwerk-Selbsthilfe-Programm der Mennoniten organisiert.

Der Kagiowasa Wildreis muß nicht zuerst eingeweicht werden und ist in 30 Min. gar, schneller als anderer im Handel erhältlicher Wildreis, weil er einer traditionellen Methode gemäß erst geröstet wird, bevor die äußere Haut entfernt wird. Die meisten anderen Wildreissorten müssen vor dem Kochen eingeweicht werden. Um schnell zu einem Ergebnis zu kommen, waschen Sie den Reis in kaltem Wasser. 250 g Reis in 750 ml kochendes Wasser einrühren. 5 Min. kochen lassen. Vom Feuer nehmen, zudecken und eine Stunde einweichen lassen. Abgießen, abschrecken und nach den Anweisungen im Rezept zubereiten.

Gedünsteter Reis (Grundrezept)

Für 4–6 Personen

In einer massiven Kasserolle vermischen:

375 g Reis

1/2 TL Salz (2 g)

gerade genug **Wasser**, daß der Reis 2,5 cm mit Wasser bedeckt ist (die Asiaten messen mit dem Zeigefinger von der Spitze bis zum ersten Knöchel).

Bei hoher Wärmezufuhr aufkochen lassen. Mit einer Gabel umrühren, eventuell angeklebte Körner vom Boden des Topfes lösen. Wärmezufuhr verringern, Topf mit einem fest schließenden Deckel bedecken und 20 Min. lang nicht mehr rühren oder anstechen. (Falls der Herd zu heiß bleibt und der Reis überkocht, ziehen Sie die Kasserolle während der ersten 5 Min. ein Stückchen von der Herdplatte weg.) Nach 20 Min. den Reis vom Herd nehmen und bis zum Auftragen zugedeckt stehen lassen. Leicht auflockern, während Sie ihn in die Servierschüssel geben. Dies ergibt einen zarten, aber festen trockenen Reis ohne klebrige Feuchtigkeit am Boden.

Variation: Nehmen Sie 400 ml Wasser auf 250 g Reis. Weiter wie oben, aber reduzieren Sie die Wassermenge, wenn Sie große Mengen Reis kochen.

Wenn Sie braunen Reis verwenden, verlängern Sie in diesem Fall die Kochzeit auf 45 Min.

Salz weglassen, wenn Sie den Reis mit salzigen oder stark gewürzten Beilagen servieren.

Aus dem »Weniger ist mehr«-Kochbuch von Doris Janzen Longacre (Herald Press, 1976, alle Rechte vorbehalten). Abdruck mit freundlicher Genehmigung des Verlages.

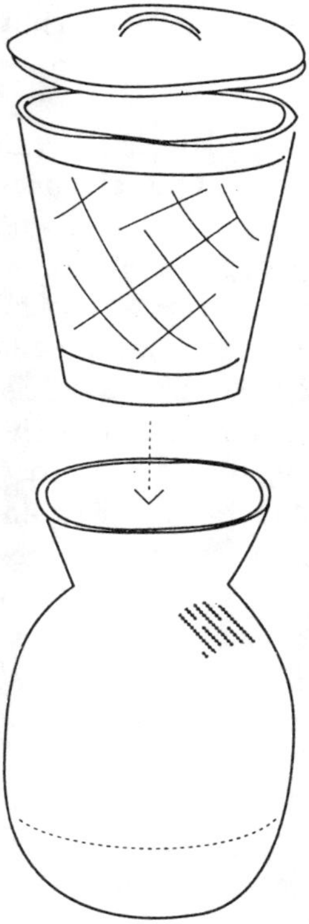

Dies ist ein Reiskocher, wie er in Thailand und Laos benutzt wird.
Der Reis wird in den oben abgebildeten Korb gegeben. Diesen hängt man in den oberen Teil des mit dampfendem Wasser gefüllten Metalltopfes, bis der Reis gar ist.

Gebackener Reis

Für 3–4 Personen

Backtemperatur: 180 °C
Backdauer: 45 Min.

Backofen auf 180 °C vorheizen.
In einem abdeckbaren Gefäß vermischen:

1/2 l heißes Wasser
250 g Reis
1/2 TL Salz (2 g)
1 EL Margarine (15 g)

Zudecken und 45 Min. lang backen. Bei größeren Mengen verlängert sich die Backzeit.

Klebriger Reis
(Laos/Thailand)

Khao Niew
(kau NIH-oh)

Für 4 Personen

Klebriger Reis ist das Hauptnahrungsmittel der Menschen in den ländlichen Gebieten von Laos und im nordwestlichen Thailand. Er wird täglich in besonderen Deckelkörbchen serviert, häufig mit frischem, ungekochtem Gemüse und einer Gemüsebrühe, die aus einer gemeinsamen Schüssel gegessen wird. Fleisch und Eier sind seltene Leckerbissen. Eine *Jayo* genannte Chilisauce (Scharfe Soße, Rezept in diesem Buch) gibt der Mahlzeit die nötige Würze. In Laos sitzt die ganze Familie zum Essen auf dem Boden. In der Mitte steht ein großes, etwa 10 cm hohes Tablett aus Rattan und Bambus. Man benutzt die Finger, um den Klebrigen Reis zu mundgerechten Bällchen zu formen und diese in die *Jayo* zu tunken. Klebriger Reis (auch Süßer Reis genannt) ist in asiatischen Läden oder als »Milch- oder Rundkornreis« in Supermärkten erhältlich.

In Wasser einweichen (mindestens 4 Std. lang oder am besten über Nacht):

2 Tassen ungekochter Rundkornreis

(nicht durch gewöhnlichen Reis ersetzen!)

Abgießen und mit kaltem Wasser abschrekken.

In einem Dunsteinsatz über kochendes Wasser hängen. Zudecken und 20–30 Min. dünsten. In einen Deckelkorb oder eine zugedeckte Schüssel geben, aber nicht luftdicht verschließen. Servieren Sie den Reis mit einer Gemüsepfanne, oder einem Huhngericht.

Nonglak Pana und Carol Rose, Wapipathum, Mahasarakam, Thailand Somphane Thadavong, Vientiane, Laos, und Linda Peachey, Lancaster, Pennsylvania, Martha Zimmerly, Orrville, Ohio

Der Traum eines thailändischen Bauern ist, Reis auf dem Feld und Fische im Fluß zu besitzen. Thailänder essen Reis im allgemeinen zu jeder Mahlzeit. Wenn sie jemanden zum Essen einladen, fragen sie gewöhnlich: »*Thaan khao may?*« (Möchtest Du gerne Reis zu essen haben?)

Thailänder verstehen unter einem guten, angenehmen Leben, »warmen Reis zu essen und lange zu schlafen«.

»Den Reistopf zu zerschlagen« bedeutet, jemandem die Grundlage seines Lebensunterhaltes zu entziehen.

Reis nach mittelamerikanischer Art

Arroz Blanco
(ah-rohss BLAHN-koh)
Dieser Reis eignet sich als Beilage zu lateinamerikanischen Mahlzeiten.

Für 4 Personen

In einer mittelgroßen Kasserolle in **1 1/2 EL Öl (20 ml)** anbraten:
1 kleine Zwiebel, fein zerkleinert
1 Zehe Knoblauch, fein zerkleinert (nach Belieben)
1 EL grüne Paprika (15 g), fein zerkleinert (nach Belieben)
Unter Rühren anbraten, bis die Zwiebel glasig ist.
Hinzufügen:
250 g ungekochter Reis
Unter Rühren 1–2 Min. anbraten, bis der Reis glasig ist.
Hinzufügen:
1/2 TL Salz (2 g)
425 ml Wasser
Aufkochen lassen. Wärmezufuhr verringern, zudecken und 15 Min. bei geringer Wärmezufuhr köcheln lassen. Reis vom Herd nehmen und noch 10 Min. zugedeckt stehen lassen. Mit einer Gabel auflockern und servieren.

Martha Azaguierre, El Hatillo, Honduras, und Dorothy Hood, El Naranjal, Honduras, Beverlee Ludema, San José, Costa Rica

Mexikanische Reispfanne

(Mexiko)

Arroz con Elote y Queso (ah-ROHSS kohn äi-LOH-täi ih KÄI-soh)

Die Mexikaner servieren diesen Reis mit Huhn. Man kann ihn aber auch als Hauptgang einer leichten Mahlzeit verwenden.

Für 4 Personen

In einer großen, massiven Bratpfanne erhitzen:

2 EL Öl (30 ml)

Hinzufügen:

250 g ungekochter Reis

1–2 Min. braten, dabei vorsichtig umrühren.

Hinzufügen:

1 kleine Zwiebel, fein zerkleinert
5 Zehen Knoblauch, fein zerkleinert
1/8 l Wasser
1/2 TL Salz (2 g)

Unter ständigem Rühren kochen, bis alles Wasser aufgesaugt ist.

Hinzufügen:

1/4 l kochendes Wasser oder Suppenbrühe
2 mittelgroße grüne Paprika, in Streifchen geschnitten
250 g Mais, aus der Dose oder tiefgekühlt

Zudecken und etwa 20 Min. lang ohne umzurühren bei geringer Wärmezufuhr köcheln lassen, bis alle Flüssigkeit aufgesaugt ist. Vom Herd nehmen. Übergießen mit:

250 g saure Sahne
scharfer Käse, grob gerieben

Zudecken und 5–10 Min. stehen lassen, bis der Käse geschmolzen ist.

Adriana Castillo Adame, Mexico City, Mexico

Bunter Hahn

(Nicaragua)

Gallo Pinto

(GAH-yoh PIHN-toh)

Dieses einfache, aber sehr wohlschmeckende Gericht hat seinen Namen von der dunkelrot und weiß gefleckten Reis-Bohnen-Mischung, die an die Färbung der Barred Plymouth Rock-Hähne erinnert. *Gallo Pinto* wird gerne zum Frühstück gegessen, oft mit salzigem, trockenem weißem Käse als Beilage. Das Gericht eignet sich gut zur Verwertung von Reis- und Bohnenresten.

Für 4 Personen

Kochen:
250 g Reis
Bereitstellen:
175 g Rote oder Schwarze Bohnen, gekocht und abgegossen
In einer Bratpfanne in einer **kleinen Menge Öl** anbraten:
2 EL Zwiebel (30 g)
Sobald die Zwiebeln glasig sind, hinzufügen:
Bohnen
1/2 TL gemahlener Kümmel oder Koriander (2 g) nach Belieben
Anbraten, bis die Zutaten trocken sind. Reis einrühren und anbraten, bis er gut durchgewärmt ist. Mit geriebenem Käse, saurer Sahne oder Joghurt bedecken. Mit heißen Tortillas und Spiegel- oder Rühreiern servieren (nach Belieben).

Teresa Palacios und Leslie Book, Managua, Nicaragua

Reis und Pigeon-peas-Bohnen

(Puerto Rico)

Arroz con Gandules (ah-ROHSS kohn gahn-DUH-läiß)

Reis und Bohnen werden von den puertoricanischen Einwohnern New Yorks tagein, tagaus gegessen. Pigeon-peas-Bohnen – *Gandules verdes* – sind dabei besonders beliebt, aber auch andere Bohnensorten finden Verwendung. *Pigeon-peas* in Dosen finden Sie in spanischen Geschäften oder in großen Supermärkten.

Für 6–8 Personen

In einer massiven Bratpfanne in **1–3 EL Öl (15–45 ml)** anbraten:

125 g Schinken, Wurst oder Speck, in Würfel geschnitten

Hinzufügen:

3 EL Zwiebel (45 g), fein zerkleinert
2 EL grüne Paprika (30 g), in Würfel geschnitten
2 EL Koriandergrün (30 g), fein zerkleinert
1 kleine grüne Chilischote, fein zerkleinert
3 EL Oliven oder Kapern (45 g)
125 ml Tomatensauce

5 Min. bei geringer Wärmezufuhr ziehen lassen. Hinzufügen:

1 TL getrockneter Oregano (5 g)
1/2 TL Knoblauchgranulat (2 g)
1 1/2 TL Salz (7 g)
1/8 TL Pfeffer (0,5 g)
500 g Pigeon-peas-Bohnen aus der Dose, mitsamt dem Saft
1/2 l Wasser
500 g ungekochter Reis

Aufkochen lassen, dann die Wärmezufuhr stark verringern. Zugedeckt köcheln, bis alles Wasser aufgesaugt und der Reis gar ist (30–45 Min. lang). Die Bohnen steigen an die Oberfläche; der Reis sollte trocken und locker sein. Eine braune Kruste, *Pegao* genannt, die sich am Boden bildet, gilt bei vielen Puertoricanern als besondere Köstlichkeit. *Pigeon-peas-Bohnen* haben einen besonderen Geschmack, den es auszuprobieren lohnt. Falls sie nicht erhältlich sind, nehmen Sie beliebige andere Bohnensorten.

Ana Martinez und Martha Miller, Bronx, New York

Gebratener Reis
(Vietnam)

Com Chien
(guhm TSCHIH-uhn)
Gebratener Reis macht aus Reis- und Gemüseresten ein hübsch anzusehendes und köstliches Gericht.

Für 3–4 Personen

Kochen:
250 g Reis (oder stellen Sie 750 g Reisreste bereit)
In einer großen Bratpfanne erhitzen:
3 EL Öl (45 ml)
Hinzufügen:
125–250 g gekochtes oder rohes Fleisch (jede beliebige Sorte), in dünne Streifen geschnitten
3 Zehen Knoblauch, fein zerkleinert
1 große Zwiebel, grob zerkleinert
1 TL Salz (5 g)
1/4 TL Pfeffer (1 g)
1 TL Zucker (5 g)
1 EL Sojasauce (15 ml)
1 EL Fischsauce (15 ml) nach Belieben
Unter Rühren anbraten, bis das Fleisch gar und heiß ist (1–2 Min. lang).
Hinzufügen:
750 g Reis, gekocht
Unter Rühren 5 Min. anbraten.

Hinzufügen und gut umrühren:
250 g Erbsenreste
Unmittelbar vor dem Servieren hinzufügen:
2 Eier, verquirlt
Bei mäßiger Wärmezufuhr den Reis gut umrühren, bis die Eier gar sind. Dampfend heiß mit grünem Salat servieren.
Variation: Erbsen durch andere Gemüsesorten (Karotten, grüne Bohnen oder geraspeltes Kraut) ersetzen.
Fleisch weglassen und zusätzliches Gemüse hinzufügen.
Um die Speise noch geschmackvoller zu machen, würzen Sie bei Tisch mit Gewürzter Fischsauce (Rezept in diesem Buch).

Tran Thi Trinh, Quang Ngai, Vietnam, und Pat Hostetter Martin, Ephrata, Pennsylvania

Kochen ist in Laos Frauensache – und es sind auch die Frauen, die das Wasser zum Waschen und Kochen herbeitragen, sich um die Kinder kümmern, den für den Tag benötigten Reis schälen, den Gemüsegarten pflegen, die Kleider im Fluß oder Bach waschen und bei der Arbeit im Reisfeld helfen.

Auf dem Lande, wo die meisten Familien keinen Kühlschrank oder andere Möglichkeiten zum Frischhalten von Lebensmitteln haben, gehört der tägliche Gang zum Markt zur Vorbereitung der Mahlzeiten. Um die besten Lebensmittel zu bekommen, gehen die meisten Frauen direkt nach Sonnenaufgang zum Einkaufen – wer zu spät kommt, hat das Nachsehen.

Zainabs Pilaf

(Kenia)

Mchele ya Zainab (m'TSCHE-leh jah ZAI-nahb)

Die Somalifrauen im Norden Kenias verwenden Ziegen- und Kamelfleisch nur in sehr geringen Mengen; nur einmal ein paar Stückchen in Mahlzeiten wie hier in diesem Reispilaf.

Für 3–4 Personen

In einer **kleinen Menge Öl** in der Bratpfanne anbraten:

125–250 g Rindfleisch, Ziegenfleisch oder Truthahn, in Würfel geschnitten oder als Hackfleisch

Beiseite stellen.

In einer massiven Bratpfanne in **1–2 EL Ghee (geklärte Butter) oder Öl (15–30 ml)** anbraten:

1 kleine Zwiebel, in sehr dünne Ringe geschnitten

Hinzufügen:

3–4 Zehen Knoblauch, zerdrückt

1 mittelgroße Tomate, geschält und in Stückchen geschnitten

1/4–1/2 TL Currypulver (1–2 g)

1/4 TL gemahlener Zimt (1 g)

1/2 TL Salz (2 g)

Unter ständigem Rühren kurz bei mittlerer Wärmezufuhr anbraten, bis das Öl einen Rand bildet.

Hinzufügen:

angebratenes Fleisch

375 ml Wasser

Aufkochen lassen. Hinzufügen:

250 g Langkornreis

Zudecken und 20 Min. bei geringer Wärmezufuhr kochen.

Zainab Hajjé Ahmed, Rhamu, Kenia, und Nancy Brubaker, Lancaster, Pennsylvania

Roter Reis
(Vereinigte Staaten)

Red Rice

Unser Mitarbeiter lernte dieses Gericht im Stil der Südstaaten kennen, während er in einer afroamerikanischen Gemeinschaft auf John's Island, Südkarolina, lebte.

Für 4–5 Personen

Kochen:
375 g Reis

In der Bratpfanne knusprig braten:
4 Streifen Speck

Auf Küchenpapier abtrocknen, zerkrümeln und beiseite stellen. Überschüssiges Speckfett aus der Bratpfanne abgießen und hinzufügen:
75 g Zwiebel, fein zerkleinert
1 1/2 Stangen Sellerie, fein zerkleinert
175 g grüner Paprika, in Würfel geschnitten

Anbraten, bis die Zwiebel glasig ist.

Hinzufügen:
250 g Rauchwurst, der Länge nach und dann in Scheiben geschnitten

Braten, bis die Wurst durchgewärmt ist. Mit dem gekochten Reis vermischen.

Einrühren:
zerkrümelter Speck
175 ml Tomatensauce

Durchwärmen.

Hinzufügen:
Tabasco-Pfeffersauce * nach Geschmack

Fred Newswanger, New Holland, Pennsylvania

Würzige Mungo-Bohnen und Reis

(Bangladesch)

Bhuna Khichuri
(BHUH-nah ki-tschu-rih)

Unser Mitarbeiter, der sich selbst die bengalische Feinschmeckerküche beibrachte, vermerkt: »Die traditionelle bengalische Küche kennt keine festgeschriebenen Rezepte. Die Menschen lernen das Kochen durch Erfahrung und Experimente. In den ländlichen Gebieten von Bangladesch lernen die meisten Frauen von ihrer Mutter oder Großmutter kochen. Ich bin zum Vergnügen Koch geworden, weil ich gutes Essen schon immer schätzte.«

Für 6–8 Personen

Über Nacht einweichen (oder nach der schnellen Methode):

250 g Mungo-Bohnen

In einer großen Bratpfanne erhitzen:

50 g Margarine

Hinzufügen und kurz anbraten:

1 1/2 TL Ingwerwurzel (7 g), fein zerkleinert oder geraspelt

1 Lorbeerblatt

Hinzufügen:

250 g Mungo-Bohnen, gespült und abgegossen

500 g Langkorn- oder Basmati-Reis, gespült

2 ganze Gewürznelken

1/2 TL gemahlener Zimt (2 g)

1 TL gemahlener roter Pfeffer * (5 g) nach Belieben

15 Min. braten, gelegentlich umrühren.

Hinzufügen:

1 1/2 l kochendes Wasser

1 EL Salz (15 g)

Zudecken und bei geringer Wärmezufuhr 25–30 Min. kochen lassen, bis Bohnen und Reis gar sind.

In einer separaten Pfanne anbraten:

50 g Zwiebel, fein zerkleinert

Bohnen und Reis in eine Servierschüssel geben. Mit gebratenen Zwiebeln und hartgekochten Eischeiben garnieren.

Variation: Falls Mungo-Bohnen nicht erhältlich sind, verwenden Sie statt dessen Linsen (diese müssen Sie vorher nicht einweichen).

Richard Sarker, Dhaka, Bangladesch

Maismehl- und Bohnenbrei

(Swasiland)

Sishwala

(sih-SCHWAH-lah)

In Swasiland wird dieser Brei mit gemahlenem Mais zubereitet und als Hauptgang oder als Beilage zu einem Eintopf serviert. Wie Reis oder Kartoffelbrei hat er nur wenig Eigengeschmack. Übergießen Sie ihn mit Gemüse- oder Fleischeintopf, oder servieren Sie ihn als Beilage zu einem stark gewürzten Gericht.

Für 4–6 Personen

Über Nacht einweichen (oder nach der schnellen Methode):

375 g Weiße Bohnen

1 1/2 l Wasser

Im Einweichwasser kochen, bis die Bohnen weich, aber nicht breiig sind.

Hinzufügen:

1 TL Salz (5 g)

125 g Maismehl (am besten weißes)

125 ml Weizengrütze

10–15 Min. bei geringer Wärmezufuhr kochen lassen, dabei ständig umrühren, bis der Brei die Konsistenz dicker Weizengrütze oder festen Kartoffelbreis hat.

Busie Nsibande, Mbabane, Swasiland, und Rose Breneman Stewart, Lancaster, Pennsylvania

Afrikanischer Maismehlbrei

(Sambia)

Nshima

(en-SCHIH-mah)

In Sambia macht man *Nshima* mit weißem Maismehl; Sie können jedoch auch gelbes Maismehl verwenden, obwohl afrikanische Köche es ablehnen würden. Unser Tester vermerkte: »Wir waren alle überrascht, wie köstlich dieses Gericht schmeckte!«

Für 6 Personen

In einem großen Suppentopf zum Kochen bringen:

1 1/2 l Wasser

In einer Schüssel vermischen:

250 g weißes Maismehl

1/4 l Wasser

Rühren, bis die Masse glatt ist, dann dem kochenden Wasser hinzufügen. 15–20 Min. unter gelegentlichem Rühren bei geringer Wärmezufuhr kochen.

Allmählich hinzufügen (jeweils ca. 125 g):

550–625 g Maismehl

1 TL Salz (5 g) nach Belieben

Nach jeder Portion Maismehl (125 g) mit einem Rührlöffel gut umrühren, bis alle trockenen Teilchen verschwunden und alle Klümpchen glattgerührt sind. Einige Minuten lang kräftig weiterrühren, bis *Nshima* so fest ist, daß er nicht mehr vom Löffel tropft. Vom Herd nehmen, zudecken und 10 Min. stehen lassen. Je länger er steht, desto steifer wird der Brei. Vor dem Servieren noch einmal umrühren. *Nshima* in eine große Servierschüssel geben, mit dem Rücken eines nassen Löffels eine glatte Mulde formen oder in großen Klumpen auf einer Platte servieren. Servieren Sie den Brei mit Gemüse-Würzsauce mit *Gumbo-*, (Rezept in diesem Buch) Eintopf oder gekochtem Rindfleisch sem Buch). Reste können wie Maismehlbrei frittiert werden.

Anmerkung: Den gebrauchten Kochtopf sofort in kaltem Wasser einweichen, damit er sich später leichter reinigen läßt.

Tina Muzyamba Munsaka, Ndola, Sambia
Edith Makwembo, Chikankata, Sambia, und Linda Nafziger Meiser, Elkhart, Indiana
Renee Muleya, Lusaka, Sambia, und Ruth Thiessen, Clearbrook, Britisch Kolumbien
Esther Spurrier, Dillsburg, Pennsylvania

Wildgemüse mit Maismehl

(Südafrika)

Imifino
(ih-mih-FIH-noh)

Imifino macht aus jedem eßbaren Grüngemüse – Spinat, Mangoldgemüse, Kürbisblätter oder sonstiges – eine herzhafte Mahlzeit. Um den Proteingehalt zu erhöhen, servieren Sie das Wildgemüse mit gebackenen Bohnen oder Spiegeleiern, oder ergänzen Sie die Mahlzeit durch ein Milchgetränk.

Für 4–6 Personen

In 1/2 l **Wasser** aufkochen:
1 kg Grüngemüse, fein zerkleinert
1 Zwiebel, fein zerkleinert
2 Zehen Knoblauch, fein zerkleinert
Hinzufügen:
500 g Maismehl
10 Min. ohne umrühren dünsten.
Einrühren:
1 1/4 TL Salz (6 g)
1/2 l heißes Wasser
Die Masse wird ziemlich dickflüssig. Zudekken und 15–30 Min. bei geringer Wärmezufuhr kochen. Umrühren und mit Margarineflocken bestreut servieren. Reste im Kühlschrank aufbewahren, in Scheiben schneiden und in ausgelassenem Speck braten.

Nancy Harman, Engcobo, Transkei, Südafrika

Enchilada-Topf
(Paraguay)
Locro
(LOH-kroh)

Diese köstliche und leicht zuzubereitende Speise ist ein erfreulicher Abschluß eines hektischen Tages. Maisbrei aus der Dose gibt Ihrem *Locro* den Geschmack echter mexikanischer *Enchiladas,* aber ohne den Arbeitsaufwand, den das Original erfordert.

Für 3–4 Personen

Backtemperatur: 180 °C
Backdauer: 20 Min. / 5 Min.
Backofen auf 180 °C vorheizen.
Anbraten:
250 g Rinderhackfleisch
125 g Zwiebeln, fein zerkleinert
75 g grüner Paprika, fein zerkleinert
1/2 TL Salz (2 g)
Fett abschöpfen.
Hinzufügen:
1/4 l Tomatensauce
3/4 l Maisbrei aus der Dose oder ganze Maiskörner aus der Dose, abgegossen
Gut vermischen und in eine kleine Kasserolle geben. 20 Min. backen. Aus dem Backofen nehmen und bestren mit:
125 g Käse, gerieben
Wieder in den Backofen geben und weitere 5 Min. backen.

Sie können auch die Pfanne zudecken und *Locro* bei mittlerer Wärmezufuhr 5 Min. kochen. Danach Deckel abnehmen und 10–15 Min. bei geringer Wärmezufuhr kochen, bis die Mischung dick zu werden beginnt. Vom Herd nehmen, Käse hinzufügen, zudecken und 5 Min. stehen lassen, bis der Käse schmilzt.

Mary Wenger, Versailles, Missouri

Viele internationale Rezepte für Hauptspeisen sind Eintopfgerichte mit Gemüse oder Fleisch und Soßen, die zu Reis oder Maisbrei oder zu Pita und anderen Fladenbroten gegessen werden.

Wir haben uns bemüht, zu Eintopfgerichten aus verschiedenen Gegenden die typischen Beilagen vorzuschlagen, aber Sie können auch neue Kombinationen ausprobieren. Äthiopische Eintöpfe, die normalerweise mit *Injera* gegessen werden, sind auch mit Reis sehr schmackhaft. Indische Gerichte werden eigentlich zu Reis oder *Chapatis* serviert. Viele Eintopfgerichte kann man gut mit Kartoffeln oder Nudeln essen.

In den meisten Gegenden werden Reis, Brot oder Nudeln nicht mit Eintopf überhäuft; man nimmt nur eine kleine Portion Eintopf, um dem stärkehaltigen Hauptnahrungsmittel Geschmack zu verleihen.

Indianereintopf
(Nicaragua)

Indio Viejo
(IHN-dih-oh wih-äih-hoh)

Frische Minze und Zitrone geben diesem Maismehl-Rindfleisch-Eintopf seinen unverwechselbaren Geschmack. In Nicaragua serviert man *Indio Viejo* zu allen Gelegenheiten, bei denen man mit wenig Fleisch viele Gäste zufriedenstellen muß – bei Totenwachen, die die ganze Nacht hindurch dauern, bei Gottesdiensten in protestantischen Kirchen, die die ganze Nacht dauern und durch Mahlzeiten unterbrochen werden, an den Festtagen katholischer Heiliger, zu Kaffeepausen und bei gemütlichem Beisammensein. Die Speise wird oft in großen Tontöpfen über offenem Feuer zubereitet und mit ruderähnlichen hölzernen Löffeln umgerührt.

Für 6–8 Personen

Weichkochen:
375 g Rind- oder Schweinefleisch ohne Knochen
3/4 l Wasser (oder genug, um das Fleisch zu bedecken)
1/2 TL Salz (2 g)

Fleisch herausnehmen und in kleine Stücke schneiden. Brühe aufbewahren.

In einer großen massiven Kasserolle in **2 EL Öl (30 ml)** anbraten:
1 Zwiebel, in Würfel geschnitten
50 g grüner Paprika, in Würfel geschnitten
2 Zehen Knoblauch, fein zerkleinert

Hinzufügen:
2 Tomaten, in Würfel geschnitten, **oder**
250 g Tomaten aus der Dose
gekochtes Fleisch

Braten, bis die Tomaten weich sind.

Hinzufügen:
aufbewahrte Brühe plus genügend Wasser, daß es 1 1/4 l Flüssigkeit ergibt
1–2 Rindfleischbrühwürfel (nach Belieben)
50 ml Zitronensaft
4 Zweige frische Minze
1 EL Paprikapulver (15 g)
250 g Maismehl, mit 250 ml Wasser gemischt
1/2 TL Salz (2 g) oder nach Geschmack

Gut umrühren. Aufkochen und Wärmezufuhr verringern. Zudecken und bei geringer Wärmezufuhr ziehen lassen, gelegentlich umrühren, bis das Maismehl dick wird (etwa 20 Min. lang). Sobald die Masse dick ist, hinzufügen:

2 EL Margarine (30 g) nach Belieben

Servieren Sie *Indio Viejo* mit Reis und einem Kraut-Tomaten-Salat, den Sie mit Salz und Zitrone würzen.

José Avalo und Angela Silva, Managua, Nicaragua, und Ann Graber Hershberger, Harrisonburg, Virginia
Lois Swartz de Orozco, Managua, Nicaragua

Das Zubereiten der Mahlzeiten ist für die afrikanischen Frauen auf dem Lande extrem zeitaufwendig, da es wesentlich mehr als nur Kochen beinhaltet. Zunächst müssen die Frauen die Nahrungsmittel anbauen und ernten. Bei der Hirseernte in Zaire schneiden die Frauen von Hand die Köpfe von den Getreidehalmen, klopfen sie mit großen Holzmörsern und Stößeln und worfeln sie dann, um die Spreu zu entfernen. Am Ende eines langen, heißen und trockenen Tages kehren sie dann heim und tragen als Ergebnis all ihrer Arbeit eine Schüssel Getreide auf dem Kopf.

Müsli
(Niederlande)

Diese holländische Version der Schweizer Mischung (Haferflocken, Joghurt, Früchte) ergibt ein köstliches und gesundes Frühstück oder Mittagessen und eignet sich ebenso gut als kleiner Imbiß oder Nachspeise. Wenn Sie Ihr eigenes Müsli zusammenstellen und dafür übriggebliebene Früchte und Zutaten verwenden, kommt Sie das billiger, als Fertigprodukte zu kaufen. Unsere Mitarbeiter empfehlen als Zutaten Haselnüsse, Sonnenblumenkerne, Rosinen, getrocknete Aprikosen oder getrocknete Apfelringe.

Für 2 Personen

In eine Schüssel geben:

250 g Joghurt
1/8 l Milch
50 g Haferflocken
ca. 125 g getrocknete Früchte und Nüsse
Fruchtsirup, Honig oder Zucker nach Geschmack

Gut vermischen und 30–40 Min. stehen lassen. Das Müsli nimmt eine puddingartige Konsistenz an.

Cynthia Shenk, Nijmegen, Niederlande

Gekochter Weizen
(Jugoslawien)

Koljivo
(KOH-ljih-woh)

In Jugoslawien bereiten die Christen der Orthodoxen Kirche *Koljivo* am Festtag ihres Namenspatrons zu und bieten es ihren Gästen an. Sie machen die Speise aus ganzen Weizenkörnern, formen sie in einem dekorativen Model und servieren sie mit einem Sahnehäubchen. Wir nahmen statt dessen *Bulgur,* der schneller gar wird, und empfehlen Gekochten Weizen als Frühstücksspeise oder als ungewöhnliche Nachspeise.

Für 4 Personen

In einer Kasserolle vermischen:

250 g Bulgur
375 ml Wasser
1/2 TL Salz (2 g)

Aufkochen lassen, dann zudecken und 15–30 Min. bei geringer Wärmezufuhr kochen lassen, bis alle Flüssigkeit aufgesaugt und der *Bulgur* weich ist.

Hinzufügen:

125 g Mandeln, Haselnüsse, Pecannüsse oder Walnüsse
3–4 EL Honig oder Zucker (45–60 ml)
1 EL Margarine (15 g) nach Belieben

Umrühren und mit Milch als Frühstück servieren. Als Dessert: Dekorativ formen und kaltstellen, in Tortenstücke schneiden und mit Schlagsahne garnieren. Köstlich!

Nena und Stevan Madarac, Bacuga, Jugoslawien, und Sara Wenger Shenk, Harrisonburg, Virginia

Erdnuß-Sauce

(Uganda)

Ennva ze Ebinyeebwa (en-WAH z'eh-bih-NJAIH-bwah)

Erdnußsauce und *Matooke* (in Bananenblättern gedämpfte Planten) sind der »Kartoffelbrei mit Sauce« im südlichen Uganda. Die Menschen in Uganda schätzen auch gekochte süße Kartoffeln oder Reis mit dieser Sauce, die sie zubereiten, indem sie geröstete Erdnüsse in einem großen Mörser mit dem Stößel zerstampfen.

Für 6 Personen

In einer Kasserolle 1 Min. lang anrösten:

500 g rohe Erdnüsse

Erdnüsse im Mörser zerstoßen, im Mixer zerkleinern oder mehrmals durch den Fleischwolf drehen, um ein grobes Erdnußpulver zu erhalten.

In **2 EL Öl (30 ml)** braten:

3–4 Zwiebeln, fein zerkleinert
2 Tomaten, in Würfel geschnitten
1 EL Currypulver (15 g)
1 Zehe Knoblauch, fein zerkleinert
1 TL Ingwerwurzel (5 g), gerieben (nach Belieben)
Erdnußpulver hinzufügen.

2–3 Min. kochen. Nach und nach hinzugeben, so daß eine Sauce entsteht:

3/4 l Wasser oder Milch

15–20 Min. kochen.

Hinzufügen:

1 TL Salz (5 g)

Auf Reis servieren.

Variation: Ersetzen Sie das Erdnußpulver durch 625–750 ml grobe Erdnußbutter. Falls diese gesalzen ist, lassen Sie das Salz im Rezept weg.

Rose Najjuku und Joyce Maxwell, Kampala, Uganda

Erdnußbrei

(Sambia)

Icele Abuntele
(ih-SEH-läi ah-wohn-TEH-läi)

Maismehlbrei, aus weißem Maismehl hergestellt und ohne Salz, Zucker oder Milch auf den Tisch gebracht, ist in Sambia eine beliebte Ergänzung zur Milch für Babys und zum Frühstücksgetreide für Erwachsene. Wenn Sie Maismehlbrei mögen, versuchen Sie einmal diese Version mit einem Klümpchen Butter, Honig oder braunem Zucker und Milch als heiße Frühstücksspeise.

Für 4 Personen

In einer mittelgroßen Kasserolle aufkochen lassen:

1/2 l Wasser

In einer Schüssel zu einer glatten Paste verrühren:

1/4 l Wasser

250 g Maismehl (am besten weißes)

Dem kochenden Wasser hinzufügen, dabei ständig umrühren, damit keine Klümpchen entstehen. 3 Min. bei geringer Wärmezufuhr ziehen lassen.

Hinzufügen:

125 g Erdnüsse, grob gemahlen, **oder grobe Erdnußbutter**

Weitere 3–5 Min. bei geringer Wärmezufuhr ziehen lassen.

Mikrowelle: Wenn Sie einzelne Portionen zubereiten möchten, verrühren Sie 175 ml Wasser und 2 1/2 EL Maismehl (37 g) in einer tiefen Müslischüssel (in flachen Tellern könnte die Speise leicht überkochen). Auf höchster Stufe 1 Min. kochen. Umrühren, noch weitere 30 Sek. kochen. Umrühren, nochmals 30 Sek. kochen, bis das Wasser zum größten Teil aufgesaugt ist und der Brei dick wird. 2 EL gemahlene Erdnüsse oder grobe Erdnußbutter zufügen (30 g). Umrühren. Auf höchster Stufe 15–20 Sek. aufwärmen.

Tina Muzyamba, Ndola, Sambia

Erbsen mit Curry-würze

(Kenia)

Dhal
(dahl)

Die ostafrikanische Küche zeigt deutliche Einflüsse Indiens, des Nachbarn jenseits des Indischen Ozeans. Voll im Geschmack und einfach zuzubereiten.

Für 4–6 Personen

Über Nacht einweichen, oder erhitzen, dann 1 Std. stehen lassen:

250 g gelbe Erbsen
875 ml Wasser

Aufkochen lassen, dann bei geringer Wärmezufuhr köcheln lassen, bis die Erbsen weich und breiig sind (etwa 45 Min. lang).
In separater Bratpfanne bei mittlerer Wärmezufuhr in **2 EL Öl (30 ml)** anbraten, bis sie braun sind:

2 mittelgroße Zwiebeln, fein zerkleinert
4–6 Zehen Knoblauch, fein zerkleinert

Hinzufügen:

2 EL Currypulver (30 g)
2 TL gemahlener Kümmel (10 g)
1 TL Salz (5 g)

1 Min. braten. Mit den gekochten Erbsen vermischen.
Hinzufügen:

2–4 EL Koriandergrün (30–60 g), gehackt

(Falls Sie nicht an Koriandergrün gewöhnt sind, nehmen Sie fürs erste lieber nur 2 EL. Das Gewürz hat ein äußerst kraftvolles Aroma.)
Kurz ziehen lassen, damit sich das Aroma entwickeln kann. Mit *Chapatis* (Rezept in diesem Buch) oder Reis servieren.

Annetta Miller, Nairobi, Kenia

So kochen Sie Bohnen

250 g getrocknete Bohnen ergeben etwa 265 g gekochte Bohnen. Da Bohnen sehr lange kochen müssen, was viel Energie verbraucht, sollten Sie immer ein halbes bis ein Kilogramm auf einmal kochen und dann für verschiedene Rezepte verwenden oder zum späteren Gebrauch einfrieren. Sie können die Kochzeit verkürzen, indem Sie die Bohnen über Nacht in 3/4–1 l Wasser pro 250 g getrocknete Bohnen einweichen. Oder Sie kochen die Bohnen nach der schnellen Methode: Zwei Minuten lang aufkochen lassen und eine Stunde vor dem Kochen einweichen. Kochen Sie die Bohnen im Einweichwasser.

Die Kochzeit hängt von der Größe der Bohnen ab. Kleinere Bohnen brauchen im allgemeinen weniger als eine Stunde Kochzeit, größere Bohnen zwei bis drei Stunden. Prüfen Sie, ob die Bohnen weich sind, indem Sie sie kosten.

Im Schnellkochtopf brauchen die meisten Bohnen, wenn sie vorher eingeweicht wurden, nur 10 bis 15 Minuten. Da einige Bohnensorten beim Kochen brodeln und schäumen, warnen jedoch einige Experten davor, einen Schnellkochtopf zu verwenden. Füllen Sie den Topf jedenfalls nie mehr als zu zwei Dritteln, und kochen Sie niemals Sojabohnen im Schnellkochtopf, ohne zuvor die Schalen zu entfernen!

Wenn Sie die Bohnen einkochen möchten, weichen Sie zwei Kilogramm Bohnen über Nacht in viel Wasser ein. Am Morgen kochen Sie sie auf, um den Schaum zu entfernen. Geben Sie die Bohnen in sieben sterilisierte Litergläser, füllen Sie die Gläser mit Wasser auf und fügen Sie 1 Teelöffel Salz pro Glas zu. Verschließen und im Einwecktopf 1 1/4 Stunden einkochen.

Dhal

(Indien)

(dahl)

Dieses typische Beispiel indischer Hausmannskost wird gewöhnlich mit roten Linsen zubereitet, kann jedoch mit jeder Sorte Linsen oder Erbsen bereitet werden. *Dhal* ist eine milde Speise, die man gerne zu würzigen Currygerichten ißt. Es gibt jedoch auch eine feurige Variante mit gemahlenem roten Pfeffer oder Chilischoten.

4–6 Personen

In **2 EL Öl (30 ml)** goldbraun anbraten:

1 Zwiebel, in Würfel geschnitten
1–2 Zehen Knoblauch, fein zerkleinert
1 TL gemahlener Kurkuma (5 g)
1 1/2 TL gemahlener Kümmel (7 g)
1 TL Ingwerwurzel (5 g), fein gerieben (nach Belieben)
1/4 TL gemahlener Kardamom (1 g) nach Belieben

Hinzufügen:

250 g Linsen oder Erbsen (wenn Sie Erbsen verwenden, weichen Sie diese über Nacht oder nach der schnellen Methode ein)
3/4 l heißes Wasser
1 TL Salz (5 g) oder nach Geschmack

Aufkochen lassen. Wärmezufuhr verringern, zudecken und bei geringer Wärmezufuhr köcheln lassen, bis die Linsen weich sind (etwa 45 Min. lang). Deckel abnehmen und bei ganz geringer Wärmezufuhr weiterkochen, bis die Linsen breiig und dick sind. Mit gebräunten Zwiebelringen garnieren oder mit Zitronensaft beträufeln. Mit Reis servieren.

Variation: *Dhal* wird würziger, wenn Sie der Gewürzmischung 1–2 feingehackte grüne Chilischoten oder gemahlenen roten Pfeffer nach Geschmack beifügen.

Rezept der Autorin

»Curry« ist sowohl die Bezeichnung für eine pikante Gewürzmischung (Kumin, Koriander, Kurkuma u. a.) als auch der Name für Gerichte, die mit dieser Mischung gewürzt werden. Gerichte mit Curry stammen aus dem Subkontinent Zentralasiens, kommen aber auch in Teilen Ost- und Südafrikas vor, wo sie durch indische Einwanderer eingeführt wurden, und auch andere Länder kennen sie.

Typische Currygerichte sind sehr scharf. Manche Köche mahlen und mischen ihre Gewürze erst während des Kochens und benutzen verschiedene Mischungen für verschiedene Gerichte. Currygerichte werden in beliebiger Kombination mit Reis, *Puris* oder *Chapatis,* Joghurt, Chutney oder anderem Gemüse serviert.

Die Anzahl der Beilagen ist vom Reichtum der Familie abhängig und davon, ob es sich um ein normales Essen oder ein Festmahl handelt. Ärmere Familien essen Currygerichte entweder mit Reis oder mit Brot – nicht mit beidem.

Rote Linsen mit Zucchini

(Indien)
Laoo Dhal
(lah-oh-DAHL)

In den Dörfern Westbengalens bereiten die indischen Familien *Laoo Dhal* mit roten Linsen und weißen Kürbissen zu, die reichlich und günstig zu haben sind. Wir nehmen Zucchini statt weißer Kürbisse. Die Speise läßt sich besonders gut im Spätsommer zubereiten.

Für 4 Personen

In einer Kasserolle erhitzen:
2 EL Öl (30 ml)
Hinzufügen:
1 große Zwiebel, fein zerkleinert
1/2 TL gemahlener Kurkuma (2 g)
1/2 TL ganzer Kümmel (2 g) oder
1/4 TL gemahlener Kümmel (1 g)
1 scharfe rote Peperoni *
1 Lorbeerblatt
1–2 Min. anbraten.
Hinzufügen:
250 g rote Linsen
3/4 TL Salz (3 g)
1 TL Zucker (5 g)
1/2 l Wasser
Aufkochen lassen. Wärmezufuhr verringern, zudecken und bei geringer Wärmezufuhr 15 Min. köcheln lassen.
Hinzufügen:
500 g Zucchini, klein geschnitten
Umrühren und vermischen. Wieder aufkochen lassen. Zugedeckt kochen lassen, dabei gelegentlich umrühren, bis alles Wasser aufgesaugt ist und Linsen und Zucchini weich sind. Heiß mit *Chapatis* oder Reis servieren.

Cynthia Peacock, Kalkutta, Indien

Spinat mit Linsen nach ostindischer Art

(Indien)

Baji Dhal

(BAH-tschih DAHL)

Unsere Mitarbeiterin wuchs in Indien auf, wo Reis und Linsen fast täglich auf den Tisch kommen. Sie macht diese Speise gern für ihre Familie – nicht allzu scharf gewürzt. Wer Curry gern mag, kann auch schärfer würzen.

Für 6 Personen

In einer großen Kasserolle in **3 EL Öl (45 ml)** bei mittlerer Wärmezufuhr anbraten:

1 große Zwiebel, fein zerkleinert

Hinzufügen und bräunen:

4 Zehen Knoblauch, fein zerkleinert

2 EL Ingwerwurzel (30 g), fein zerkleinert

Einrühren (vorsichtig, damit nichts anbrennt!):

2 TL ganze Kümmelsamen (10 g)

2 TL Currypulver (10 g)

2 TL Salz (10 g)

1 frische scharfe Chilischote *, fein zerkleinert, ohne Samenkörner

Einrühren und mit der Gewürzmischung vermischen:

500 g rote Linsen, gut abgespült

Hinzufügen:

1 1/4–1 1/2 l Wasser

2 große Kartoffeln, geschält und in Scheiben geschnitten (nach Belieben)

1 Bund Spinat, fein zerkleinert (oder tiefgekühlter Spinat)

Aufkochen lassen. Wärmezufuhr verringern und bei geringer Wärmezufuhr teilweise zugedeckt kochen lassen, bis die Linsen und Kartoffeln weich sind. In eine Servierschüssel geben und bestreuen mit:

2 EL Koriandergrün (30 g), gehackt

Mit heißem Reis, Tomaten- und Gurkenscheiben servieren, dazu *Puris* oder *Chapatis*.

Variation: Verwenden Sie andere Linsen- und Gemüsesorten.

Kim Warren, Seattle, Washington

Würzige Bohnenstippe
(Sudan)
Ful
(fuhl)

Diese sudanesische Frühstücksspeise, die mit Pitabrot gegessen wird, weist eine sehr variable Liste von Zutaten auf – variieren Sie nach persönlichem Geschmack. *Ful* ergibt einen ausgewogenen Eintopf, der Ihnen das Geschirrspülen erspart: Man ißt mit den Händen. Vorsicht: Favabohnen, die normalerweise in diesem Gericht Verwendung finden, können bei manchen Menschen Allergiereaktionen hervorrufen!

Für 2–4 Personen

Über Nacht einweichen (oder nach der schnellen Methode):

250 g getrocknete Bohnen (Fava-, Dicke oder Bunte Bohnen)
1 l Wasser

Hinzufügen:

1/2 TL Salz (2 g)

Kochen, bis die Bohnen weich sind.
Überschüssiges Wasser abgießen, bis nur noch etwa 1/8 l Wasser übrigbleibt oder gerade so viel, daß die Bohnen nicht am Topfboden ankleben, wenn sie aufgewärmt werden.
Einrühren:

2 TL gemahlener Kümmel (10 g)
1/2 TL Salz (2 g)
1 EL Tahini (Sesampaste) (15 ml) oder
2 EL Sesamöl (30 ml)

Vom Herd nehmen und eine beliebige Mischung der folgenden Zutaten hinzufügen:

1–2 Eier, hartgekocht und fein zerkleinert
50 g Käse (Ziegenkäse), zerkrümelt
1 Tomate, in Würfel geschnitten
3–4 Falafel, zerkrümelt (Rezept in diesem Buch)

1 mittelgroße Zwiebel, fein zerkleinert

Leicht umrühren und die Zutaten vermischen. Warme Bohnenmischung in eine Servierschüssel geben. Stücke von Pitabrot abbrechen und in die Bohnenmischung tauchen, diese statt Besteck verwenden.

Variation: Ersetzen Sie die getrockneten Bohnen durch etwa 750 g gekochte oder konservierte Bohnen derselben Sorte.

Beilage: Mischen Sie etwa 1 TL gemahlenen roten Pfeffer (5 g) und 2 EL Zitronensaft (30 ml) auf einer Untertasse. Tauchen Sie das Pitabrot in die Pfeffer-Zitronensaft-Mischung*, bevor Sie es in die Bohnenstippe tauchen.

Phyllis Horst Nofziger, Ephrata, Pennsylvania

Hausmannskost aus Reis und Linsen

(Indien)

Khichri

(KICH-rih)

Dieses Gericht ist bei Armen und Reichen in Indien gleichermaßen beliebt, aber die Zutaten variieren je nach Wohlstand der Köche – wer wenig besitzt, fügt nur wenig Gewürze und Gemüse zu. Da man Reis und Linsen sehr hoch

Für 6 Personen

In einer großen Kasserolle erhitzen:

2 EL Öl (30 ml)

Hinzufügen und 2 Min. anbraten:

1 große Zwiebel, fein zerkleinert

2 grüne Paprika, in Ringe geschnitten

5 cm lange Zimtstange

4 Kardamomschoten oder 1/2 TL gemahlener Kardamom (2 g)

4 ganze Nelken

Hinzufügen:

250 g ungekochter Reis

125 g Linsen

schätzt, ist *Khichri* eine der Speisen, die die Hindus ihren Göttern und Göttinnen während der *Pujas* (Gebete) opfern. Es ist auch eine der ersten festen Speisen, mit denen man Babys nach der Stillzeit füttert.

Unter Rühren etwa 5 Min. braten.
Hinzufügen:

375 g Kartoffeln, in Würfel geschnitten
250 g Blumenkohl, fein zerkleinert
1 große Tomate, in Würfel geschnitten
1 1/2 TL Salz (7 g)
1 l Wasser

Aufkochen lassen. Wärmezufuhr verringern, zudecken und bei geringer Wärmezufuhr kochen lassen, bis Reis, Linsen und Gemüse weich sind (etwa 20–30 Min.). Die Mischung darf nicht trocken oder flockig sein, sondern soll in der Konsistenz einem Eintopf ähneln.
Variation: Verwenden Sie eine beliebige Mischung von Gemüsesorten, zu der jedoch dunkelgrünes Blattgemüse gehören sollte. Verwenden Sie braunen Reis. 30 Min. einweichen und abgießen, bevor Sie ihn mit den Linsen anbraten.

Cynthia Peacock, Kalkutta, Indien

Dorffrauen in Bangladesch bereiten die Mahlzeiten in separaten Kochhäusern aus Bambus zu, in denen die Lehmöfen *(Chulas)* in dem Boden aus Erde eingebaut sind. Das Kochhaus dient auch als Eßzimmer. Die Familienmitglieder sitzen im Kreis auf kleinen Hockern, die etwa 5-7 cm hoch sind. Mit den Fingern der rechten Hand essen sie von ihren Reistellern.

Es ist die Aufgabe der Schwiegertochter, jeden Morgen Reis und ein Currygericht für die große Familie zum Mittagessen zuzubereiten. Oft kocht sie genug, um die Reste zum Abendessen aufwärmen zu können. Einige Familien kochen ein frisches Gericht zu beiden Mahlzeiten, besonders während der heißen Jahreszeit.

Reis mit Linsen nach ägyptischer Art

(Ägypten)

Koshary

(KOH-schah-rih)

Koshary wird in Ägypten auf Straßen und Gassen verkauft. Straßenhändler verkaufen diese billige, nahrhafte Mahlzeit in Schüsselchen oder Plastikbeuteln an ihren Kiosken. Bei den koptischen Christen spielt diese Mahlzeit eine große Rolle, weil sie kein Fleisch enthält und während der Fastenzeit gegessen werden kann. In Ägypten wird die Sauce aus frischen Tomaten gemacht, und der Reis mit Linsen wird immer mit Makkaroni serviert.

Für 8 Personen

SAUCE:

In einer Kasserolle vermischen:

175 g Tomatenmark

875 ml Tomatensaft, Tomatensauce oder pürierte Tomaten

1 grüner Paprika, in Würfel geschnitten

3 EL Sellerieblätter (45 g), fein zerkleinert

3 Zehen Knoblauch, fein zerkleinert

1 EL Zucker (15 g)

1 TL Salz (5 g)

1 1/4 TL gemahlener Kümmel (6 g)

1/4 TL gemahlener roter Pfeffer (1 g) oder zerdrückte scharfe Chilis* (nach Geschmack)

Aufkochen lassen, Wärmezufuhr verringern und 20–30 Min. bei geringer Wärmezufuhr kochen lassen.

REIS UND LINSEN:

In einer dickwandigen Kasserolle oder einer Deckelpfanne erhitzen:

2 EL Öl (30 ml)

Hinzufügen:

300 g Linsen

Linsen bei mittlerer Wärmezufuhr 5 Min. unter häufigem Rühren anbraten.

Vorsichtig hinzufügen:

3/4 l kochendes Wasser oder kochende Suppenbrühe

1 TL Salz (5 g)

1 Prise Pfeffer
Ohne Deckel 10 Min. bei mittlerer Wärmezufuhr kochen lassen.
Einrühren:
375 g ungekochter Reis
1/4 l kochendes Wasser oder kochende Suppenbrühe
Aufkochen lassen, Wärmezufuhr verringern, zudecken und ohne Umrühren bei geringer Wärmezufuhr 25 Min. kochen lassen.

MAKKARONI:
Nach den Anweisungen auf der Packung in Salzwasser kochen:
500 g Makkaroni
Abgießen und vermischen mit:
3 EL Sauce (45 ml) siehe oben
1 EL Öl (15 ml)

GEBRATENE ZWIEBELN:
In einer großen Bratpfanne erhitzen:
2 EL Öl (30 ml)
Bei mittlerer Wärmezufuhr etwa 10–15 Min. braun anbraten:
3 Zwiebeln, in Scheiben geschnitten
4 Zehen Knoblauch, fein zerkleinert

Die Reis-Linsen-Mischung in einer Schüssel servieren, die Makkaroni in einer anderen. Beides auf den Teller geben, Sauce darübergießen und mit den gebräunten Zwiebelringen garnieren. Oder häufen Sie die Reis-Linsen-Mischung und die Makkaroni auf eine große Servierplatte. Übergießen Sie das Ganze mit Tomatensauce und garnieren es mit den Zwiebeln. Nach Belieben können Sie Joghurt dazugeben.

Fiza, Mattayreyya, Ägypten, und Mary F. Beck, Kairo, Ägypten

Bohnenpüree
(Guatemala)

Frijoles Volteados
(frih-HOH-läiß vohl-täih-AH-dohß)

Das Bohnenpüree wird nach traditioneller Art mit dem Löffelrücken zerdrückt; wenn ein Mixer im Haus ist, serviert man es heute jedoch als glattpürierten Brei. Dies ergibt ein herzhaftes Frühstück, das mit Eiern und gebratenen Planten serviert wird, oder es stellt eine nahrhafte Beilage zu anderen Gerichten dar. Die Bohnen lassen sich am leichtesten pürieren, wenn sie frisch gekocht und noch warm sind.

Für 4–6 Personen

Im Mixer pürieren:
- **750 g Bohnen (Schwarze, Rote oder Bunte Bohnen) mit Flüssigkeit**
- **75 g Zwiebeln**, fein zerkleinert
- **1–2 Zehen Knoblauch**, zerdrückt
- **50 g grüner Paprika**, fein zerkleinert (nach Belieben)

In einer Bratpfanne erhitzen:
- **1 EL Öl (15 ml)**

Hinzufügen:
- **pürierte Bohnen**
- **Salz,** (nach Geschmack)
- **1/2 TL gemahlener Kümmel (2 g)** nach Belieben

Ohne Deckel bei geringer Wärmezufuhr kochen lassen, dabei gelegentlich umrühren, bis die Bohnen dick werden, (ca. 10–15 Min.). Auf der Servierplatte einen Laib formen.

Variation: Zerdrücken Sie die Bohnen mit einer Gabel oder Kartoffelpresse. Braten Sie die Zwiebeln, den grünen Paprika und den Knoblauch in Öl an. Die zerdrückten Bohnen und die Gewürze beigeben. Wie angegeben kochen.

Fanny Ellen Yoder, Guatemala City, Guatemala

Bohneneintopf

(Mittelamerika)

Frijoles Cocidos
(frih-HOH-läiß koh-SIH-dohß)

Ergibt etwa 1 3/4 Liter

Über Nacht einweichen (oder nach der schnellen Methode):

500 g getrocknete Rote oder Schwarze Bohnen
2 l Wasser

Vor dem Kochen hinzufügen:

1 TL Salz (5 g)
3 ganze Knoblauchzehen, geschält
1 EL Öl (15 ml) nach Belieben, um das Schäumen zu verringern
1–2 Rindfleischbrühwürfel oder einige Streifen Speck, in Würfel geschnitten (nach Belieben)

Bohnen aufkochen lassen und zudecken. Bei geringer Wärmezufuhr weichkochen.

Rezept der Autorin

Schwarze Bohnen á la Kuba

(Puerto Rico)
Habichuelas al Estilo Cubano
(ah-wih-TSCHWÄIH-lahß ah läiß-TIH-loh kuh-BAH-noh)
Die Puertoricaner verdanken ihren kubanischen Nachbarn dieses Gericht aus Schwarzen Bohnen, das in Puerto Rico sehr häufig gegessen wird.

Für 6 Personen

In einer großen Bratpfanne in **2 EL Olivenöl (30 ml)** anbraten, bis sie weich sind:
250 g grüne Paprika, fein zerkleinert
2 Zehen Knoblauch, zerdrückt
Hinzufügen:
1 kg Schwarze Bohnen oder 1 l gekochte Bohnen mit dem Saft
1/2 TL getrockneter Oregano (2 g)
3 EL Essig (45 ml)
Zudecken und 10 Min. bei geringer Wärmezufuhr kochen lassen. Auf Reis servieren.

Elizabeth Figarella, Waterbury, Connecticut

Man erzählt sich, daß die reichen Landbesitzer zur Zeit der Sklaverei in Brasilien ihren Sklaven die Reste überließen, wenn sie aus einem festlichen Anlaß ein Tier schlachteten. Die Sklaven kochten diese Reste (Schweinerüssel, Füße, Ohren, Schwänze) mit Bohnen. Eines Tages bemerkten die Reichen, was für ein köstlicher Duft aus den Kochtöpfen der Sklaven kam, und sie wollten von dem Gericht kosten. Der Geschmack beeindruckte sie, und sie begannen selbst, diese »Reste« zu servieren.

Auch nach der Abschaffung der Sklaverei aßen die Brasilianer weiterhin *Feijoada.* Viele nennen es das brasilianische Nationalgericht. Elegante Restaurants, die es als teure Vorspeise servieren, fügen fleischigere Stücke hinzu, behalten aber die typischen Schlachtreste bei – »alles außer dem Quieken vom Schwein«.

In den armen Gegenden Nordostbrasiliens fügen findige Köche weniger teures Gemüse hinzu, um das Fleisch und die Bohnen zu strecken.

Amalia, Silvia, Suse und Theodoro Penner, São Paulo, Brasilien

Würzige Brasilianische Bohnen

Feijoada
(fäih-zhoh-AH-dah)
Es gibt zahlreiche Variationen brasilianischer *Feijoada,* viele davon mit mehr Fleisch, als in diesem Rezept angegeben ist. Die Köche im Süden Brasiliens verwenden Schwarze Bohnen, die im Norden verwenden Rote.

Für 8 Personen

Über Nacht einweichen (oder nach der schnellen Methode):

500 g Schwarze Bohnen, Dicke Bohnen oder Bunte Bohnen
1 1/2 l Wasser

Vor dem Kochen hinzufügen:

1 TL Salz (5 g)
1 Eisbein

Etwa zwei Stunden kochen (oder bis die Zutaten weich sind).
Fleisch von den Knochen schneiden und zu den Bohnen geben.
Hinzufügen:

1 TL Worcester-Sauce (5 ml)
2 TL gemahlener Kümmel (10 g)
1 Lorbeerblatt
1/2 TL getrockneter Oregano (2 g)
1/2 TL Cayennepfeffer* (2 g) nach Geschmack
1/2 TL Basilikum (2 g)
3 EL Zitronensaft (45 ml) nach Belieben
Pfeffer (nach Geschmack)

Ohne Deckel kochen, bis die Masse dick wird (etwa 30 Min.). In einer separater Kasserolle kochen Sie etwa 1 l von 2–4 der nachstehend angegebenen Gemüsesorten, in große Stücke geschnitten:

Kartoffeln
Kraut
Süßkartoffeln

Okras
Karotten
Blumenkohlblätter
Kochen, bis das Gemüse gerade gar ist. Flüssigkeit abgießen. In einer Bratpfanne in
2 TL Öl (10 ml) anbraten:
2 Zehen Knoblauch, fein zerkleinert
1 mittelgroße Zwiebel, fein zerkleinert
1/2 **grüner Paprika**, in Würfel geschnitten (nach Belieben)

Sobald die Zwiebel glasig ist, hinzufügen:
375 g Tomaten, fein zerkleinert
Kochen, bis die Tomaten weich sind. Gekochtes und angebratenes Gemüse den Bohnen hinzufügen. 2 Min. erhitzen. Mit Reis und Orangenspalten servieren.
Variation: Eisbein weglassen, stattdessen 125–250 g Rauchwurst mit der Zwiebel-Knoblauch-Mischung anbraten.

Goldie Kuhns, Akron, Pennsylvania, Jeanne Rhodes Smucker, Pittsburgh, Pennsylvania

Bohnen-Kraut-Eintopf

(Nigeria)

Dafa Duka

(dah-fah duh-kah)

Unsere Mitarbeiterin Martha Adive variierte einen traditionellen nigerianischen Bohnentopf, indem sie Kraut hinzufügte, ein Gemüse, das in ihrer Heimat reichlich wächst.

Für 6–8 Personen

Mit Wasser bedecken und über Nacht einweichen (oder nach der schnellen Methode):

500 g Bunte Bohnen

Weichkochen.

In einer separaten Kasserolle vermischen:

250–500 g Huhn oder Rindfleisch, in große Stücke geschnitten

Wasser zum Bedecken (mindestens **1/2 l**)

1 große Zwiebel, halbiert oder geschnitten

Salz, (nach Geschmack)

Zugedeckt kochen, bis das Fleisch zart und die Brühe kräftig ist. Zwiebel entfernen. Brühe für die Sauce beiseite stellen. In einer separaten Kasserolle in **2 EL Öl (30 ml)** anbraten:

1 große Zwiebel, in Würfel geschnitten

1 milder roter oder grüner Paprika, fein zerkleinert

Hinzufügen:

750 g frische Tomaten, in Würfel geschnitten, **oder 500 ml Tomatensauce**

1 TL Salz (5 g)

1 TL Currypulver (5 g)

1/2 TL Thymian (2 g) nach Belieben

1/4 TL Pfeffer (1 g) nach Belieben

beiseite gestellte Brühe (500 ml; wenn nötig Wasser dazugeben)

Zudecken und 30 Min. bei geringer Wärmezufuhr kochen lassen.

In grobe Stücke schneiden:
1/2 kleiner Krautkopf oder 1/3 großer Krautkopf
Vermischen:
gekochte Bohnen
gekochtes Fleisch (falls Sie Huhn genommen haben, ausbeinen)
Krautstücke

Tomatenmischung über alle Zutaten gießen. Zudecken und 20–30 Min. bei mittlerer Wärmezufuhr kochen, bis das Kraut weich ist. In Suppenschüsseln oder auf Reis servieren.
Variation: Fleisch weglassen. Verwenden Sie Fleischbrühe oder Bouillon, um der Sauce Geschmack zu geben.

Martha Adive und Suzanne Ford, Jos, Nigeria

Falafel
(Naher Osten)

(fah-LAH-fel)

Dieses seit Jahrhunderten bekannte Gericht soll aus Ägypten stammen, wo man es mit getrockneten weißen Favabohnen zubereitet. In den Ländern des Nahen Ostens wird es auf den Straßen verkauft. In der Altstadt Jerusalems verkaufen Händler *Falafel* buchstäblich an jeder Ecke. Sie werden in Pitabrot auf einem Bett aus Pommes frites serviert, garniert mit zerkleinerten Gurken, Tomaten und Sesamsauce. So gibt es kein Einwickelpapier, das unnötigen Müll bedeutet, und man kann bequem essen, während man über den Markt schlendert. Dieses Rezept ergibt eine ausreichende Menge, um 6 Pitasandwiches zu füllen.

Für 6 Personen

30 Min. in 1/8 **l Wasser** einweichen:

75 g Bulgur

Überschüssiges Wasser abgießen. In der Küchenmaschine oder im Mixer vermischen:

eingeweichter Bulgur
475 g Garbanzobohnen, abgegossen
1 TL Speisenatron (5 g)
2 EL Mehl oder Semmelbrösel (30 g)
6 Zehen Knoblauch
1/2 TL gemahlener roter Pfeffer* (2 g)
1 TL gemahlener Kümmel (5 g)
2 TL gemahlener Koriander (10 g), am besten frisch gemahlen
1/2 TL gemahlener Kurkuma (2 g)
1–2 Eier
1/2 TL Salz (2 g), nach Belieben

Zu einer glatten Paste verrühren. Sollte diese zu dick werden, fügen Sie ein weiteres Ei hinzu, um die Bällchen beim Backen zusammenzuhalten. Öl in einer dickwandigen Pfanne auf 180 °C erhitzen. (Das Öl sollte ca 5 cm hoch in der Pfanne stehen.) Teig mit zwei Teelöffeln zu kleinen Kugeln formen und ins heiße Öl tropfen lassen. Die Bällchen sollten nicht zu groß sein; das Öl muß heiß bleiben. Jeweils 4–5 Bällchen 4–5 Min. lang herausbacken, bis sie goldbraun sind. Die Bällchen sollten im Inneren feucht, aber nicht naß sein. Auf Küchenpapier abtropfen lassen. Ergibt etwa 30 Bällchen. Wenn Sie

Falafel als Vorspeise mit Joghurt oder Sesamsauce servieren wollen, lassen Sie diese ein wenig abkühlen, sie halten dann besser. Als komplette Mahlzeit servieren Sie sie heiß oder bei Zimmertemperatur in Pitabrot, mit Gurken und Tomaten oder grünem Salat und Oliven sowie Saucen.

In griechischen und asiatischen Geschäften erhält man üblicherweise eine Fertigmischung, die Sie verwenden können, wenn Sie sehr rasch eine Portion *Falafel* zubereiten wollen.

Variation: Verwenden Sie statt der Küchenmaschine einen Fleischwolf. Drehen Sie Bohnen, Knoblauch und den eingeweichten *Bulgur* zusammen durch den Fleischwolf, dann fügen Sie die Gewürze und Eier hinzu und vermischen es.

Mary Berkshire Stueben, Seattle, Washington

Joghurtsauce für Falafel

(Naher Osten)

Laban

(leh-ban)

Dippen Sie die *Falafel* in diese Sauce oder in Sesamsauce.

Vermischen:

125 g Joghurt
1/2 TL gemahlener Koriander (2 g)
1/4 TL gemahlener Kümmel (1 g)
1/4 TL gemahlener Kurkuma (1 g)

30 Min. stehen lassen, damit sich das Aroma entfalten kann.

Variation: Scharfe rote oder grüne Pfefferschoten *, fein zerkleinert hinzufügen.

Mary Berkshire Stueben, Seattle, Washington

Garbanzo-Eintopf

(Spanien)

Cocido de Garbanzos (koh-si-doh dai gahr-BAHN-sohß)

In Spanien gibt es die gebräuchliche Redewendung »sich seine Garbanzos verdienen«. Auch andere Bohnensorten stehen hoch im Kurs. Im allgemeinen werden sie als erster Gang einer Mahlzeit serviert. Spanische Bohnengerichte werden mit Knoblauch gewürzt und enthalten ein Sortiment an Fleischstücken, einschließlich Schweinsohren und Spitz- oder Eisbein. Dieses Rezept enthält *Chorizo,* eine kräftig gewürzte spanische Wurst, die man in Feinkostgeschäften erhält.

Für 6–8 Personen

Über Nacht einweichen lassen (oder nach der schnellen Methode):

500 g Garbanzobohnen

Einweichwasser abgießen.

In einem großen Suppentopf oder Schnellkochtopf vermischen:

eingeweichte Bohnen
Schinkenstück
500 g Wurst (am besten *Chorizo),* nach Belieben
1–2 Scheiben Speck, gewürfelt (nach Belieben)
1 Zwiebel, fein zerkleinert
2 Karotten, in grobe Stücke geschnitten
1 großer milder roter Paprika, in Viertel geschnitten
4 Zehen Knoblauch, geschält
1/2 TL Paprika (2 g)
1 TL Salz (5 g) oder nach Geschmack
1/4 TL Pfeffer (1 g)
1 Lorbeerblatt (nach Belieben)
Wasser zum Bedecken

Garen. Fett abschöpfen und Fleisch in Stücke schneiden. Kurz vor dem Servieren hinzufügen:

250–500 g Spinat, fein zerkleinert
3 Eier, hartgekocht und gewürfelt
1 El Öl (15 ml), am besten Olivenöl
Salz und Pfeffer (nach Belieben)

Nicht zu lange kochen, damit der Spinat seine kräftige Farbe behält. Mit reichlich Brot servieren.

Variation: Statt der Garbanzobohnen können Sie auch Linsen (nicht eingeweicht) nehmen; in diesem Fall Eier und Spinat weglassen.

Oder: Kochen Sie die Bohnen, das Fleisch und die Gewürze einen Tag im voraus und stellen Sie es kühl. Aufwärmen und Spinat, Eier und Öl unmittelbar vor dem Servieren dazugeben.

Connie Bentson Byler, Burgos, Spanien

Süßkartoffeln mit Bohnen

(Uganda)

Mugoyo

(muh-GOY-oh)

Da Süßkartoffeln und Bohnen billig sind und sich gut halten, wird *Mugoyo* üblicherweise während der Wintermonate zubereitet, während es keine frische Ernte gibt. Wenn die Menschen in Uganda reisen, nehmen sie *Mugoyo* gerne als Proviant mit.

Für 8–10 Personen

Über Nacht einweichen (oder nach der schnellen Methode):

500 g getrocknete Weiße Bohnen
2 l Wasser

Vor dem Kochen hinzufügen:

1–2 TL Salz (5–10 g)

Aufkochen lassen. Bei geringer Wärmezufuhr zugedeckt weichkochen.

In einer separaten Kasserolle weichkochen:

500 g Süßkartoffeln, geschält und in grobe Stücke geschnitten.

Überschüssiges Wasser von den noch heißen Bohnen und Süßkartoffeln abgießen. Zerdrücken, bis die Masse glatt ist. Die Masse wird ziemlich steif und trocken, der Geschmack ist mild. Zu einem Laib formen und in Scheiben schneiden. In Uganda serviert man diese Speise mit gekochtem Gemüse und einem Getränk als Hauptgericht.

Juliet Male-Busulwa und Joyce Maxwell, Kampala, Uganda

Ich hatte immer geglaubt, daß wir unsere Kinder zu verantwortungsvollem Umgang mit dem Essen erziehen. Unsere Eltern hatten die Hungersnot in der Ukraine überlebt, und wir hatten – gemeinsam mit unseren Kindern – bei einem früheren Missionseinsatz in Afrika den Hunger hautnah erlebt. Wir waren uns alle einig, daß man auf keinen Fall Nahrungsmittel verschwenden darf und daß es ungehörig ist, mehr zu essen, als man braucht.

Dann kamen wir nach Matabudukwane, einem Dorf im Süden von Botswana, und sahen uns mit den Augen von Rose und ihren sieben Kindern.

Damit wir uns an die Sprache und die Gebräuche in Botswana gewöhnen konnten, beherbergte Rose uns großzügigerweise für eine Woche. Sie bereitete wundervolle Mahlzeiten aus den Grundnahrungsmitteln, die wir zur Aufstockung ihrer Vorräte mitgebracht hatten, und servierte sie auf ihrem besten Geschirr. Am letzten Tag unseres Aufenthalts kochte sie ein Gericht mit Huhn. Wir wußten, daß wir kein Huhn mitgebracht hatten, und uns war klar, daß sie eine ihrer wenigen Legehennen geopfert hatte. Sie lächelte als Antwort auf unsere Dankesworte und forderte uns auf, das Essen zu genießen. Die zahlreichen abgenagten Knochen auf unseren Tellern bewiesen, daß wir das getan hatten – so dachten wir zumindest.

Beim Spülen erkannte ich, wie sehr meine Vorstellung vom verantwortungsvollen Umgang mit Nahrungsmitteln sich von Roses Vorstellung unterschieden: Auf dem Küchenboden verstreut lagen die Knochen von unseren Tellern herum – aber sie waren ganz weiß und an ihnen fanden sich weder Fleischfasern noch Haut, Knorpel oder Saft. Die Abfälle von unserem Tisch waren zum Festessen für Roses Kinder geworden. Zwei von ihnen spielten neben der geöffneten Tür miteinander, und jedes saugte noch zufrieden an einem Knochen.

Margaret Reimer, Leamington, Ontario

Milchbohnen

(Tansania)

Maharagwe na Maziwa (mah-hah-RAH-gwäh nah man-ZIH-wah)

Milchbohnen sind eine wohlschmeckende und einfach zuzubereitende Speise, für die man Bohnenreste oder Bohnen aus der Dose verwenden kann. Das Gewürz kann dem persönlichen Geschmack angepaßt werden.

Für 4 Personen

In einer großen Kasserolle 2–3 Min. in
- **1 EL Öl (15 ml)** anbraten:
- **250 g Zwiebeln,** fein zerkleinert
- **250 g Tomaten,** frisch oder aus der Dose, oder Tomatensauce

Hinzufügen:
- **500 g gekochte Bunte Bohnen** (oder eine andere Bohnensorte)
- **150 ml Milch oder Flüssigkeit** (um eine saucenartige Konsistenz zu erzielen)
- **1 TL Salz (5 g)**
- **Pfeffer** (nach Geschmack)

Eines oder mehrere der folgenden Gewürze:
- **1/2 TL gemahlener Kümmel (2 g)**
- **1/2 TL gemahlener Koriander (2 g)**
- **1/2 TL gemahlener Kurkuma (2 g)**
- **1 TL Currypulver (5 g)**
- **1 1/2 TL Chilipulver (7 g)**

Aufkochen. Dann bei geringer Wärmezufuhr 15–20 Min. ziehen lassen. Auf Reis servieren.

Variation: Wenn Sie das Rezept mit getrockneten Bohnen zubereiten, müssen Sie diese einweichen und 250 g Bohnen in 1 l Wasser kochen. Überschüssiges Wasser abgießen. Wie angegeben fortfahren.

Ellin Meta Brubaker, Shirati, Tansania, und Nancy Brubaker, Lancaster, Pennsylvania

Garbanzos in Kokosmilch

(Tansania)

Kunde na Nazi (KUHN-däi nah NAH-zih)

Dieses Rezept stammt von der tansanischen Insel Sansibar, wo Kokosnüsse reichlich vorhanden sind und Gewürznelken für den Export angebaut werden. *Kurkuma* gibt dem Gericht eine leuchtend gelbe Farbe. Es schmeckt am besten, wenn Sie es einen Tag im voraus zubereiten und nochmals aufwärmen.

Für 6 Personen

In einer Kasserolle vermischen:

500 g gekochte oder konservierte Garbanzobohnen, abgegossen
1 Tomate, fein zerkleinert
4 ganze Gewürznelken oder 1/8 TL gemahlene Gewürznelken (0,5 g)
2–3 Zehen Knoblauch, fein zerkleinert
375 ml Kokosmilch
1 1/2 TL gemahlener Kurkuma (7 g)
1/2 TL Salz (2 g)

Aufkochen lassen. Dann bei geringer Wärmezufuhr mindestens 20 Min. ziehen lassen, damit sich das Aroma entfaltet. Mit Reis servieren.

Variation: Verwenden Sie eine beliebige andere Bohnensorte.

Annetta Miller, Nairobi, Kenia

Die wichtigsten Küchenutensilien in Afrika und Teilen der afrikanisch beeinflußten Karibik sind Mörser und Stößel. Die Größen variieren zwischen baumhoch und handlich. Fast zu jeder Tageszeit kann man das rhythmische Stoßen hören, wenn die Frauen Körner oder Kaffee mahlen oder Knoblauch und andere Gewürze zerkleinern.

Bohnensauce

(Haiti)

Sòs Pwa

(sohß pwah)

Diese dicke Bohnensauce wird von den armen Menschen in Haiti mit Maismehlbrei aus Blechschüsseln gegessen, oder auf Reis von den Gästen teurer Restaurants. Die Menschen in Haiti zerdrücken, rühren und seihen die Bohnen mehrmals hintereinander, um alle Häutchen zu entfernen und eine glatte Sauce zu erhalten. Wenn sich Nachbarn zu gemeinsamer Arbeit zusammenfinden, servieren sie *Sòs Pwa* allen Helfern und Mitarbeitern.

Für 5–6 Personen

In einer großen Kasserolle über Nacht einweichen (oder nach der schnellen Methode):

375 g getrocknete Rote, Schwarze oder Weiße Bohnen oder eine Mischung davon

Wasser zum Bedecken

Vor dem Kochen hinzufügen:

3 Zehen Knoblauch, gewürfelt oder zerdrückt

8 ganze Gewürznelken oder 1/2 TL gemahlene Nelken (2 g)

1/2 TL Pfeffer (2 g)

125 g Zwiebel, in Würfel geschnitten

1 EL Öl (15 ml)

Aufkochen, dann bei geringer Wärmezufuhr zugedeckt kochen lassen, bis die Bohnen weich sind. Flüssigkeit abgießen und beiseite stellen. 125 g der gekochten Bohnen wegnehmen und beiseite stellen.

In der Küchenmaschine pürieren:

gekochte Bohnenmischung

1/2 l Bohnenbrühe

Die pürierte Sauce und die beiseite gestellten ganzen Bohnen in die Kasserolle zurückgeben.

Hinzufügen:

1 scharfe rote Chilischote, fein zerkleinert, **oder 1/4 TL gemahlener roter Pfeffer * (1 g)**

Salz (nach Geschmack)

1 TL Margarine (15 g)
Aufkochen lassen und ohne Deckel bei geringer Wärmezufuhr kochen lassen, bis die Suppe zu einer saucenähnlichen Konsistenz eingedickt ist. Auf Reis oder festem Maismehlbrei servieren. Der Brei, den man in Haiti verwendet, hat Ähnlichkeit mit *Nshima* und wird aus gelbem Maismehl gemacht. Mit Avocadoscheiben oder Zitronen servieren.

Janèt Pierre-Gille und Heidi Ulrich Gingerich, Bwardlorens, Haiti

Kichererbsen-Curry
(Indien)
Cholé
(tschoh-läi)

Für 4–6 Personen

Mit Wasser bedecken und über Nacht einweichen (oder nach der schnellen Methode):
250 g getrocknete Kichererbsen
Abgießen und spülen.
In eine dickwandige Kasserolle geben oder in einen Schnellkochtopf:
eingeweichte Kichererbsen
Wasser zum Bedecken
2 TL Salz (10 g)
2 Lorbeerblätter
Kochen, bis die Zutaten weich sind.
In einer separaten dickwandigen Kasserolle erhitzen:
1 TL Öl (15 ml)
Hinzufügen und unter häufigem Umrühren goldbraun braten:
1 große Zwiebel, fein zerkleinert

3 Zehen Knoblauch, zerkleinert
2 TL Ingwerwurzel (10 g), fein zerkleinert
Hinzufügen:
1/2 TL gemahlener Kurkuma (2 g)
1/2 TL gemahlener Kardamom (2 g)
1/4 TL gemahlener Koriander (1 g)
1/2 TL gemahlener Kümmel (2 g)
Einige Sekunden braten.
Hinzufügen:
2 große Tomaten, geschält und fein zerkleinert
Kichererbsen samt der Kochflüssigkeit
1 frische grüne Chilischote*, ohne Samenkörner, in Scheiben geschnitten
15 g frische Minze oder Koriandergrün, gehackt (nach Belieben)
Gut umrühren. Zudecken und bei geringer Wärmezufuhr 20–30 Min. lang ziehen lassen, bis die Kichererbsen sehr weich und die Tomaten gut durch sind.
Hinzufügen:
1 TL Zitronensaft (15 ml) oder nach Geschmack
In eine Servierschüssel geben und mit gehackter frischer Minze oder Koriandergrün garnieren. Mit Reis, *Chapatis* oder *Puris* servieren.

Rezept der Autorin

Weiße Bohnen mit Gemüse

(Iran)
Pilaki
(pih-LAH-kih)
Reste von diesem köstlichen Bohnengericht können als kalter Salat auf grünen Salatblättern mit einer Garnitur von Zitronenscheiben und Tomatenspalten serviert oder zu Bohnensuppe verarbeitet und mit Kentucky-Maisbrot serviert werden.

Für 8 Personen

In einem Suppentopf über Nacht einweichen (oder nach der schnellen Methode):

500 g getrocknete Weiße Bohnen
2 l Wasser

Vor dem Kochen hinzufügen:

1 1/2 TL Salz (7 g)

Aufkochen lassen. Bei geringer Wärmezufuhr zugedeckt 1–1 1/2 Std. ziehen lassen, bis die Bohnen fast weich sind.

Hinzufügen:

375 g Kartoffeln, in Würfel geschnitten
250 g Karotten, in Scheiben geschnitten
125 g frische Petersilie, gehackt
500–750 g frische Tomaten (oder aus der Dose), fein zerkleinert
50 ml Olivenöl
1 mittelgroße Zwiebel, fein zerkleinert
2 Zehen Knoblauch, fein zerkleinert
1 TL Pfeffer (5 g)

Von neuem aufkochen lassen. Zugedeckt bei geringer Wärmezufuhr 45 Min. ziehen lassen, dabei gelegentlich umrühren, damit das Bohnengemüse nicht anbrennt. Mit frischem, warmem Brot servieren.

Roohi Gavamhi, Iran, und Naomi E. Fast, Newton, Kansas

Die Bewohner von Lesotho laden normalerweise keine Gäste speziell zum Essen ein, aber sie teilen die zubereiteten Mahlzeiten gerne mit jedem, der vorbeikommt.

Eines Spätnachmittags besuchte ich eine befreundete Lehrerin. Es kam noch ein anderer Gast, und wir saßen zu dritt am Küchentisch. Auf einmal entschuldigte sich meine Freundin und begann, das Essen zuzubereiten. Ich nahm an, daß sie das Abendbrot für ihre zwei kleinen Söhne machte, die draußen spielten, und beabsichtigte zu gehen, damit sie essen konnten.

Aber bevor ich aufstehen konnte, brachte sie zwei gefüllte Teller und stellte sie vor uns. Auf jedem Teller war *Papa* (der dicke Maisbrei, der die tägliche Grundlage der Mahlzeiten ist), Kürbis, eine Scheibe Tomate und ein schönes Stück Huhn. Vermutlich hatte meine Freundin gerade genug Fleisch für ihre Familie, und nun gab sie zwei Drittel davon ihren unerwarteten Gästen. »Das wollte ich schon längst einmal tun«, sagte sie zu mir.

Tina W. Bohn, Peka, Lesotho

Somali-Eintopf

Marag
(MJUH-ruhk)
Dieser Eintopf ähnelt europäischen Eintöpfen, aber der Geschmack ist eine – köstliche! – Überraschung. Viele Menschen in Somalia essen *Marag* tagaus, tagein. Sie verwenden Rind- oder Kamelfleisch. Das Zerstoßen von Kümmel und Knoblauch im Mörser ist ein Geräusch, das man in der somalischen Küche sehr häufig hört.

Für 8 Personen

In einer großen dickwandigen Kasserolle in
1–2 EL ÖL (15–30 ml) anbraten:
1 Zwiebel, fein zerkleinert
Hinzufügen und anbraten:
500 g in Würfel geschnittenes Eintopffleisch (Rind)
Hinzufügen:
2 große Tomaten, fein zerkleinert
10 Min. bei starker Wärmezufuhr kochen, hin und wieder umrühren.
Hinzufügen:
250 g Kürbis, in Würfel geschnitten
2–3 Okras, in Scheiben geschnitten
3 Karotten, in Scheiben geschnitten
125 g Tomatenmark
1/4 l Wasser
Bei starker Wärmezufuhr weiterkochen.
Hinzufügen:
1 große Kartoffel, in Würfel geschnitten
1 großer grüner Paprika, fein zerkleinert
1 EL Salz (15 g)
1 EL gemahlener Kümmel (15 g)
2–3 Zehen Knoblauch, fein zerkleinert
75–125 g Koriandergrün, fein zerkleinert
1/4 l Wasser (oder genug, um eine Art dicke Suppe zu erhalten)
Bei geringer Wärmezufuhr kochen lassen, bis Fleisch und Gemüse gar sind. Die Somalis servieren *Marag* auf Reis oder mit *Injera*

(Rezept in diesem Buch), das man in Somalia *Canjeera* nennt.

Variation: Fügen Sie scharfe grüne Chilischoten oder gemahlenen roten Pfeffer zu, wenn Sie den Eintopf scharf möchten *.

Asha Sharif Mohammed, Mogadischu, Somalia, und Barbara Witmer, Dayton, Ohio
Medino Cali, Mogadischu, Somalia, und Julia Sensenig, Denver, Pennsylvania

Hühnereintopf für Couscous
(Algerien)

Couscous wird mit nordafrikanischen Eintöpfen serviert. Nach alter Tradition wird es in besonderen Dunsteinsätzen zubereitet. In Feinkostgeschäften oder Spezialitätenabteilungen von Supermärkten gibt es Fertigmischungen für *Couscous,* die nach den Anweisungen auf der Packung leicht zuzubereiten sind.

Für 6–8 Personen

In einer großen Kasserolle vermischen:

3/4 l Hühnerbrühe
1 Würfel Hühnerbouillon
500 g Huhn, gekocht und fein zerkleinert
1 mittelgroße Zwiebel, fein zerkleinert
500 g frische oder tiefgekühlte grüne Bohnen, geschnitten
2 Karotten, in Scheiben geschnitten
1 TL gemahlener Kümmel (5 g)
1 TL Basilikum (5 g)
1 Zehe Knoblauch, fein zerkleinert (nach Belieben)
2 Lorbeerblätter (nach Belieben)
1/2 TL getrocknete Petersilie (2 g), nach Belieben
Salz und Pfeffer (nach Geschmack)

Aufkochen lassen. Bei geringer Wärmezufuhr zugedeckt etwa 8 Min. lang kochen lassen.

Hinzufügen und kurz kochen:

2 mittelgroße Tomaten, fein zerkleinert

2 kleine oder 1 mittelgroße Zucchini, in Scheiben geschnitten

Hinzufügen:

500 g Kichererbsen aus der Dose, abgegossen

1/4 TL gemahlener roter Pfeffer* oder nach Geschmack

Zudecken und kochen, bis die Speise gut durchgewärmt ist. Auf dampfend heißem *Couscous* servieren.

Variation: Nehmen Sie Ziegen- oder Lammfleisch statt Huhn.

Oder: 250 g Kichererbsen einweichen und kochen (statt Kichererbsen aus der Dosen).

Marion Keeney Preheim, Newton, Kansas

Kochgeschirr im ländlichen Malawi ist meist von Hand gemacht. Die Frauen stellen Tontöpfe verschiedener Formen und Größen her. Sie benutzen den *Nkhali* für *Nshima* (Maisbrei) und Reis und den *Mphika* für *Ndiwo* (Gemüse- und Fleischsaucen). Sie tragen Wasser im *Mtsuko* und bewahren Wasser und Selbstgebrautes im *Mbiya* auf. Die Männer fertigen Holzlöffel und verzieren sie manchmal mit schwarzen eingebrannten Mustern. Aus Flaschenkürbissen machen sie auch große Kellen und Behälter für die Aufbewahrung von Nahrungsmitteln. Die Frauen verzieren die Flaschenkürbisse mit komplizierten Perlenmustern.

Hühnereintopf der Saudis
(Saudi-Arabien)

Rus Bukhary
(ruhß BUH-kah-rih)
Ganze Gewürze ergeben einen besseren Geschmack und eine hübschere Farbe als gemahlene Gewürze, obwohl dieser Eintopf auf jeden Fall köstlich schmeckt. Entfernen Sie die ganzen Gewürze vor dem Servieren.

Für 6 Personen

Bereitstellen:
750 g gekochter Langkornreis (250 g ungekochter Reis)
25 Min. bei geringer Wärmezufuhr kochen lassen:
1,5 kg Huhn, abgehäutet und in Stücke geschnitten
1 l Wasser
1 TL Salz (5 g) oder nach Geschmack
Pfeffer (nach Geschmack)
Huhn aus der Brühe nehmen und beiseite stellen. Fett abschöpfen, Brühe (nach Belieben) abseihen und aufbewahren.
In einer großen Kasserolle mit fest schließendem Deckel erhitzen:
3 EL Margarine (45 g)
Hinzufügen und anbraten:
2 mittelgroße Zwiebeln, in dünne Scheiben geschnitten
Zwiebeln mit dem Rührlöffel beiseite schieben und bei mittlerer Wärmezufuhr etwa 10 Min. lang anbraten, bis sie braun sind:
6–8 Karotten, in dünne Scheiben geschnitten
In einer Schüssel vermischen:
gekochter Reis
5 cm Zimtstange oder 1 TL gemahlener Zimt (5 g)
1 TL ganze Kardamomschoten (5 g) oder 3/4 TL gemahlener Kardamom (3 g)

6 ganze Gewürznelken oder 1/2 TL gemahlene Nelken (2 g)

Das gekochte Huhn in gleichmäßiger Anordnung stückweise auf das angebratene Gemüse legen, mit der Reis-Gewürz-Mischung bedecken.

Über den Reis gießen:

1/2 l Tomatensaft

1/2 l Hühnerbrühe

Zudecken und 1 Std. bei geringer Wärmezufuhr kochen lassen. Sollte die Speise zu trokken werden, fügen Sie noch etwas Hühnerbrühe zu.

Frau Mansoor Alohaly, Saudi-Arabien, und Naomi E. Fast, Newton, Kansas

Grüne-Bohnen-Haschee

(Costa Rica)

Picadillo de Vainica (pih-kah-DIH-joh däi viäh-NIH-kah)

Picadillo benötigt wenig Fleisch und wenig Energie, da die kleinen Gemüsestücke schnell gar sind. Die Köche in Costa Rica machen das Gericht aus einer Vielfalt von Gemüsen. Karotten können die Hauptrolle spielen, dazu Kartoffeln und grüne Bohnen. Auch grüne Planten ergeben ein köstliches *Picadillo.*

Für 4–5 Personen

In **3 EL Öl (45 ml)** anbraten:

- **1 mittelgroße Zwiebel**, fein zerkleinert
- **2 Zehen Knoblauch**, fein zerkleinert
- **1 Zweig frische Petersilie**, gehackt
- **2 Sellerie**, fein zerkleinert
- **1–2 Zweige Koriandergrün**, gehackt (nach Belieben)

Hinzufügen und anbraten:

- **125 g Rinderhackfleisch**

Hinzufügen:

- **2 Würfel Rindfleischbrühe**
- **1/8–1/4 TL Pfeffer (0,5–1 g)**
- **750 g frische grüne Bohnen**, in 5 cm lange Stückchen geschnitten
- **3–4 mittelgroße Karotten**, geschält und in kleine Scheiben geschnitten
- **2–3 mittelgroße Kartoffeln**, geschält und in kleine Würfel geschnitten
- **Salz** (nach Geschmack)

Zudecken und bei geringer Wärmezufuhr kochen, dabei gelegentlich umrühren, bis das Gemüse gar ist (etwa 20 Min. lang). Auf dampfend heißem Reis mit schlichtem Krautsalat servieren.

Bitinia Sosa Herrera und Beverlee Ludema, San José, Costa Rica

Gumbo-Eintopf

(Burkina Faso)

Sauce Gombo
(sohß gohm-BOH)

Okra, oder *Gumbo,* wie es in verschiedenen afrikanischen Sprachen heißt, ist ein Gemüse, das man zum Eindicken von Speisen verwendet. Westafrikanische Köche verwenden es als Grundlage zahlreicher Eintöpfe, die sie im allgemeinen mit einem steifen Brei servieren, der aus *Cassava,* Hirse oder Maismehl zubereitet wird. Unsere Tester meinten: »Dieses Gericht ist erfreulich einfach in der Zubereitung – und eine wahre Gaumenfreude!«

Für 6–8 Personen

Anbraten:
500 g Hackfleisch
Hinzufügen und garen:
1 große Zwiebel, fein zerkleinert
1 Zehe Knoblauch, fein zerkleinert
Hinzufügen:
1 l gekochte Tomaten oder Tomatensauce
500 g frische oder tiefgekühlte Okra, in dünne Scheiben geschnitten
1 TL Salz (5 g)
1 TL grober roter Pfeffer* (5 g)
1 TL Chilipulver (5 g)
20 Min. bei geringer Wärmezufuhr kochen lassen.
Hinzufügen:
500 g frischer oder tiefgekühlter Spinat (oder anderes dunkelgrünes Blattgemüse), fein zerkleinert
5 Min. bei geringer Wärmezufuhr kochen lassen.
Auf heißem Reis oder *Nshima* servieren.

Martin Zerbo, Ouagadougou, Burkina Faso, und Nancy Heisey, Ephrata, Pennsylvania

Äthiopischer Gemüseeintopf

Alecha
(ah-LIH-tschah)

Alecha ist der allgemein gebräuchliche Name für jeden milden äthiopischen Eintopf. Er wird normalerweise mit Äthiopischem Fladenbrot (Rezept in diesem Buch) serviert, oft gemeinsam mit einem oder mehreren scharf-würzigen Eintöpfen.

Für 4–5 Personen

In einer großen Kasserolle vermischen:
- **2 EL Margarine oder Öl (30 ml)**
- **1 Zehe Knoblauch**
- **1 Zwiebel**, fein zerkleinert

Anbraten, bis die Zwiebeln weich sind (nicht braun werden lassen!).

Hinzufügen:
- **1/8 l Wasser**
- **3 mittelgroße Kartoffeln**, in Würfel geschnitten
- **2–3 Karotten**, fein zerkleinert
- **1/2 TL Salz (2 g)**
- **1/2 TL gemahlener Ingwer (2 g)**
- **1/2 TL gemahlener Kurkuma (2 g)**
- **1/4 TL Pfeffer (1 g)**

Etwa 10 Min. kochen, bis die Kartoffeln und Karotten weich zu werden beginnen. Hinzufügen:
- **1 kg Kraut**, gehobelt
- **1/8 l Wasser**
- **1 1/4 TL Salz (1 g)** oder nach Geschmack
- **1 grüne Chilischote** *, ohne Samenkörner, in Viertel geschnitten

Kochen, bis das Gemüse weich ist. Vorsichtig umrühren, dabei aufpassen, daß Sie das Gemüse nicht zu Brei verrühren.

Variation: Mit Reis servieren.

Mikrowelle: In einer großen zugedeckten Kasserolle 1 EL Margarine (15 g), Knoblauch und Zwiebeln 3 Min. auf höchster Stufe garen. Kartoffeln und die dazugehörigen Zutaten hinzufügen und 7 Min. auf höchster Stufe garen, einmal umrühren; Salz auf 1/4 TL (1 g) reduzieren. Kraut hinzufügen, ebenso 1/8 TL Salz (0,5 g) und die grüne Chilischote; nun das Ganze auf höchster Stufe 14–20 Min. garen, dabei einmal umrühren, bis alle Gemüse weich sind. Zugedeckt noch 3 Min. stehen lassen.

Charmayne Denlinger Brubaker, Lancaster, Pennsylvania
Phyllis Horst Nofziger, Ephrata, Pennsylvania

Sommerlicher Maisbrei

(Vereinigte Staaten)

Summer Corn Gravy

Die Ureinwohner im Südwesten der Vereinigten Staaten bereiten diesen Maisbrei aus frischem Mais zu, der vom Kolben geschnitten wird. Ihre Maissorte ist kleiner als der süße Mais, der in anderen Teilen des Landes angepflanzt wird.

Für 4 Personen

In einer dickwandigen Bratpfanne in **2 EL Öl (30 ml)** anbraten:

1 kg grüner oder gelber Kürbis, in dünne Scheiben geschnitten

500 g Mais, frisch oder tiefgekühlt

Zudecken und 10–15 Min. bei geringer Wärmezufuhr kochen lassen, bis der Kürbis weich ist. Mais und Kürbis an die Seite der Bratpfanne schieben. Hinzufügen und anbraten:

1 1/2 EL Mehl (20 g)

Hinzufügen:

175 ml Wasser

Salz und Pfeffer (nach Geschmack)

Kurz bei geringer Wärmezufuhr kochen lassen, bis die Masse eindickt. Auf Tortillas, geröstetem Brot oder gekochten Kartoffeln servieren.

Evangeline Hiebert, McPherson, Kansas

Gemüse-Adobo

(Philippinen)

Adobong Gulay (ah-DOH-bohng GUH-läih)

Der Geschmack von Pfefferkörnern, Knoblauch, Sojasauce und Essig ist typisch für *Adobo,* das weithin als das Nationalgericht der Filipinos gilt. Obwohl Fleisch der Hauptbestandteil der meisten *Adobos* ist, kreierte unsere Mitarbeiterin Edna Lungan Concepcion diese Variation für Gemüseliebhaber. *Masarap!* (Einfach köstlich!)

Für 6–8 Personen

In einem Suppentopf vermischen:

2–3 Stück Huhn, Rind- oder Schweinefleisch
2 Zehen Knoblauch, fein zerkleinert
3–4 Pfefferkörner, zerdrückt, **oder**
1/4 TL Pfeffer (1 g)
2 Lorbeerblätter
1/8 l Sojasauce
1/8 l Essig
250–375 ml Wasser

Zusammen kochen, bis das Fleisch fast gar ist. Mittlerweile in grobe Stücke schneiden:

2–3 Karotten
3–4 Kartoffeln
1–2 grüne oder rote Paprika
2–3 mittelgroße Zwiebeln
250–500 g Fadenbohnen

Falls Sie Huhn verwenden, entfernen Sie zunächst die Knochen. Gemüse auf das Fleisch geben, zuerst das Gemüse, das eine längere Kochzeit benötigt (dieses einige Minuten vorkochen). Dann die schneller garwerdenden Gemüse hinzufügen und bedecken mit:

5–7 große Kohlblätter

Zugedeckt kochen, bis das Gemüse knackigweich ist. Um die Brühe einzudicken, rühren Sie **1–2 EL Maisstärke (15–30 g)**, mit etwas Wasser zu einer Paste gemischt, in die Brühe ein.

Mit Reis servieren.

Variation: Verwenden Sie andere Gemüsesorten in beliebiger Kombination.
Oder: Fleisch weglassen. Fügen Sie dem Wasser einfach 1–2 Würfel Rindfleisch- oder Geflügelbrühe zu.

Edna Lungan Concepcion, Cagayan Valley, Philippinen, and Carolyn Schrock-Shenk, Lancaster, Pennsylvania

Gemüse-Curry

(Nepal)

Alu Gobi Tarkari
(ah-luh goh-bih tahr-kah-rih)

Dies ist ein ziemlich trockenes Currygericht mit einer köstlichen Mischung von Gewürzen. In Ländern, in denen Reis – statt wie bei uns Kartoffeln – den stärkehaltigen Teil der Mahlzeit darstellt, gelten Kartoffeln als Gemüse und werden traditionell auf Reis serviert.

Für 6–8 Personen

In einer großen Kasserolle in **2 EL Öl (30 ml)** anbraten:
- **2 Zwiebeln**, in dünne Scheiben geschnitten
- **2 Zehen Knoblauch**, fein zerkleinert
- **1 TL gemahlener Koriander (5 g)**
- **1 TL gemahlener Kurkuma (5 g)**
- **1/2 TL gemahlener Kümmel (2 g)**
- **1/2 TL gemahlener Ingwer (2 g)**
- **1/4 TL Senf (1 g)**
- **1 scharfe Chilischote oder 1/8 TL gemahlener roter Pfeffer * (0,5 g)**

Hinzufügen:
- **1 EL Öl (15 ml)**
- **1 1/2 kg Kartoffeln**, in Würfel geschnitten (können ungeschält bleiben)

Braten, dabei oft umrühren, um die Kartoffeln in den Gewürzen zu wenden. Sobald die Kartoffeln fast gar sind, hinzufügen:
- **1 kg Kraut**, gehobelt

1 TL Salz (5 g) oder nach Geschmack
2 Tomaten, fein zerkleinert
1–2 EL Currypulver * (15–30 g), nach Geschmack

Zudecken und bei geringer Wärmezufuhr kochen lassen, bis das Kraut weich ist. Mit Reis oder *Puris* (Rezept in diesem Buch) servieren.

Variation: Verwenden Sie Broccoli oder Blumenkohl statt Kraut.

Um mehr Sauce zu gewinnen, fügen Sie 250 ml Wasser zu, wenn Sie die Kartoffeln kochen.

Selma Unruh, North Newton, Kansas

Erbsen-Kartoffel-Curry
(Indien)

Mattar Alu Kari
(MAH-ter ah-luh KAH-rih)

Gabeln und Löffel werden in den Dörfern von Indien und Bangladesch nur selten gebraucht. Man ißt Reis und Curry mit den Fingern, wobei man nur die rechte Hand verwendet. Reis, Curry, *Dhal* und *Chutneys* – das indische Mischgewürz – sind bei Tisch jedes für sich auf der Servierplatte aufgehäuft. Beim Essen mischt man den Reis Bissen für Bissen mit ein wenig Eintopf oder Salat. Wie die meisten Currys schmeckt dieses farbenfrohe Gemüsegericht am besten, wenn es im voraus zubereitet und aufgewärmt wird; Reste lassen sich sehr gut im Mikrowellenherd oder auf der Herdplatte aufwärmen.

Für 4–6 Personen

In einer mittelgroßen Kasserolle erhitzen:
2 EL Ghee oder Öl (30 ml)
Hinzufügen und anbraten:
2 1/2 TL Ingwerwurzel (12 g), fein zerkleinert
2 1/2 TL Knoblauch (12 g), fein zerkleinert
125 g Zwiebeln, fein zerkleinert
1/4 TL Salz (1 g)
Sobald die Zwiebeln braun sind, hinzufügen:
1 TL gemahlener Kümmel (5 g)
1/2 TL gemahlener Kurkuma (2 g)
1/8–1/4 TL gemahlener roter Pfeffer* (0,5–1 g)
Einrühren:
3 mittelgroße Tomaten, fein zerkleinert
1 1/2 EL Koriandergrün (20 g), fein zerkleinert **oder 1 1/2 TL gemahlener Koriander (7 g)**
5 Min. kochen, bis die Flüssigkeit verdampft ist.
Hinzufügen:
1 große Kartoffel, in Würfel geschnitten
175 ml Wasser
Gut umrühren. Aufkochen lassen. Zugedeckt 10 Min. lang bei geringer Wärmezufuhr kochen lassen.
Hinzufügen:
750 g tiefgekühlte Erbsen
5 Min. bei geringer Wärmezufuhr kochen

lassen, bis die Kartoffeln und Erbsen weich sind. Garnieren mit:

1 EL Koriandergrün (15 g), gehackt $1/2$

TL Garam masala (2 g), nach Belieben

Auf Reis als Hauptgericht servieren, oder als Beilage zu einem Currygericht.

Variation: Verwenden Sie statt frischer Tomaten 500 g Tomaten aus der Dose. Verringern Sie die Wassermenge, oder lassen Sie das Wasser zum Kochen der Kartoffeln und Erbsen ganz weg.

Nancy Kinsinger Halder, Parnell, Iowa

Kartoffel-Curry

(Bangladesch)

Alu Torkari

(AH-luh TOHR-kah-rih)

Kartoffel-Curry schmeckt ganz besonders köstlich, wenn er mit frischen jungen Gartenkartoffeln zubereitet wird. Dieses Rezept stammt aus dem Punjab, einer Gegend Indiens, wo Kartoffeln in großen Mengen angebaut werden.

Für 4–6 Personen

In einer dickwandigen Bratpfanne in **1 EL Öl (15 ml)** braun und knusprig anbraten:

1–2 große Zwiebeln, fein in Ringe geschnitten

Zwiebeln entfernen und für die Garnitur aufbewahren.

Hinzufügen und in **1 EL Öl (15 ml)** braten, bis sie weich, aber nicht braun sind:

1 mittelgroße Zwiebel, fein zerkleinert

2–4 Zehen Knoblauch, zerdrückt

Hinzufügen:

2 große Tomaten, in Würfel geschnitten

$3/4$ TL Garam Masala (3 g)

$3/4$ TL gemahlener Kurkuma (3 g)

1/2 TL Salz (2 g)
2 frische grüne Chilischoten, fein zerkleinert, **oder 1/4 TL gemahlener roter Pfeffer* (1 g)**
2 EL frische Petersilie (30 g), gehackt

Unter Rühren 2–3 Min. braten, bis die Tomaten sehr weich sind und sich ein Ölrand um die Sauce bildet.

Hinzufügen:

1 EL Zitronensaft (15 ml)
4 Kartoffeln (etwa 500 g), in Würfel geschnitten
einige EL Wasser

Lose zudecken und langsam bei geringer Wärmezufuhr kochen lassen, dabei gelegentlich umrühren, bis die Sauce dick ist und die Kartoffeln weich sind. Etwas Wasser hinzufügen, falls nötig. Mit den gebratenen Zwiebeln garnieren und mit Reis oder *Chapatis* und *Dhal* oder einem anderen, saftigeren Currygericht servieren.

Nancy Brubaker, Lancaster, Pennsylvania
Katie Myers, Akron, Pennsylvania

Spinat mit Hüttenkäse

(Indien)

Palak Paneer
(pah-lahk pah-nihr)

Diese Kombination frischer Blattgemüse mit cremigem Hüttenkäse wird mit Reis oder *Chapatis* serviert. Ein Beispiel nahrhafter indischer Hausmannskost.

Für 4 Personen

In einer Kasserolle erhitzen:
2 EL Öl (30 ml)
Hinzufügen:
1 große Zwiebel, fein zerkleinert
2,5-cm-Stück Ingwerwurzel, geraspelt, **oder 1/2 TL gemahlener Ingwer (2 g)**
Goldbraun braten.
Hinzufügen:
500 g Spinat, fein zerkleinert
1/8 TL gemahlener roter Pfeffer * (0,5 g) oder nach Geschmack
3 Zehen Knoblauch, fein zerkleinert
Salz (nach Geschmack)
2,5-cm-Stück Zimtstange
Etwa 10 Min. kochen.
Hinzufügen:
1 Tomate, in Würfel geschnitten
250 g Hüttenkäse
50 ml Wasser
Etwa 10 Min. lang kochen oder bis ein Großteil der Flüssigkeit aufgesaugt ist. In eine Servierschüssel geben. Bestreuen mit:
1/2 TL gemahlener Kümmel (2 g)

Cynthia Peacock, Kalkutta, Indien

Gemüsepfanne
(Philippinen)

Pritong Gulay
(PRIH-tohng GUH-läi)

Pfannengerichte sind hübsch anzusehen, schmecken köstlich und erfordern dabei verhältnismäßig wenig Zeit und Energie. Zerkleinern Sie eine beliebige Kombination von Saisongemüse im voraus (grüne Bohnen, Karotten, Kürbis oder Kraut), stellen Sie sie in einem fest verschlossenen Behälter in den Kühlschrank, und dieses Gericht ist schon so gut wie fertig!

Für 5–6 Personen

In einer großen Bratpfanne in **2 EL Öl (30 ml)** anbraten:

2–3 Zehen Knoblauch, fein zerkleinert
1 große Zwiebel, fein zerkleinert

Hinzufügen und bräunen:

125–250 g Schweinefleisch, in kleine Würfel geschnitten

Hinzufügen:

2–3 mittelgroße Tomaten, in Würfel geschnitten
1/4 l Wasser

Aufkochen lassen; dann bei geringer Wärmezufuhr zugedeckt 5 Min. kochen.

Hinzufügen:

1 kg verschiedene Gemüse, fein zerkleinert

Unter häufigem Rühren knackig-weich kochen.

Hinzufügen:

1 kleiner grüner Paprika, fein zerkleinert
2 EL Fischsauce (30 ml)
Salz oder Sojasauce (nach Geschmack)

Unter Rühren 1–2 Min. braten. Auf Reis oder Nudeln servieren.

Variation: Falls Fischsauce nicht erhältlich ist, fügen Sie der Speise einen Suppenwürfel bei.

Dan und Esther Epp-Tiessen, Kitchener, Ontario

Pfannengericht mit Marinade

(China)
Yan Rou
(jahn roh)

Für 4 Personen

MARINADE:
Vermischen:
2 Zehen Knoblauch, fein zerkleinert
2,5-cm-Stück Ingwerwurzel, in dünne Scheiben geschnitten
1 1/2 TL Sojasauce (20 ml)
1/4 TL Salz (1 g)
1/4 TL Pfeffer (1 g)
1 TL Zucker (5 g)
1 EL Küchensherry (15 ml), nach Belieben
Hinzufügen:
250 g Huhn, Rind- oder Schweinefleisch, in dünne Streifen geschnitten
Mindestens 1 Std. bis zu 24 Std. lang marinieren. Danach dem Fleisch hinzufügen:
1 EL Maisstärke (15 g)
1 EL Öl (15 ml)
einige Tropfen Wasser, falls zu trocken
Beiseite stellen.

PFANNENGERICHT:
In einem *Wok*[1] oder einer Bratpfanne **etwas Öl** erhitzen und braten:
1 Zehe Knoblauch, fein zerkleinert
Zerkleinertes Gemüse in beliebiger Auswahl in einer Gesamtmenge von 1 1/2 kg hinzufügen:
grüne Paprika
Karotten
Sellerie

[1] chinesischer Spezialtopf

Zwiebeln
Bambussprossen
Blumenkohl
Broccoli
Hinzufügen:
Salz und Sojasauce (nach Geschmack)

Gemüse unter ständigem Rühren braten, bis es gerade weich ist; nicht zu lange braten! Aus der Pfanne nehmen. Das marinierte Fleisch mit ein wenig Öl in die Bratpfanne geben. 3–5 Min. lang weichbraten. Gemüse in die Pfanne zurückgeben und erhitzen. Auf Reis oder Nudeln servieren.

Helen Lo, Hong Kong, und Nancy Kinsinger Halder, Parnell, Iowa

Von Land zu Land unterscheiden sich Maße wie die Sprache sehr voneinander. Die einfachste und universelle Maßeinheit ist die Hand. Trockene Nahrungsmittel wie z. B. Mehl werden in Handvoll gemessen, Salz in Prisen zwischen Daumen und Zeigefinger. In Nordamerika verläßt man sich meistens auf das Volumen als Maßeinheit und stattet die Küche mit einem oder mehreren standardisierten Tassensets aus. Köche in Bolivien halten Thunfischdosen für gute Meßbecher, und Westafrikaner benutzen Zigarettendosen. Vielerorts, wie auch in Europa, mißt man eher nach Gewicht als nach Volumen. Auf den Märkten in Nicaragua haben die Händler einfache Waagen, die sie in der Hand halten und an denen Holzgewichte an geknoteten Schnüren hängen. Damit werden die Produkte, die verkauft werden, gewogen.

Grünkohl mit Rauchwurst

(Niederlande)

Boerenkool met Rookworst
(buh-ren-KOHL met ROHK-wohrst)

Die Holländer haben eine große Vorliebe für Grünkohl, ein herzhaftes Herbstgemüse, das nach dem ersten Frost am besten schmeckt. Dieses Gericht, das auch Bauernkohl genannt wird, läßt das für Holland typische Gewürz für Blattgemüse, Muskat, erkennen.

Für 4–6 Personen

In einer Kasserolle vermischen:

500 g frischer Grünkohl oder 300 g tiefgekühlter zerkleinerter Kohl
500 g Rauchwurst
etwas Wasser

Zugedeckt bei geringer Wärmezufuhr kochen lassen, bis der Kohl weich ist.

In einer separaten Kasserolle in Salzwasser weichkochen:

6–7 Kartoffeln (etwa 1 kg), geschält und kleingeschnitten

Kartoffeln zerdrücken mit:

1 EL Margarine (15 ml)
1 Prise Pfeffer
1/8–1/4 l Milch

Sobald die Kartoffeln gut zerdrückt sind, Grünkohl hinzufügen und gut vermischen. Zu einem Hügel auf der Servierplatte formen, nach Belieben mit geriebener Muskatnuß bestreuen und die Würste rundum arrangieren. Nach Belieben mit Bratensaft oder Sauce und scharfem Senf für die Würste servieren.

Variation: Für ein fleischloses Gericht lassen Sie die Würste weg und bestreuen den Kohl mit geriebenem pikantem Käse.

Mikrowelle: Wurst mit der Gabel anstechen und an den äußersten Rand einer 2 l-Kasserolle legen. Grünkohl auf die Würste und in die Mitte häufen, fest verschließen und auf höchster Stufe 5–8 Min. lang garen. Einmal umrühren. In einer separaten zugedeckten Kasserolle die Kartoffeln mit 50 ml Wasser auf höchster Stufe 9–12 Min. lang garen. Weitere 3 Min. lang zugedeckt stehen lassen. Kartoffeln zerdrücken und mit dem Kohl und den Würsten vermischen.

Rie Eterman, Driebergen, Niederlande, und Betsy Beyler, Fairfax, Virginia
Cynthia Shenk, Nijmegen, Niederlande

Shrimpsküchlein

(Indonesien)

Rempeyek Udang
(rehm-peh-jehk uh-dang)
Die Indonesier essen diese frittierten Shrimps mit Reis und Pfefferschoten.

Für 3 Personen

Vermischen:
250 g Mehl
1 Ei, verquirlt
125 g Bohnensprossen
50 g Sellerie, fein zerkleinert
50 g Zwiebeln, fein zerkleinert
1 Zehe Knoblauch, zerdrückt
1/2 TL Salz (2 g)
50 ml Wasser
125 g kleine Shrimps, geschält und ausgenommen
1 EL Zitronen- oder Limettensaft (15 ml)
1/8 TL gemahlener roter Pfeffer * (0,5 g), nach Geschmack

In einer tiefen Pfanne 3,5 cm hoch Öl einfüllen und erhitzen. Mischung löffelweise ins heiße Öl tropfen lassen. Auf beiden Seiten goldbraun braten.

Ibu Djojodihardjo, Pati, Java, Indonesien, und Anne Warkentin Dyck, Swift Current, Saskatchewan

Kartoffelpüree-Fleisch-Pastete

(Brasilien)

Nhoques de Forno
(NYOH-kihs däi FOHR-noh)

Ein köstliches Tellergericht. Da Milch, Eier und Käse in dem Kartoffelpüree sehr viel Protein liefern, sollten die Schinken- und Käsescheiben dünn geschnitten sein.

Für 6 Personen

Backtemperatur: 150 °C
Backdauer: 30 Min./10 Min.

Schälen und weichkochen:
8 mittelgroße Kartoffeln
Abgießen und zerdrücken.
Hinzufügen:
1/4 l warme Milch
2 EL Margarine (30 g)
2 Eier
125 g milder Käse, gerieben
3 EL Maisstärke (45 g)
3 EL Mehl (45 g)
1/2 TL Salz (2 g)
2 TL Backpulver (10 g)
Glattrühren. Die Hälfte des Kartoffelpürees in eine gefettete 3,5-l-Backform geben. Bedecken mit:
dünne Schinkenscheiben
dünne Käsescheiben (milder Käse z. B. Mozzarella)

Das restliche Kartoffelpüree darüber geben und 30 Min. bei 150 °C backen. Aus dem Backofen nehmen, die Sauce (siehe unten) darübergießen und weitere 5–10 Min. backen.

SAUCE:
In einer Kasserolle in **1 TL Öl (5 ml)** bräunen:
2 EL Tomaten (30 g), fein zerkleinert
250 g Rinder- oder Truthahnhackfleisch
Überschüssiges Fett abgießen.
Hinzufügen und 10 Min. bei geringer Wärmezufuhr kochen lassen:
1/4 l Tomatensauce
1 Prise Salz
1 Prise Pfeffer
1/4 TL Knoblauchgranulat (1 g) (nach Geschmack)
Variation: 1/4 l vom Kartoffelwasser aufheben und mit 75 ml Trockenmilchpulver als Milchersatz vermischen.

Vanilda V. S. Rodriguez, Goiás, Brasilien, und Lois Musselman, Pará, Brasilien

Weiße Pizza

(Italien)

Pizza Bianco

Pizza Bianco – ohne Tomatensauce – gibt es in zahlreichen Variationen, meist mit Käse bestreut. Der Belag ist, wie bei den regulären Pizzas, durchaus verschieden. Parmesankäse jedoch gehört einfach dazu, auch schwarze Oliven sind weit verbreitet. Man kann ebenso Peperoni und Fleisch verwenden. Diese Pizza wird häufig auf Zimmertemperatur abgekühlt gegessen, eine Stunde oder mehr, nachdem man sie aus dem Backofen genommen hat, und eignet sich daher sehr gut als Party-Snack.

Für 4 Personen

Backtemperatur: 190 °C
Backdauer: 20–25 Min.

Bereiten Sie nach Ihrem Lieblingsrezept Teig für 1 Pizza zu, aber fügen Sie dem Teig vor dem Kneten 1 Ei zu.
Geben Sie den Teig in die Backform. Machen Sie einen wulstigen Rand, damit der Eibelag nicht an den Seiten herunterrinnt. Streichen Sie etwas Öl auf die Oberfläche, und reiben Sie vorsichtig in den Teig:

2 TL Oregano (10 g) oder nach Geschmack
1 TL Knoblauchgranulat (5 g)

Verquirlen und über den Teig gießen:

3 Eier

Belegen Sie den Pizzaboden nach Wahl mit einigen der folgenden Zutaten:

geriebener Parmesankäse (reichlich)
schwarze Oliven, in Scheiben geschnitten
grüne Paprika, in Würfel geschnitten
Pilze, in Scheiben geschnitten
Zwiebeln, fein zerkleinert
Tomaten, dünn geschnitten
Mozzarellakäse, gerieben oder in Scheiben geschnitten

Bei 190 °C 20–25 Min. backen, bis der Teig knusprig ist und die Eier gestockt sind (oder richten Sie sich nach den Anweisungen Ihres Teigrezeptes).

Variation: Sie können die Eier durch Fetakäse (Ziegenkäse) ersetzen; in diesem Fall geben Sie den Teig in die Backform und bestreichen ihn mit ein wenig Olivenöl. Streuen Sie etwas Knoblauchgranulat darüber (nach Belieben). Geben Sie als Belag schwarze Oliven darauf, Pilze, angebratene Paprika oder Belag nach Wunsch und reichlich zerkrümelten Fetakäse. Backen, bis der Teig knusprig ist.

Josephine Gullo Burnett, Batavia, New York

Kartoffelpizza

(Japan)

Ergänzen Sie dieses einfache Gericht mit Ihrem Lieblingspizzabelag.

Für 2–3 Personen

In einer Schüssel vermischen:
3 mittelgroße Kartoffeln, fein geschnitten oder geraspelt
2 EL Mehl (30 ml)
1/4 TL Salz (1 g)
Hinzufügen:
1 Ei
Umrühren. In einer antihaftbeschichteten Pfanne erhitzen:
1 EL Öl (15 ml)
Kartoffelmischung hinzufügen. Von beiden Seiten in der Pfanne backen, bis sie hellbraun und knusprig ist. Belegen mit:
Schinken, in Scheiben geschnitten
grüne Paprika, in Scheiben oder Würfel geschnitten
Pilze, in Scheiben geschnitten
Belag mit ein wenig **Tomatensauce**, die Sie mit **Salz** und **Pfeffer** mischen, oder mit **Ketchup** bedecken.
Bestreuen mit:
Käse, gerieben
Zudecken und 5–7 Min. bei geringer Wärmezufuhr kochen lassen.

Hiroki Sakabe, Obihiro, Japan

Tortillapfanne mit Käse

(Mexiko)

Chilaquiles
(tschih-lah-KIH-läiß)

Die Mexikaner servieren *Chilaquiles* als herzhaftes Frühstück oder Abendessen. Sie verwenden altbackene Maismehl-Tortillas dazu. Mexikanische Köche sind überaus erfinderisch, daher gibt es vermutlich so viele Variationen dieses Rezepts, wie es Köche gibt.

Für 3–4 Personen

In 2,5 cm lange Streifen reißen, dann jeden Streifen in mundgerechte dreieckige oder quadratische Stücke reißen:

12 Tortillas (zu 12,5 cm ⌀)

In einer großen Bratpfanne **125 ml Öl** erhitzen. Kleine Portionen Tortillastückchen goldbraun braten (3–5 Min. lang). Auf Küchenpapier abtropfen lassen. Überschüssiges Öl aus der Bratpfanne abgießen und kurz anbraten:

1 Zehe Knoblauch, fein zerkleinert
50 g Zwiebeln, fein zerkleinert

Hinzufügen:

gebratene Tortillastückchen

Übergießen mit:

2 Eier, verquirlt
würzige Tomatensauce (Rezept siehe unten)

Bei geringer Wärmezufuhr 10–15 Min. ziehen lassen, möglichst nicht umrühren, bis die Flüssigkeit aufgesogen ist und die Mischung ziemlich trocken erscheint. Darüberstreuen:

250 g milder Käse, gerieben

Vom Herd nehmen und zudecken, bis der Käse geschmolzen ist.

Mit frischen Früchten oder grünem Salat servieren.

WÜRZIGE TOMATENSAUCE:
Pürieren, bis die Mischung glatt ist:

2 mittelgroße Tomaten oder 250 g Tomaten aus der Dose
1–2 frische grüne Chilischoten oder einige Tropfen Tabascosauce oder 1/2 TL Chilipulver (2 g) *
1 TL Salz (5 g)

Variation: Fügen Sie den Eiern und der Tomatensauce Fleisch- und Gemüsereste zu.
Oder: Braten Sie die Tortillastückchen mit Zwiebeln und Knoblauch in nur 4–6 EL Öl (60–90 ml) an. Fahren Sie wie angegeben fort. Die Tortillas sind dann weniger knusprig.

Marie Palafox, Guadalajara, Mexiko, und Emily Will, Ciudad Guzmán, Jalisco, Mexiko

Tortillapfanne »Tico« (Costa Rica)

Chirrasquiles (tschih-rahß-KIH-läiß)

Chirrasquiles werden in Costa Rica und im übrigen Mittelamerika tagein, tagaus gegessen. Die Füllung variiert, oft nimmt man dazu Planten, Karotten, grüne Bohnen oder anderes Gemüse. Die Tortillas können ruhig etwas altbacken sein, die Tomatensauce macht sie wieder weich. Man kann die Speise als sättigendes Mittagessen oder mit Reis und Salat als komplettes Menü servieren.

Für 4–5 Personen

SAUCE:

In einer Kasserolle in **2 EL Öl (30 ml)** anbraten:

- **125 g Zwiebeln**, fein zerkleinert
- **2 Zehen Knoblauch**, fein zerkleinert
- **75 g grüne Paprika**, fein zerkleinert
- **1 EL frische Petersilie (15 g)**, gehackt
- **1 EL Koriandergrün (15 g)** (nach Belieben)

Hinzufügen:

- **175 g Tomatenmark**, vermischt mit
- **375 ml Wasser**
- **1 Rindfleischbrühwürfel**
- 1/4 **TL Pfeffer (1 g)** oder nach Geschmack
- 1/2 **TL Chilipulver (2 g),** nach Geschmack
- 1/4 **TL getrockneter Oregano (1 g),** nach Geschmack

Mischung aufkochen lassen. Kochen, bis sich der Brühwürfel aufgelöst hat, dann weitere 10–15 Min. bei geringer Wärmezufuhr ziehen lassen, damit sich das Aroma entfalten kann.

FÜLLUNG:

In **1 EL ÖL (15 ml)** anbraten, bis die Zwiebeln glasig sind:

- **250 g Zwiebeln**, fein zerkleinert
- **125 g grüne Paprika**, fein zerkleinert
- **4 Zehen Knoblauch**, fein zerkleinert

1 EL frische Petersilie (15 g), gehackt
1 EL Koriandergrün (15 g), gehackt (nach Belieben)
Hinzufügen und bräunen:
250–375 g Rinder- oder Truthahnhackfleisch
Hinzufügen:
1 Rindfleischbrühwürfel
1 mittelgroße Kartoffel, in Würfel geschnitten
Umrühren, bis sich der Suppenwürfel aufgelöst hat und die Kartoffel gar ist.
Etwas abkühlen lassen.

TORTILLA-ZUBEREITUNG:
Von **2 Eiern** Dotter und Eiweiß trennen. Das Eiweiß zu weichem Schnee schlagen. Dotter mit einer Gabel einrühren.
8–10 Maismehltortillas bereitstellen.
In einer Bratpfanne erhitzen:
50 ml Öl
Etwa 75 ml von der Füllung auf jede Tortilla geben. Tortillas einschlagen und in die Eimischung tauchen. Ins heiße Öl geben und auf beiden Seiten backen, vorsichtig umwenden, bis die Stücke goldbraun sind. Herausnehmen und in eine separate große Bratpfanne geben. Sobald alle Tortillas gebacken sind, Tomatensauce darübergießen und erhitzen, bis sich Blasen zeigen. Jede Portion mit etwas saurer Sahne garnieren (nach Belieben).
Variation: Sie müssen die Tortillas nicht unbedingt in die Eimischung tauchen und braten. Gießen Sie einfach die Sauce über die gefüllten Tortillas. Aufwärmen und servieren.

Sollten die Tortillas zu trocken und brüchig sein, um sie einzuschlagen, halten Sie sie kurz unter fließendes Wasser, bevor Sie sie füllen.

Bitinia Sosa Herrera und Beverlee Ludema, San José, Costa Rica

Spanische Kartoffeltortilla

(Spanien)

Tortilla de Patatas (tohr-TIH-jah däi pah-TAH-tahß)

Dieses Kartoffelomelett ist wahrscheinlich das typische spanische Nationalgericht. Man ißt es gern als zweites Frühstück; auch zum Abendessen kommt es in vielen Familien auf den Tisch. Mit einem Salat serviert, ist es ein erstklassiger Picknick-Snack. Die Spanier mögen *Tortilla de Patatas* sowohl heiß wie kalt.

Für 4–5 Personen

In heißem **Öl** (am besten Olivenöl) garen:

4 mittelgroße Kartoffeln, geschält, in dünne Scheiben oder zu Stäbchen geschnitten

Abgießen.

Inzwischen in einer separaten Bratpfanne langsam anbraten, bis sie weich und goldbraun ist:

1 große Zwiebel, fein zerkleinert

In einer großen Schüssel verquirlen:

8 Eier

Hinzufügen und gründlich vermischen:

gebratene Kartoffeln

angebratene Zwiebeln

Salz und Pfeffer (nach Geschmack)

In einer mittelgroßen antihaftbeschichteten Bratpfanne **1 EL Öl (15 ml)** erhitzen. Gießen Sie nun die Hälfte der Eier-Kartoffelmischung in die Pfanne, und braten Sie sie langsam, bis die Seiten und der Boden eine hellgoldene Farbe haben und die Mitte nicht allzu flüssig ist. Zum Umdrehen geben Sie einen Teller in passender Größe verkehrt auf die Pfanne und stürzen die Tortilla auf diesen. Einige Tropfen Öl in die Pfanne geben und die Tortilla wieder hineingleiten lassen, dabei zuerst das Flüssige in die Pfanne rinnen lassen. Sobald beide Seiten braun sind und das Ei gestockt ist, auf einen Teller stürzen. Zudecken und warmhalten, während Sie den Rest der Masse backen. Mit Brot oder Toast servieren.

Variation: Zusätzlichen Geschmack und mehr Substanz erhält die Speise, wenn Sie Pimentstreifchen, gebratene Pilze, Speck oder Wurststücken hinzugeben.

Connie Bentson Byler, Burgos, Spanien
Frances Penner, Madrid, Spanien

Pochierte Eier mit Tomaten

(Mexiko)
Huevos Ahogados
(WÄI-wohß ah-oh-GAH-dohß)

Huevos Ahogados (ertrunkene Eier!) ist ein herzhaftes, farbenfrohes, aromatisches Gericht. Kinder werden ihren Spaß daran haben, die Eier in die Tomatensauce zu schlagen und zuzusehen, wie sie garen. In Mexiko serviert man dieses Gericht mit Reis, es schmeckt jedoch auch köstlich mit gekochten Nudeln.

Für 4 Personen

In einer Bratpfanne in **1–2 EL Öl (15–30 ml)** anbraten:

1 Zwiebel, fein zerkleinert
1 Zehe Knoblauch, fein zerkleinert
1 TL getrockneter Oregano (5 g)
2 TL getrocknete Petersilie (10 g)
Salz und Pfeffer (nach Geschmack)
1 TL Chilipulver (5 g) oder nach Geschmack

Sobald die Zwiebel glasig ist, hinzufügen und 3–5 Min. anbraten:

2 mittelgroße grüne Paprika, fein zerkleinert
375 g Tomaten aus der Dose (abgießen und Saft aufbewahren)
3 scharfe grüne Chilischoten *, fein zerkleinert (nach Belieben)

Tomatensaft hinzufügen, aufkochen lassen. Vorsichtig hineingleiten lassen:

4 Eier (aufgeschlagen)

Kochen, bis die Eier gar sind. Auf Reis servieren mit ein paar Tropfen:

Tabascosauce * (nach Belieben)

Velia Velazques, Mexiko, und Nancy Kinsinger Halder, Parnell, Iowa

Thunfisch-Omelett

(Brasilien)

Mal Assado

(mahl ah-SAH-doh)

Die Hausfrauen im nordöstlichen Brasilien kochen dieses Gericht, wenn sie Eier, Thunfisch oder Sardinen strecken müssen, um mehr Esser satt zu bekommen. Sie servieren *Mal Assado* mit Reis und Bohnen.

Für 4–6 Personen

Zu Schnee schlagen:

4 Eiweiß

Hinzufügen:

3 Eidotter, verquirlt

Gut vermischen.

Vorsichtig unterheben:

1 Tomate, in Würfel geschnitten

2 EL grüner Paprika (30 g), in Würfel geschnitten

2 EL Zwiebel (30 g), fein zerkleinert

185 g Thunfisch oder Sardinen, abgegossen

Salz und Pfeffer (nach Geschmack)

In einer antihaftbeschichteten Bratpfanne erhitzen:

1–2 EL Öl (15–30 ml)

Eiermischung eingießen. Bei mittlerer Wärmezufuhr backen, bis der Boden goldbraun ist. Umdrehen und andere Seite backen. Das Umdrehen ist nicht ganz einfach – verwenden Sie eine breite Küchenspatel. Mit Reis und grünem Salat servieren.

Nea da Silva, Belo Jardim, Brasilien, und Crissie A. Graber, Colmeia, Brasilien

Eiercurry
(Indien)
Anda Kari
(ahn-DAH KAH-rih)

Unsere Mitarbeiterin erhielt dieses Rezept von einer Freundin am Londoner Mennoniten-Zentrum. Sie erinnert sich: »Bevor ich nach England ging, hatte ich keinen Spaß am Kochen. Aber die herrlichen Düfte, die aus den Küchen meiner Mitbewohner drangen – Studentinnen aus Mexiko, Burma, Sambia, Hongkong, Malaysia, Indien und England – machten mir den Mund wäßrig. Ich mußte einfach lernen, wie man diese köstlichen Düfte und leckeren Speisen zustandebringt!«

Für 4 Personen

In einer Bratpfanne in **2 EL Öl (30 ml)** anbraten:

2 große Zwiebeln, fein zerkleinert
2 Zehen Knoblauch, fein zerkleinert

Sobald die Zwiebeln glasig sind, hinzufügen:

1 TL gemahlener Kurkuma (5 g)
1 TL gemahlener Ingwer (5 g)
1 TL gemahlener Kümmel (5 g)
1 TL Paprika (5 g)
1 1/2 TL gemahlener Koriander (7 g)
1/2 TL Salz (2 g)
1/4 TL gemahlener roter Pfeffer * (1 g) (nach Belieben)
1 TL Garam Masala (5 g), nach Belieben

1–2 Min. braten.

Hinzufügen:

375 g Tomaten, frisch oder aus der Dose

Zudecken und bei geringer Wärmezufuhr kochen lassen, bis die Sauce eindickt (etwa 20 Min.).

Hinzufügen:

4–6 Eier, hartgekocht und halbiert

5 Min. bei geringer Wärmezufuhr kochen lassen. Auf Reis mit Chutney (am Tellerrand) servieren.

Mikrowelle: Zwiebeln, Knoblauch und 1 EL Öl (15 ml) vermischen, auf höchster Stufe 3 Min. kochen. Gewürze und Tomaten hinzufügen, auf höchster Stufe 6–8 Min. kochen.

Eier hinzufügen, auf höchster Stufe 3–5 Min. kochen.

Nancy Kinsinger Halder, Parnell, Iowa

Brasilianischer Auflauf

Torta Salgada
(tor-tah sahl-GAH-dah)
Dieses vielseitig verwendbare Rezept verwandelt Reste von Gemüse und Fleisch in ein reizvolles und leckeres Hauptgericht oder einen Imbiß. In Brasilien serviert man *Torta Salgada* heiß oder kalt, als kleinen Snack am Nachmittag, als Partygericht oder zu Picknicks. Dieser Auflauf ohne Kruste hat eine festere Substanz als die üblichen Aufläufe.

Für 6–10 Personen

Backtemperatur: 180 °C
Backdauer: 30–40 Min.

In einer Schüssel eine beliebige Auswahl der folgenden Zutaten zu insgesamt 500 g »Wurstsalat« vermischen:

Zwiebel, fein zerkleinert
Tomate, fein zerkleinert
frische Petersilie oder Koriandergrün, gehackt
verschiedenes Gemüse, in Würfel geschnitten und gekocht **(Bohnen, Erbsen, Karotten)**
Würstchen, in Scheiben geschnitten, oder gekochte Fleischstücke

Hinzufügen:

1/2 TL Salz (2 g)
1/4 TL Pfeffer (1 g)

Gut vermischen und beiseite stellen.
In einer separaten Schüssel oder in der Küchenmaschine vermischen:

3 Eier
1/8 l Öl
500 g Mehl
125 g scharfer, würziger Käse, gerieben

1 TL Salz (5 g)
1 EL Backpulver (15 g)
1/2 l Milch

Backofen auf 180 °C vorheizen. Die Hälfte des Teiges in eine gefettete 3,5l-Backform gießen. Salatmischung darauf verteilen. Restlichen Teig darübergießen. In Scheiben geschnittene **Oliven** als Verzierung darauf legen. 30–40 Min. backen, oder bis der Teig fest ist. Der Teig geht während des Backens auf und sinkt wieder zusammen, wenn er aus dem Backofen genommen wird.

Dona Vitalina, Jundial, São Paulo, Brasilien, und Lois Musselman, Para, Brasilien
Crissie A. Graber, Colmeia, Brasilien
Betty Hochstetler, Curitiba, Brasilien, und Esther Falb, Orrville, Ohio

Moussaka

(Irak)

(muh-SAH-kah)

Diese bunte Mischung von Geschmäcken, Farben und Zutaten schmeckt besonders gut im Frühherbst, wenn Gartengemüse noch reichlich vorhanden, das Wetter jedoch bereits kühl genug ist, um den Backofen zu verwenden.

Für 6–8 Personen

Backtemperatur: 180 °C
Backdauer: 1 Std.

In 1 cm dicke Scheiben schneiden:

1 mittelgroße Aubergine

Die Scheiben halbieren und auf Wachspapier oder ein Backblech legen. Mit Salz bestreuen und beiseite stellen.

6 Min. in einer Kasserolle kochen:

3 mittelgroße Kartoffeln, geschält, in 1 cm dicke Scheiben geschnitten

Inzwischen vermischen:

500 g mageres Rinderhackfleisch
2 Zehen Knoblauch, fein zerkleinert
1 TL Salz (5 g)
1/4 TL Pfeffer (1 g)
1/4 TL Nelken (1 g), gemahlen

5 cm große Küchlein formen.

Vorbereiten:

3 mittelgroße Tomaten, in 12 dicke Scheiben geschnitten
2 Zwiebeln, in 12 dünne Scheiben geschnitten

Auberginenscheiben abspülen. In einer tiefen 3- bis 4 l-Kasserolle Auberginenscheiben, Kartoffeln (abgegossen), Tomaten, Fleischküchlein und Zwiebeln in abwechselnden Reihen hochkant aufstellen.

Vermischen:

425 ml Tomatenpüree oder -sauce

200 ml Wasser
3/4 TL Salz (3 g)
1/4 TL Pfeffer (1 g)

Inhalt der Kasserolle damit übergießen. Im Backofen bei 180 °C 1 Std. lang backen, oder bis die Kartoffel- und Auberginenscheiben gar sind. Mit warmem, frisch gebackenem Brot servieren.

Uum Zaki, Busrah, Irak, und Hilda Staal, Hudsonville, Michigan

Spaghettisauce mit Fleischklößchen

(Italien)

Salsa di Pomodoro (SAHL-sah dih POH-moh-DOH-roh)

Das Rezept für diese milde Sauce stammt ursprünglich aus Sizilien. Man sollte es bei sehr geringer Wärmezufuhr mehrere Stunden lang ziehen lassen, damit sich der Geschmack entfalten kann. Ein einfaches Gericht für gemütliches Beisammensein.

Für 4–6 Personen

TOMATENSAUCE:

In **1 EL Olivenöl (15 ml)** anbraten:

50 g Zwiebeln, fein zerkleinert, **oder**
1 EL Zwiebelgranulat (15 g)
1 Zehe Knoblauch, fein zerkleinert, **oder 1/4 TL Knoblauch (1 g)** oder mehr, nach Geschmack

Hinzufügen:

575 g Tomatenmark
1–1 1/4 l Wasser
2 TL Salz (10 g)
1/4–1/2 TL Pfeffer (1–2 g)
1 TL getrockneter Oregano (5 g)
1 TL getrocknetes Basilikum (5 g)
1 Lorbeerblatt
1 TL Zucker (10 g)
3 EL trockener Rotwein (45 ml) nach Belieben

FLEISCHKLÖSSCHEN:
Gut vermischen:
375 g Rinderhackfleisch
45 g Semmelbrösel
3 EL Romano-Käse (45 g)
2 Prisen Salz und Pfeffer, oder nach Geschmack
1 EL Zwiebel (15 ml), fein zerkleinert
1 TL getrocknetes Basilikum (5 g)
2 Eier, leicht verquirlt
1 Spritzer Tabascosauce * oder nach Geschmack

Bällchen von 2,5 cm Durchmesser formen und frittieren oder im Backofen schmoren oder bei 180 °C backen, bis sie gar sind. Der Sauce hinzufügen.

Sauce aufkochen lassen. 2–3 Std. bei geringer Wärmezufuhr ziehen lassen, um den Geschmack hervorzubringen.

Spaghetti nach den Anweisungen auf der Packung zubereiten. Abgießen, etwas Sauce hinzufügen und einen Tropfen Olivenöl, damit die Spaghetti nicht aneinander kleben. Die gekochten Spaghetti bereits auf Tellern servieren, reichlich Sauce darübergießen und mit geriebenem Parmesan- oder Romano-Käse bestreuen.

Variation: Nehmen Sie statt Rinderhackfleisch Truthahnhackfleisch.

Einfache Zubereitung der Fleischsauce: 250 g Hackfleisch mit Knoblauch und Zwiebeln anbraten, statt Fleischklößchen zu machen.

Lassen Sie das Fleisch weg, so erhalten Sie eine wohlschmeckende vegetarische Sauce.

Josephine Gullo Burnett, Batavia, New York, und Tom Burnett, Akron, Pennsylvania

Auberginensauce für Spaghetti

(Italien)

Salsa di Melanzane per Spaghetti

(SAHL-sah dih meh-lahn-ZAH-näi pär spah-GEH-tih)

Diese dicke Sauce bietet eine gute Möglichkeit, Skeptikern den Geschmack von Auberginen nahezubringen.

Für 6 Personen

In einer Kasserolle in **1 EL Öl (15 ml),** am besten Olivenöl, anbraten, bis die Zwiebel weich ist:

1 mittelgroße Zwiebel, fein zerkleinert
1 Zehe Knoblauch, zerdrückt
2 TL getrocknete Petersilie (10 g) oder
50 g frische Petersilie, fein geschnitten

Hinzufügen:

50 ml Wasser
2 große Auberginen, in 1 cm große Würfel geschnitten

Aufkochen, Wärmezufuhr verringern und 5 Min. bei geringer Wärmezufuhr ziehen lassen.

Hinzufügen:

875 g ganze Tomaten aus der Dose oder 8–10 frische italienische Tomaten, fein zerkleinert
375 g Tomatenmark
2 TL getrockneter Oregano (10 g)
1 TL Salz (5 g)
1 TL Zucker (5 g)
1 Prise Pfeffer

Erhitzen, bis die Masse kocht; dann Wärmezufuhr verringern. Zudecken und 15 Min. unter gelegentlichem Umrühren bei geringer Wärmezufuhr köcheln lassen. Sehr heiß auf Spaghetti servieren, mit Parmesankäse bestreuen.
Variation: Frische oder konservierte Pilze hinzufügen.
Oder: 1 Aubergine durch Zucchini ersetzen.
Mikrowelle: In 2l-Kasserolle Auberginen, Zwiebeln, Knoblauch, Petersilie und 2 EL Öl oder Wasser (30 ml) vermischen. Auf höchster Stufe 2 Min. garen. Umrühren und weitere 2 Min. garen. Weitere Zutaten hinzufügen, zudecken und auf höchster Stufe 4–6 Min. garen, bis Tomaten und Auberginen gut durchwärmt sind.

Sherry Holland, Caracas, Venezuela

Gebackene Auberginen-Rollatini

(Italien)

Rollatini di Melanzane (roh-lah-TIH-nih dih meh-lahn-ZAHn-äi)

Unsere Mitarbeiterin entdeckte diese »köstliche Methode, Auberginen zuzubereiten und dabei Fleisch zu sparen« bei italienischen Freunden. Da sich dieses Gericht sehr gut einfrieren läßt, sollten Sie mehrere Portionen vorbereiten, wenn das Gemüse Saison hat, und für die Tage einfrieren, an denen Ihnen keine Zeit zum Kochen bleibt.

Für 6–8 Personen

Backtemperatur: 180 °C
Backdauer: 30 Min.

Backofen vorheizen.
Mit einem scharfen Messer in 0,5 cm dicke Längsstreifen schneiden:
625 g Auberginen
In einem tiefen Teller verquirlen:
1 Ei
50 ml Milch
Auf einen Bogen Backpapier geben:
250 g Semmelbrösel
Die Auberginenstreifen in die Eimischung tauchen, dann mit den Semmelbröseln panieren. Eine Lage Auberginenscheiben in eine gefettete Form (40 x 25 x 2 cm) geben. 5–7 Min. schmoren, bis sie weich und leicht gebräunt sind. Mit den verbliebenen Scheiben ebenso verfahren. Backofen wieder auf 180 ° einstellen.
In einer Schüssel vermischen:
475 g Tomatensauce
2 TL Zucker (10 g)
1/4 TL Pfeffer (1 g)
1/8 l Wasser
1/4 TL gemahlener Oregano (1 g)
Beiseite stellen.
Reiben:
250 g Käse (Colby, Mozzarella oder Monterey Jack)

In einer Schüssel vermischen;

250 g Ricottakäse
1/4 TL getrockneter Oregano (1 g)
1/4 TL Salz (1 g)
geriebener Käse bis auf 2 EL (30 g)

Etwa 2 EL (30 g) der Käsemischung als 1 cm breiten Streifen auf jeden Auberginenstreifen löffeln. Einrollen (beim schmalen Ende anfangen). Etwas Tomatensauce-Mischung auf den Boden einer 2l-Backform löffeln. Die Auberginenrollen mit der Naht nach unten in die Sauce in die Backform legen, übrige Sauce darübergießen. Bei 180 °C 30 Min. lang backen (oder bis sie gut durchgewärmt sind). Die Rollen mit den beiseite gestellten 2 EL Käse bestreuen und noch einmal kurz in den Backofen schieben, bis der Käse schmilzt.

Margaret Dyck, St. Catharines, Ontario

Gebackenes Gartengemüse
(Türkei)
Guvetch
(guh-wetsch)
Servieren Sie dieses vegetarische Gericht mit Pitabrot. Mit einem gemischtem Salat und Käse ergibt es eine sättigende Mahlzeit.

Für 4–6 Personen

Backtemperatur: 160 °C
Backdauer: 2 Std.

Backofen vorheizen.
Schälen und in Scheiben schneiden:
1 Aubergine
Salzen und in einem Sieb liegen lassen, während Sie das übrige Gemüse zubereiten.
In Scheiben schneiden:
3 Karotten
3 Stangen Sellerie
2 große oder 3 mittelgroße Kartoffeln
1 große oder 2 kleine Zucchini
1 große Zwiebel
Die Auberginenscheiben trockentupfen, mit Olivenöl bestreichen und 5–7 Min. schmoren, bis sie goldbraun sind. Backofen wieder auf 160 °C aufheizen. Alles Gemüse schichtweise in eine große Kasserolle geben, dazu:
4 Zehen Knoblauch, zerdrückt
Salz und Pfeffer (nach Geschmack)
Daraufgeben:
125 g frische Petersilie, gehackt
2 EL Olivenöl (30 ml)
3 Tomaten, geschält und fein zerkleinert, **oder 125 ml Tomatensauce**

Gut zudecken und 2 Std. bei 160 °C backen. Gelegentlich kontrollieren und Tomatensaft oder Wasser hinzufügen, falls das Gemüse zu trocken wird. Sobald es beinahe gar ist, mit zerkrümeltem **Fetakäse** bestreuen (nach Belieben) und schmelzen lassen.

Mikrowelle: In einer 3l-Kasserolle die Aubergine, Karotten, Kartoffeln und Zucchinis schichtweise anordnen. Mit Tomaten, Salz und Pfeffer bedecken. In einem anderen Gefäß Olivenöl, Sellerie, Zwiebel und Petersilie 2 Min. auf höchster Stufe garen. Der Gemüsekasserolle beigeben und fest zudecken. 8–15 Min. bei starker Wärmezufuhr garen, oder bis die Gemüse knackig-weich sind (Inhalt nach 5 Min. umschichten). Zugedeckt 5 Min. stehenlassen. Zucchini und Auberginen sind in diesem Fall etwas weicher, da sie schneller gar werden als die Kartoffeln und Karotten.

Mukkader Akpinar, Türkei und Griechenland, und Naomi E. Fast, Newton, Kansas

Nudeln mit Broccoli und Fleisch

(Kambodscha)
Kuy Tew Cha
(goi djöh tschah)
Unsere Mitarbeiterin Chanlyda Seasrin Lang brachte dieses Rezept aus ihrer Heimat mit, als sie als Flüchtling in die Vereinigten Staaten kam. Nudeln mit Broccoli und Fleisch sind eine schlichte, aber wohlschmeckende Hausmannskost, bei der ein wenig Fleisch einer großen Menge Nudeln Geschmack und Würze verleiht.

Für 4 Personen

Nach den Anweisungen auf der Packung zubereiten:
250 g chinesische Nudeln oder dünne Spaghetti
Abgießen. **1 EL Öl (15 ml)** hinzufügen, damit die Nudeln nicht aneinanderkleben, zudekken und warmhalten.
In einer separaten Kasserolle kochen oder dämpfen, bis sie knackig-weich sind:
375 g Broccoli, in Röschen zerteilt
Inzwischen in einer separaten Bratpfanne 8–10 Min. in **1–2 EL Öl (15-30 ml)** anbraten:
2 Zehen Knoblauch, fein zerkleinert
125 g Schweinefleisch, in kleine Stücke geschnitten
6–8 Shrimps, geschält und ausgenommen
Fügen Sie die Broccoli dem Fleisch zu, gleichzeitig beigeben:
1–2 EL Sojasauce (15–30 ml)
1 TL Zucker (5 g)
1/2 TL Salz (2 g), nach Belieben
Die Nudeln untermischen und mit zusätzlicher Sojasauce nach Geschmack servieren.
Variation: Schweinefleisch und Shrimps durch 250 g in dünne Scheiben geschnittenes Rindfleisch ersetzen.

Chanlyda Seasrin Lang und Cathy Godshall, Elkhart, Indiana

Reisnudeln mit Gemüse

(Philippinen)

Pancit Bihon
(PAHN-sit BIH-hohn)

Dieses Gericht ist auf den Philippinen als *Marienda* (kleiner Imbiß am Nachmittag) oder auf Partys sehr beliebt. Es ergibt auch eine köstlich schmeckende Hauptspeise für Familie und Freunde.

Für 4–5 Personen

In einer großen Kasserolle anbraten:
- **2 EL Margarine (30 g)**
- **2 Zehen Knoblauch**, fein zerkleinert
- **1 große Zwiebel**, fein zerkleinert

Hinzufügen:
- **250 g gekochtes Huhn**, in kleine Stücke geschnitten
- **2–3 TL Fischsauce (10–15 ml)**
- **1/2 l Hühnerbrühe**
- **1/2 TL Salz (2 g)**
- **1/4 TL Pfeffer (1 g)**

10 Min. bei geringer Wärmezufuhr ziehen lassen. Hinzufügen:
- **1 Karotte (ca. 250 g)**, in kleine Würfel geschnitten
- **250 g Fadenbohnen**, in kleine Würfel geschnitten
- **250 g Kraut**, grob geraspelt
- **125–250 g kleine Shrimps**, geschält, ausgenommen und halbiert

Aufkochen lassen, dann die Wärmezufuhr verringern. Hinzufügen:
- **250 g Reisnudeln**
- **1/4 TL Salz (1 g)** oder nach Geschmack
- **1/4 TL Pfeffer (1 g)**

Umrühren und kochen, bis die Nudeln gar sind (5–8 Min.). Einige Teelöffel zusätzliches Wasser oder Brühe hinzufügen, falls die Mischung zu trocken sein sollte. Auf einer großen Platte servieren.

Garnieren mit:

2 Eier, hartgekocht und in Würfel geschnitten

2 Frühlingszwiebeln, in Würfel geschnitten

Die Ränder der Platte mit Zitronenscheiben belegen.

Zum Essen die Portion nach Geschmack mit Zitronensaft beträufeln. Ein Töpfchen Gewürzte Fischsauce als zusätzliche Würze anbieten.

Variation: Einen Teil des Hühnerfleisches durch Schweinefleisch ersetzen.

Oder: Gewöhnliche dünne Nudeln statt Reisnudeln nehmen.

Oder: Andere Gemüsesorten nehmen; mehr Gemüse als angegeben verwenden.

Carolyn Schrock-Shenk, Lancaster, Pennsylvania

Gebratene Nudeln (Thailand)

Pad Thai
(pahd tie)

Gebratene Nudeln auf Thai-Art ist eine bei den Einheimischen sowie ausländischen Gästen gleichermaßen beliebte Speise. Man ißt sie gerne als kleinen Imbiß zu Mittag. Unsere Tester notierten, daß die Zubereitung etwas langwierig und arbeitsaufwendig ist – aber das Ergebnis ist der Mühe wert!

Für 4 Personen

Mindestens 15 Min. in warmem Wasser einweichen:
 175 g Reisnudeln
In einem *Wok*[1] oder einer großen Bratpfanne erhitzen:
 2–3 EL Öl (30–45 ml)
Hinzufügen und goldbraun braten:
 2 Zehen Knoblauch, fein zerkleinert
Hinzufügen und weichbraten:
 125 g Schweinefleisch, in dünne, häppchengroße Scheiben geschnitten
Hinzufügen und unter Umwenden 2–3 Min. braten:
 8 große Shrimps, geschält und ausgenommen
 1 EL getrocknete Shrimps (15 g), nach Belieben
Vorsichtig einrühren:
 50 g Tofu, in Würfel geschnitten (nach Belieben)
Wärmezufuhr verringern und hinzufügen:
 3 EL Zitronensaft (45 ml)
 2–3 EL Fischsauce (30–45 ml)
 1 EL Zucker (15 g)
Behutsam umrühren, bis sich der Zucker aufgelöst hat.

[1] chinesischer Spezialtopf

Hinzufügen:

eingeweichte Nudeln, gut abgetropft

Kurz umrühren, dann zu einer Seite der Pfanne schieben. Auf der freien Seite etwas Öl zugeben, falls nötig, und hinzufügen:

2 Eier, verquirlt

Umrühren und braten, bis sie fest sind.

Auf die Nudeln geben:

Rühreier

50 g Bohnensprossen

3 EL geröstete Erdnüsse (45 g)

3 EL Frühlingszwiebeln (45 g), fein zerkleinert

2 EL Koriandergrün (30 g), gehackt

Behutsam die Nudeln umrühren. Auf einer mit Koriandergrün oder Petersilie und Zitronenspalten garnierten Platte servieren.

Variation: Schweinefleisch durch Huhn ersetzen oder das Fleisch ganz weglassen.

Khun Deng und Lily Bérubé, Phanat Nikhom, Thailand

3. Appetithäppchen, kleine Imbisse und Würzmittel

Öfter mal was Neues

Die Menschen in Uganda zitieren gerne ein Sprichwort, das besagt: »Wer nicht viel in der Welt herumkommt, hält seine Mutter für die einzige Köchin.« Es scheint in der menschlichen Natur zu liegen, daß wir einen solchen Hang zur Gleichförmigkeit haben. Wir schätzen das Vertraute, das Erprobte und Bewährte und scheuen vor allem zurück, was uns fremd erscheint. Wir stehen neuen Ideen und ungewöhnlichen Verbindungen oft skeptisch gegenüber, überzeugt, daß das, was wir für gut befunden haben, für andere auch gut sein müßte.

Aber unser Leben lang am selben Tisch sitzen zu bleiben, uns niemals aus dem Bereich der sicheren und vertrauten Düfte des Familienkochtopfs hinauszuwagen, würde uns doch viel vom Reichtum und den köstlichen Überraschungen des Lebens rauben. In unserer Welt mit ihren fast 5 Milliarden Bewohnern gibt es unendlich viele Methoden, Essen zuzubereiten, das Familienleben zu gestalten, Liebe auszudrücken und Konflikte zu lösen. Die Unterschiede, die wir vorfinden, sind gerechtfertigt, denn kulturelle Muster entwickeln und gestalten sich im Rahmen einer ganz bestimmten und jeweils unterschiedlichen Lebenssituation.

In unserer Hast und Eile, Probleme lösen zu wollen, übersehen wir zuweilen diese Unterschiede und ignorieren die unverwechselbaren Charakteristika einer bestimmten Situation oder Örtlichkeit. Zum Beispiel übertrugen viele internationale Ackerbauprogramme einfach die westliche Methode der landwirtschaftlichen Monokulturen in tropische Landstriche. Die Forscher hatten nicht den Weitblick zu erkennen, daß die traditionellen Anbaumethoden in diesen Regionen eine komplexe Vielfalt von eßbarem Blattgemüse, Früchten und Samen, Wurzeln und Ranken anbot, die an die empfindliche tropische Erde und das dortige Klima gut angepaßt waren.

Appetithäppchen, Imbisse und Gewürze geben einer Mahlzeit oder einem geselligen Beisammensein eine ganz eigene und unverkennbare

Prägung. In ähnlicher Weise geben Geschichten vom Leben in anderen Kulturen unserem Leben etwas Neues und Besonderes.

»Es gibt nur wenige Freuden, die die Freude des Entdeckers übertreffen«, schrieb Betty Nickerson. »Niemand, welcher Altersgruppe, welchem sozialen Rang, welcher Nation er auch zugehörig sein mag, hat schon alles gelernt, was es zu lernen gibt. Es wird eine reichere und aufregendere Welt sein, wenn wir unsere Nachbarn in aller Welt als Menschen betrachten können, die wie wir das Leben lieben und Werte in Ehren halten, die ihnen so wichtig und real sind wie uns die unseren.«[1]

Anmerkungen:

[1] Betty Nickerson: »Celebrate the Sun«. Philadelphia/New York: J.B. Lippincott Company, 1969, S XV

»Weißer Mann, ich bezweifle, daß dir unsere afrikanische Pfeffersuppe bekommt«, neckte mich ein anderer Gast, als wir in die gemeinsame Schüssel mit gekochtem Sorghumbrei griffen. Wir waren eine Gruppe von Freunden im Hause von Tijani, einem orthodoxen Moslem und geschätzten Koranlehrer.

Als wir den Brei zu Bällen formten und diese in eine scharfe Sauce mit Fisch und Gemüse tauchten, fuhr er fort: »Es ist nicht nur der Pfeffer, der für dich zu scharf ist – du bist auch nicht daran gewöhnt, wie wir auf dem Boden zu sitzen und mit allen als Bruder aus einer Schüssel zu essen.«

Aber Tijani lächelte, als ich die Schüssel leerte. »Mr. Robert, Sie essen ein Gericht, das Ihnen Kraft für einen Tag Feldarbeit gibt. Morgen können Sie von Sonnenaufgang bis zum Abendbrot Bohnen ernten, ohne müde zu werden. Dieses afrikanische Essen füllt den Magen und bleibt viele Stunden darin. Es ist nicht wie das europäische Essen, daß zu süß ist und keine Kraft in sich hat.«

Dann fragte mich Tijani mit einem Lachen, welches Essen ich bevorzuge. Ich dachte sofort an ein Steak mit gebackenen Bohnen, frischem Salat aus dem Garten und Kartoffeln in saurer Sahne. Aber die Proteine, die man bei einer Mahlzeit in Kanada zu sich nimmt, sind mehr, als ein Mensch in Nigeria, der in der dürren, hoch verschuldeten Sahel-Zone lebt, in einer ganzen Woche zu sich nimmt.

Also lobte ich die ausgewogene und ideenreiche Ernährung der Bauern, Fischer und Geschäftsleute, mit denen ich gerade aß.

Sie brachten Abwechslung in die fade tägliche Grundlage aus gekochten Körnern, indem sie nahrhafte und würzige Saucen aus Produkten bereiteten, die sie sammelten und anbauten: Spinat und Sauerampferblätter, scharfe Ingwerwurzeln, scharfe Paprika, *Okra*, Bohnen, Robinienbohnen und - blätter, Fisch, Ziegen- und Lammfleisch sowie das Fleisch der Tiere aus dem Busch: Eichhörnchen, Eidechsen, Kaninchen und Wildvögel.

Ich dachte an die Wassermelonen, Gurken, Kürbisse und Paprika, die sie in ihre Salate geben, und an den hausgemachten Kaffee mit Anisaroma und den Tamarindentee, den sie an kühlen Morgenden für mich wärmten. Meine Freunde aus Nigeria waren auf ihr Land eingestimmt und kannten die Geheimnisse des Überlebens. Ich stimmte Tijani zu, daß das afrikanische Essen besser als das kanadische für seine Kultur, das vorherrschende Klima und die wirtschaftliche Lage geeignet sei. Seine Gäste und er bejahten freudig, und als wir uns trennten, schüttelten wir uns die Hände.

Robert G. Proudfoot, Jos, Nigeria

Larry Hills lag nach einer Krebsoperation auf der Krankenstation für Weiße in East London, Südafrika. Eines Abends, als er mit geschlossenen Augen im Bett lag, hörte er Stimmen, die auf Xhosa, der Sprache der Menschen, mit denen er in Transkei arbeitete, beteten. »Da es unwahrscheinlich war, daß sich zu so später Stunde Schwarze auf der Station aufhielten, nahm ich an, daß die schmerzstillenden Medikamente bei mir Halluzinationen hervorriefen«, erinnerte sich Hills, »und so ließ ich die Augen zu.« Als die Gebete nicht aufhörten, öffnete er schließlich die Augen und sah zwei schwarze Afrikaner, die am Fußende seines Bettes knieten. Als sie sahen, daß er wach war, stellten sie sich neben ihn. »Sie sprachen leise mit mir, berührten mich und beteten für mich.«

Die beiden Männer waren Mitglieder einer afrikanischen freien Gemeinde, mit der Hills in Transkei arbeitete. Sie hatten vier Stunden gebraucht, um zu dem Krankenhaus zu kommen, wo sie schließlich das Personal überreden konnten, ihren Freund besuchen zu dürfen. Sie waren von einer großen Gemeindeversammlung gekommen, die einberufen worden war, um für Hills Genesung zu beten. Die Gemeindeleiter aber waren nicht damit zufrieden gewesen, nur aus der Entfernung zu beten, und hatten zwei Mitglieder losgeschickt, um mit ihm persönlich zu beten. »Dies ist die kraftvollste Erinnerung, die ich aus dieser schwierigen Zeit in meinem Leben habe«, sagte er.

Aus einem Artikel von Carla Reimer, General Conference Mennonite Church News Service, 16. Febr. 1990

Tostadas
(Mexiko)
(tohß-TAH-dahß)

Einen Tag alte **Tortillas** in ein wenig heißem Öl oder in einer ungefetteten Bratpfanne erhitzen. Auf Papier abtropfen lassen (falls notwendig).

Jede Tortilla bestreichen mit:
ca. 2 EL gebratene Bohnen (30 g), heiß oder kalt

Dazu reichen:
Kopfsalat, zerkleinert
Tomaten, fein zerkleinert
Käse, grob gerieben
saure Sahne
Streifchen von **gekochtem Huhn oder Rindfleisch** (nach Belieben)

Mit **Tabasco-Pfeffersauce** * **oder Mexikanischer Salsa** * beträufeln.

Cathy Godshall, Elkhart, Indiana

Quesadillas
(Mexiko)
(käi-sah-DIH-jahß)
Servieren Sie *Quesadillas* als Imbiß oder Beilage oder mit einem grünen Salat als schnelle Mahlzeit. Sie sind einfach zuzubereiten, wohlschmeckend und nahrhaft.

Mehl- oder Maismehltortillas in einer Bratpfanne bei geringer Wärmezufuhr aufbacken. Verwenden Sie wenig oder überhaupt kein Öl. Falls die Tortillas sehr trocken sind, beträufeln Sie die Bratpfanne und die Tortillas beim Erhitzen mit ein wenig Wasser. Sobald die Tortillas weich und biegsam sind, legen Sie eine dicke Schnitte **milden Cheddarkäse oder Monterey-Jack-Käse** auf je eine Hälfte der Tortillas und falten Sie die andere Hälfte darüber.
Käse schmelzen lassen, bei Bedarf umdrehen. Servieren Sie die Tortillas auf Wunsch mit grüner *Taco*-Sauce oder Mexikanischer Salsa.
Variation: Fügen Sie eine kleine Menge gebratene Bohnen, Bohnenpüree oder Gemüse (z. B. frischen Blattspinat) zu. Im Backofen oder auf einem Backblech erhitzen.

Emily Will, Cuidad Guzmán, Jalisco, Mexiko

Guacamole
(Mexiko)
(gwah-kah-MOH-läi)
Servieren Sie dies zu *Tacos, Quesadillas, Tostadas* oder als Dip für Tortillachips oder rohes Gemüse.

Für 4–5 Personen

In einer Schüssel zerkleinern oder pürieren:
1 Avocado, geschält
Einrühren:
1 kleine Tomate, fein zerkleinert
1–2 EL Zwiebel (15–30 g), fein zerkleinert
1 EL Zitronensaft (15 ml)
1 Zehe Knoblauch, fein zerkleinert oder zerdrückt
Salz (nach Geschmack)
Koriandergrün, gehackt (nach Belieben)
1/2 frische grüne Chilischote *, fein zerkleinert (nach Belieben)

Variation: Ersetzen Sie die grünen Chilis durch einen Spritzer Tabasco-Pfeffersauce oder grob gemahlenen schwarzen Pfeffer. Fügen Sie 2 EL saure Sahne (30 g) hinzu.

Marié Palafox, Guadalajara, Mexiko, und Emily Will, Cuidad Guzmán, Jalisco, Mexiko

Sesam-Sauce
(Naher Osten)

Taratour
(tah-rah-TUHR)
Diese Sauce für jeden Zweck wird als Salatdressing, als Sauce für *Falafel* oder als Dip serviert. Die Sesamsamenpaste, die in diesem Rezept verwendet wird, besteht aus gemahlenen Sesamsamen und ist auch unter der Bezeichnung *Tahini* im Handel.

Für 6–8 Personen

In einer tiefen Schüssel vermischen, dabei beständig mit einem Holzlöffel umrühren:

375 ml Sesamsamenpaste
1/4 l Wasser

Hinzufügen:

1/8 l frischer Zitronensaft
3–4 Zehen Knoblauch, fein zerkleinert (nach Belieben)

Rühren, bis die Mischung die Konsistenz von Mayonnaise hat.
Hinzufügen:

1/2 TL Paprika (2 g)
1/4 TL Pfeffer (1 g), frisch gemahlen

Als Dip servieren: Geben Sie einige große Löffel voll auf einen flachen Teller. Mit dem Löffelrücken verteilen und mit Paprika bestreuen. Mit Petersilie garnieren.
Variation: 1 EL frische Petersilie (15 g), fein gehackt hinzufügen.
Reichen Sie scharfe Pfefferschoten, fein gehackt, je nach Geschmack.
Pürieren Sie die Zutaten in der Küchenmaschine, statt sie mit einem Holzlöffel umzurühren.

Alice W. Lapp, Akron, Pennsylvania

Erbsen-Dip

(Türkei)

Hummus

(huh-muhs)

Zum Dippen für Pitabrot verwenden. *Hummus* kann auch als komplette Mahlzeit serviert werden, indem man es mit frischen gehackten Gemüsen wie Salat, Petersilie, Tomaten und grünen Paprika serviert und mit Brotstücken auflöffelt.

Für 4–6 Personen

Abgießen, Flüssigkeit aufbewahren und im Mixer oder der Küchenmaschine pürieren:

1 1/2 l gekochte oder konservierte Kichererbsen

Abwechselnd hinzufügen, während Sie weiter pürieren:

125 g Sesambutter

1/8–1/4 l Zitronensaft

Hinzufügen und glattrühren:

4–5 Zehen Knoblauch

1 1/2 TL Salz (7 g)

Die Sauce sollte dick und glatt sein. Falls sie zu dick ist, mit ein wenig von der Erbsenflüssigkeit verdünnen. Auf eine kleine Servierplatte geben und garnieren mit:

Petersilie, schwarzen Oliven, ein paar Tropfen Olivenöl, getrockneter, zerdrückter Minze oder rotem Pfeffer nach Geschmack.

Jewel Wenger Showalter, Irwin, Ohio

Hochzeiten in Nigeria sind eine große Angelegenheit mit oft mehr als 1000 Gästen. Um dieser Menge zu essen zu geben, schlachtet die gastgebende Familie eine Kuh oder mehrere Ziegen. Das Fleisch wird zunächst gekocht und dann in kleine Würfel geschnitten, die man in Fett schwimmend brät. Eine Gruppe von Frauen bereitet *Chin Chin* als Beilage zum Fleisch. Sie arbeiten im Freien und benutzen verschiedene Werkzeuge, um den Teig auszurollen, z. B. Blechbüchsen und Sodaflaschen. Andere Frauen bringen Kohleöfen, um das *Chin Chin* auszubacken. Am Hochzeitstag gehen junge Frauen und Mädchen mit großen Tabletts voller Fleisch und *Chin Chin* durch die Menge. Niemand muß mit leerem Magen nach Hause gehen.

Chin Chin

(Nigeria)

(tschin-tschin)

Diese Pastetchen sind eine von vielen fritierten Köstlichkeiten, die afrikanische Frauen herstellen, die keine Backöfen haben. Sie werden am Straßenrand als Reiseproviant verkauft. Zu festlichen Gelegenheiten, wie Hochzeiten und Weihnachtsfeiern, werden sie in ungeheuren Mengen produziert. Einige Arten von *Chin Chin* werden nach dem Abkühlen hart wie deutsche Pfeffernüsse. Dies ist eine Variante, die weich bleibt.

Ergibt 2 1/2 Liter

Vermischen und glattrühren:

250 g Margarine (Zimmertemperatur)
1/4 l warmes Wasser
2 Eier

Hinzufügen:

125 g Zucker
1 kg Mehl
1/2 TL Backpulver (2 g)
1/2 TL gemahlener Muskat (2 g)
1 EL abgeriebene Orangenschale (15 g), nach Belieben

Glattkneten, bei Bedarf weiteres Mehl hinzugeben, bis der Teig nicht mehr klebt. Etwa 0,2 cm dick ausrollen und in ca. 1x2,5 cm große Stückchen schneiden.
In einer massiven Kasserolle 2,5–5 cm Öl auf mittlerer Temperatur erhitzen. Backen Sie die *Chin Chin* unter häufigem Rühren und Umdrehen goldbraun. In einem verschlossenen Behälter aufbewahren.

Kathleen Fast, Gabarone, Botswana
Verna Olfert, Akron, Pennsylvania

Eine Hochzeit in Botswana ist eine Sache der ganzen Familie. In verschiedener Hinsicht werden nicht nur Braut und Bräutigam miteinander verbunden, sondern auch ihre Familien, die nun eins werden.

Die Hochzeitsfeierlichkeiten ziehen sich über ein bis zwei Monate hin, wobei es im allgemeinen zwei große Feste gibt. Das erste, *Patlho* genannt, bedeutet: »Wir suchen *Segametsi,* sie, die uns Wasser bringt.« Dieses Fest findet statt, nachdem zwei Familien übereingekommen sind, daß ihr Sohn und ihre Tochter heiraten sollen.

Patlho beginnt früh am Morgen. Zwischen fünf und sechs Uhr morgens ziehen die Onkel und Tanten des Bräutigams zum Haus der Braut. Die Tanten tragen Körbe mit Geschenken auf den Köpfen und singen: *»Re batla segametsi!«* (Wir brauchen sie, die uns Wasser bringt!) Sie bringen das Bett, Leintücher, Decken und Kleider für die Braut, aber keine Schuhe – sonst, so fürchtet der Aberglaube, könnte sie ihrem Mann davonlaufen.

Die weiblichen Verwandten der Braut nehmen die Geschenke an der Tür in Empfang, wobei sie jedes Geschenk von Kopf zu Kopf reichen. In der Zwischenzeit versammeln sich die männlichen Angehörigen, um den Brautpreis zu bezahlen oder entgegenzunehmen – üblicherweise Kühe oder Geld.

Nach der Übergabe der Geschenke serviert die Familie der Braut das Essen für das Hochzeitsfest. Die Verwandten sitzen im Kreise herum, während eine Tante die Braut hereinbringt, die auf den Knien hereinkommt. Sie trägt einen Krug Wasser und bietet jedem Verwandten zu trinken an. Dann gehen sie und die Tante in die Mitte des Kreises, um das Gesetz der Ehe von ihrer Familie zu hören.

Während dieser Zeremonie ist der Bräutigam nicht anwesend. Er trifft nicht vor Einbruch der Nacht mit der Braut zusammen. Das jungverheiratete Paar verbringt die Nacht gemeinsam, aber der Bräutigam verschwindet noch vor Morgengrauen. In der Zeit bis zur zweiten Hälfte des Hochzeitsfestes kommt und geht er im Geheimen.

Drei Wochen vor der öffentlichen Hochzeitszeremonie geben die Familien die Namen des Paares bekannt, um der Dorfgemeinschaft Gelegenheit zu geben, eventuelle Mißbilligung zu äußern. In der dritten Woche zieht das Paar mit seinen Familien und den Trauzeugen zum *Kgotla* (der traditionellen Behörde) und in die Kirche, um das Ehegesetz zu hören.

Nun ist die Ehe besiegelt. Nach der kirchlichen Zeremonie schlachten die Familien eine Kuh und bereiten *Seswaa*, ein besonderes Fleischgericht, das für festliche Gelegenheiten vorbehalten ist.

Kay Miller, Gaborone, Botswana

Gefüllte Plantenküchlein

(Guatemala)

Plátanos Rellenos (PLAH-tah-nohß räi-JÄI-nohß)

Diese Lieblingsspeise der Guatemalteken wird von Straßenhändlern und auch bei Kirchenbazaren gerne verkauft. Statt der schwarzen Bohnen können auch rote oder Bunte Bohnen verwendet werden.

Für 6–8 Personen

Sehr weich kochen:

3 große, reife Planten, ungeschält
1 Zimtstange

Planten schälen und pürieren.

Pürieren:

375 g schwarze Bohnen, gekocht und abgegossen

Den Planten-Teig zu Küchlein formen und in die Mitte jeweils ein Häufchen Bohnenbrei geben. Zusammenfalten und in heißem Öl fritieren. In etwas Zucker wälzen und heiß servieren.

Leonor de Danila und Fanny Ellen Yoder, Guatemala City, Guatemala

Planten-Chips
(Kolumbien)
Patacones
(pah-tah-KOH-näiß)

Für 2–3 Personen

Schälen:
1 große grüne Plante
In 3–4 Stücke schneiden. In geringer Menge heißem Öl braten. Sobald sie golden sind, aus dem Öl nehmen und flachklopfen. Wieder ins Öl zurückgeben und noch einige Minuten braten. Herausnehmen und auf Küchenpapier abtropfen lassen.
Bestreuen mit:
Salz (nach Geschmack)
Heiß oder kalt servieren.
Variation: Planten in 1 cm dicke Scheiben, Stäbchen oder schräge Schnitten schneiden. Im Öl goldbraun fritieren, abtropfen lassen und mit Salz bestreuen.

Irene Suderman, Bogota, Kolumbien

Snack aus grünen Sojabohnen

(Japan)

Edamame
(eh-dah-mah-meh)

Dieser sehr beliebte Snack – das japanische Gegenstück zu Popcorn – ist farbenfroh, nahrhaft und leicht zuzubereiten. Lassen Sie die Bohnen einfach aus der Schote in den Mund springen. Gefrorene grüne Sojabohnen in der Schote sind in asiatischen Lebensmittelgeschäften zu erhalten. Frische Sojabohnen sind in der Saison auf vielen Märkten erhältlich.

Für 3–4 Personen

Aufkochen:

1 l Wasser

Hinzufügen:

500 g frische oder gefrorene grüne Sojabohnen in der Schote

1/2 TL Salz (2 g)

Wieder aufkochen lassen und 5 Min. kochen, bei nicht mehr ganz jungen Sojabohnen 8–10 Min. Abgießen, mit Salz bestreuen, solange sie heiß sind (nach Belieben) und heiß oder kalt servieren.

Mikrowelle: Geben Sie 2 EL Wasser, Suppenbrühe oder Margarine (30 ml) und Sojabohnen in eine kleine Kasserolle oder Kuchenform. Fest verschließen. Auf höchster Stufe 4–12 Min. garen, dabei einmal umrühren.

Ken Johnson Shenk, Elkhart, Indiana

Zwiebel-Linsen-Plätzchen

(Bangladesch)
Piaju
(pih-AH-juh)
Der Name für diese würzigen Leckerbissen leitet sich von *Peaj,* dem bengalischen Wort für »Zwiebel« her. Sie sind außen knusprig und innen weich. Wenn Sie eine große Anzahl von Gästen erwarten, verdoppeln Sie einfach die Mengenangaben in diesem Rezept. Servieren Sie die *Piaju* als kleinen Imbiß mit nepalesischem Gewürztee oder als Beilage zu einer Currymahlzeit.

Ergibt 30 Stück

1 Std. in kaltem Wasser einweichen:
500 g rote Linsen
Abgießen und pürieren.
Hinzufügen:
2 Zwiebeln, fein zerkleinert
1 TL Salz (5 g)
1/4 TL Pfeffer (1 g)
1–2 grüne Chilischoten *, fein zerkleinert
1 EL Koriandergrün (15 g), fein geschnitten, **oder 1 TL gemahlener Koriander (5 g)**
Alle Zutaten vermischen. Löffelweise in heißes Öl tropfen lassen. Goldbraun backen. Warm servieren.
Variation: Verwenden Sie braune Linsen, falls rote Linsen nicht erhältlich sind.
Oder: Sojabohnen-Piaju bereiten Sie zu, indem Sie die Linsen durch 375 g Sojabohnen ersetzen. 20 Min. kochen. Abgießen und den Saft aufbewahren. Im Mixer die Sojabohnen portionsweise pürieren, zusammen mit 4 Zehen Knoblauch und genügend Saft, um eine dicke Paste zu erhalten. 175 g Vollweizenmehl einrühren. Fügen Sie den oben angeführten Gewürzen noch 2 TL gemahlenen Kurkuma (10 g), 2 TL gemahlenen Kümmel (10 g), 4 TL Ingwerwurzel (20 g), fein zerkleinert oder 1 TL gemahlenen Ingwer (5 g) hinzu. Wie angegeben fortfahren.

Gita Mankin, Kimole Mankin und Judy Nord, Dhaka, Bangladesch, Ilene Bergen, London, Ontario

Wenn eine indonesische Familie ein neues Haus baut, wird das alte zurückgeschoben und zur Küche umgewandelt. Das neue Haus entsteht an dem Ort, wo das alte stand. Es erfordert große Mühe, ein Haus zu bewegen – dies ist ein beeindruckendes Beispiel von gemeinsamer Arbeit, die dem Scheunenaufbau der Amish in Nordamerika ähnelt.
Je nach Größe müssen 40 bis 50 Leute zusammenarbeiten, um ein Haus zu bewegen. Jeder sucht sich einen Platz an einer der Hauswände. Die meisten stehen an den Außenwänden, aber einige halten auch die Innenwände. Wenn jeder seinen Platz gefunden hat, zählt der Anführer laut bis drei. Mit einer nicht ganz fließenden Bewegung wird das Haus auf Hüfthöhe angehoben. Unter lauten Anfeuerungsrufen der Zuschauer bewegen sich die Männer mit dem Haus nach hinten. Langsam, und nicht ohne ein- oder zweimal zu stolpern, bringen sie das Haus in die richtige Position und setzen es auf den Steinsockel, der schon für es vorbereitet ist.
Ein gut organisiertes und enthusiastisches Hausumsetzen ist sehr schön anzusehen. Manches können wir allein tun. Anderes, wie z. B. ein Haus bewegen, geht viel leichter und besser mit der Stärke der Gemeinschaft.

Ted Koopmans, Sulteng, Indonesien

Tempeh-Croûtons
(Indonesien)

Tempe Goreng
(tem-päi goh-reng)
Tempeh, ein asiatisches Produkt aus fermentierten Sojabohnen, ist die gebräuchlichste Proteinquelle in der indonesischen Küche. Man erhält es in asiatischen Läden und Spezialitätengeschäften.

Für 4–6 Personen

In einer Schüssel gründlich vermischen:
1/8 l Wasser
2 TL Salz (10 g)
1/2 TL gemahlener Koriander (2 g)
1 Zehe Knoblauch, fein zerkleinert
In dünne Streifen schneiden:
190 g Tempeh
Die Streifen in das Salzwasser tauchen und kurz abtropfen lassen oder mit einem Küchentuch trockentupfen. Öl in einem *Wok*[1], einer Bratpfanne oder Friteuse auf 180 °C erhitzen. Die Streifen hineingleiten lassen und 3–4 Min. fritieren oder braten, bis sie knusprig und goldbraun sind. Wenn Sie die Streifen schwimmend ausbacken, wird das Endprodukt knuspriger. Kurz auf Papier abtropfen lassen und sofort auftragen. Sie schmekken besonders köstlich, wenn man sie in indonesische Scharfe Erdnußsauce dippt (Rezept in diesem Buch).
Variation: Fügen Sie statt des gemahlenen Korianders 1 1/4 TL Currypulver (6 g) dem Salz und Wasser zu.
Oder: Schneiden Sie den *Tempeh* in kleine Würfel und braten Sie diese wie oben angegeben. Sobald sie knusprig und heiß sind, sind sie ausgezeichnete Croûtons für Suppen, Eintöpfe oder Reis. Abkühlen lassen, wenn Sie sie für Salat verwenden möchten.

Joanne Koopmans, Tentena, Sulawesi, Indonesien

[1] chinesischer Spezialtopf

Käsegebäck

(Bolivien)

Rollos

(ROH-johs)

Dies ist eine köstliche und einfach zuzubereitende Variante der original bolivianischen Käseröllchen, ein kleiner Imbiß, der in Bolivien vor allem an Bushaltestellen an die Reisenden verkauft wird.

Ergibt 24 Stück

Backtemperatur: 180 °C
Backdauer: 30 Min.

Sieben:
1 kg Mehl
4 TL Backpulver (20 g)
1 TL Salz (5 g)
2 EL Zucker (30 g)
Hinzufügen:
125 g Margarine
1/4 l warme Milch
4 Eidotter (das Eiweiß aufbewahren)
Gut vermischen. Teig halbieren. In einer gefetteten 3,5 l-Backform ausbreiten. In einer separaten Schüssel schaumig schlagen:
4 Eiweiß
Hinzufügen:
500 g Monterey Jack oder ähnlicher Käse, gerieben
Vermischen. Die Hälfte der Käsemischung auf den Teig in der Backform streichen. Den restlichen Teig über die Käseschicht breiten und die restliche Käsemischung auf der Oberfläche verstreichen. Bei 180 °C im Backofen etwa 30 Min. lang backen, oder bis die Kruste goldbraun ist. In Würfel geschnitten servieren.

Sherry Holland, Caracas, Venezuela

Vietnamesische Reisröllchen

Cha Giò

(cha yaou)

Dies ist ein sehr beliebter vietnamesischer Imbiß bzw. Appetithappen. Reispapier und Fischsauce mögen sich fremdartig anhören, sind in asiatischen Geschäften aber leicht erhältlich. Am meisten Spaß macht die Zubereitung dieser appetitlichen Röllchen, wenn eine ganze Gruppe daran arbeitet.

Ergibt 30–35 Röllchen

Vermischen:

30–60 g Glasnudeln, in warmem Wasser eingeweicht, bis sie weich sind, dann mit einem Messer in kurze Stückchen schneiden.
250 g Schweinehackfleisch
1 TL Fischsauce (5 ml)
1/4 TL Pfeffer (1 g)
2 Frühlingszwiebeln, fein zerkleinert
1 Karotte, geraspelt (nach Belieben)
1 kleine Dose Krabben oder Shrimps (nach Belieben)
50 g getrocknete Pilze, 20 Min. lang eingeweicht und fein zerkleinert (nach Belieben)

Bereitlegen:

1 Packung große Bogen Reispapier

Die Blätter sollten etwa 30 cm Durchmesser haben. Verwenden Sie 8–9 Bögen. Das Reispapier – ein Blatt nach dem anderen – rasch in eine flache Schüssel tauchen, die Sie mit Wasser und 1 TL weißem oder braunem Zukker füllen. Die runden Reispapierbögen in Viertel schneiden. (Reispapier trocknet rasch aus, Anfänger sollten sich daher immer nur ein Blatt auf einmal vornehmen.) Legen Sie dann die Reispapierviertel so auf den Tisch, daß die Spitze von Ihnen weg weist. Geben Sie einen gehäuften Teelöffel Füllung in die

Mitte. Schlagen Sie die Ecken ein und rollen Sie den Teig auf die Spitze zu ein. Beiseite stellen und so fortfahren, bis die ganze Mischung aufgebraucht ist.

Die Rollen halb schwimmend in heißem Öl bei mittlerer Wärmezufuhr ausbacken, bis das Reispapier einen gelblichen Farbstich bekommt und das Fleisch innen gar ist (6–8 Min.). Verwenden Sie Eßstäbchen, um die Rollen während des Ausbackens wiederholt umzudrehen. Auf Küchenpapier abtropfen lassen.

Servieren Sie die *Cha Giò* mit winzigen Schüsselchen von Erdnuß-Dip und Gewürzter Fischsauce für jeden Gast. Servieren Sie zwei bis vier Röllchen pro Person (nach Belieben auch mehr!) als Vorspeise; die Röllchen sind um vieles kleiner und leichter als chinesische Frühlingsrollen.

Variation: Wickeln Sie die Röllchen vor dem Eindippen, zusammen mit etwas Minze, Petersilie oder Gurke, in Salatblätter.

Wenn große Reispapierbögen nicht erhältlich sind, verwenden Sie kleinere und halbieren sie nur. Wenn Sie überhaupt kein Reispapier erhalten können, so verwenden Sie das Papier für chinesische Frühlingsrollen oder Phylloteig.

Chi Vai, Quang Ngai, Vietnam, und Sue Neufeld, Herschel, Saskatchewan

Erdnuß-Dip für Reisröllchen

(Vietnam)
Tuong dâu an Voi Cha Giò
(do-ang doau ahn vuh-ih tschah jaou)

Ergibt 1/2 l

In einer Kasserolle in **1 EL Öl (15 ml)** leicht anbraten:

1 mittelgroße Zwiebel, feinst zerkleinert
1/2 rote Chilischote* (oder weniger), feinst zerkleinert (nach Belieben)

Hinzufügen:

1 1/2 EL Fisch-Sauce (20 ml)
1-2 Tomaten, in kleine Würfel geschnitten
175 ml Wasser
2 EL brauner Zucker (30 g)
1 1/2 EL Sojasauce (20 ml)
Salz und Pfeffer (nach Geschmack)
1 EL Limettensaft (15 ml) (nach Belieben)

Vermischen und der Mischung hinzufügen:

1 EL Mehl (15 g)
7 EL Erdnüsse (100 g), mit dem Mörser zerstoßen oder in der Küchenmaschine gemahlen

Die Mischung unter ständigem Rühren etwa 5 Min. lang bei geringer Wärmezufuhr ziehen lassen oder bis die gewünschte Konsistenz erreicht ist. Warm oder bei Zimmertemperatur servieren. Reste schmecken köstlich mit Gemüsestäbchen.

Variation: Ersetzen Sie die gemahlenen Erdnüsse durch grobe Erdnußbutter.

Chi Vai, Quang Ngai, Vietnam,
und Sue Neufeld, Herschel, Saskatchewan

Essen wird in der ugandischen Region Buganda sehr respektiert. Beim Gehen oder im Stehen darf man nicht essen oder auch nur Wasser trinken. Man muß sich die Zeit nehmen, sich zum Essen oder Trinken hinzusetzen. Man darf auch keine schlechten Tischmanieren haben, viel Essen auf einmal in den Mund stopfen oder gar beim Essen singen. Essen muß immer mit anderen geteilt werden; sogar Fremde, die vorbeikommen, werden eingeladen und sollten ihre Portion aufessen.

Monica Musomba und Joice Maxwell, Kampala, Uganda

Während meiner Zeit in Jamaica war ich einmal krank. Ich mußte mich übergeben, war deprimiert und sehnte mich nach einem kohlensäurehaltigen Getränk, um meinen Magen zu beruhigen. Zum Glück kam ein Landsmann und Freund vorbei und heiterte mich mit zwei Flaschen Coca-Cola auf.

Einige Stunden später kamen zwei jamaikanische Mitarbeiter vorbei. Als sie sahen, daß ich krank war, eilten sie sofort nach draußen und kauften einige große Kokosnüsse. Diese Nüsse sind nicht teuer, leicht bei einem der Verkäufer am Straßenrand zu bekommen, und sie enthalten eine Flüssigkeit, die auf natürliche Weise den Flüssigkeitshaushalt reguliert. Sie sind gleichermaßen für Erwachsene und Kinder geeignet; die Kokosmilch ist besonders wichtig für Kinder, die bei Durchfall und Erbrechen schnell an Dehydrierung sterben können.

Janet Panning, Landsdale, Pennsylvania

Ostasiatische Eierröllchen

(Indonesien/ Philippinen)

Lumpia

(LUHM-pia)

Hausgemachte Eierröllchen sind sehr arbeitsintensiv, schmecken aber köstlich. Beim erstenmal sollten Sie jemand, der schon Erfahrung damit hat, zur Mitarbeit einladen. Sie können es sich einfacher machen, indem Sie fertige Eierrollenhäutchen, wie sie in asiatischen Lebensmittelläden und Supermärkten verkauft werden, verwenden. *Lumpia* können eingefroren und im Mikrowellenherd aufgewärmt werden. Servieren Sie eine Eierrolle pro Person als Vorspeise, 2–3 Stück als Hauptspeise mit Reis.

Ergibt 18 Eierröllchen

FÜLLUNG:

In einer großen antihaftbeschichteten Kasserolle 10 Min. in **2 EL Öl (30 ml)** anbraten:

- **1/2 mittelgroße Zwiebel,** fein zerkleinert
- **1 Stange Sellerie,** fein zerkleinert
- **2 Zehen Knoblauch,** fein zerkleinert
- **1 Hühnerbouillonwürfel**
- **1/4 TL Pfeffer (1 g)**
- **1 kleine Tomate,** geschnitten (nach Belieben)

Hinzufügen:

- **375 g Huhn ohne Knochen,** feinst zerkleinert, **oder 375 g Schweinehackfleisch**

Kein Wasser hinzufügen! 5 Min. kochen (oder, falls Sie Schweinefleisch verwenden, bis es gar ist). Überschüssiges Fett abschöpfen.

Hinzufügen:

- **1/4 TL Salz (1 g)**
- **6 große frische Pilze,** geschnitten
- **250 g frische oder tiefgekühlte grüne Bohnen,** geschnitten

5 Min. anbraten. Hinzufügen:

- **1/2 kleiner Krautkopf,** geraspelt

Gut umrühren und 1 Min. anbraten. Zum Abkühlen beiseite stellen.

CRÊPES:
Mit dem Schneebesen in einer Schüssel verquirlen:

5 Eier
50 g zerlassene Margarine oder Öl
1/4 TL Salz (1 g)

In einer separaten Schüssel mischen:

250 g Maisstärke
625 ml Wasser
ein wenig Mehl (nach Belieben)

Eiermischung hinzufügen und gründlich mit dem Schneebesen verquirlen. Die Mischung wird dünnflüssig.

Eine antihaftbeschichtete Bratpfanne (20–25 cm Durchmesser) dünn mit Öl bepinseln. Auf mittlerer Wärmezufuhr erhitzen. Für jede dünne Crêpe gießen Sie 50 ml Teig in die Pfanne und schwenken diese. Backen, bis die Teigmischung fest ist. Umdrehen und hellgelb backen. Auf einem Teller stapeln.
Jede Crêpe einzeln füllen. Geben Sie etwa 125 g Füllung als rechteckiges Häufchen in die Mitte jeder Crêpe. Schlagen Sie den unteren Rand über die Füllung. Schlagen Sie die beiden Seiten ein. Befeuchten Sie den oberen Rand mit Wasser oder Eiweiß und schlagen Sie ihn ein, so daß ein Röllchen entsteht, und verschließen Sie ihn. Braten Sie die Eiröllchen in einige Zentimeter tiefem Öl bei 190 °C ca. 4–5 Min. lang, bis sie goldbraun sind. Auf Küchenpapier abtropfen lassen. Warm mit *Lumpia*-Saucen servieren.

Variation: Ersetzen Sie das Kraut durch 3 große geraspelte Karotten. Oder kombinieren Sie Kraut und Karotten.
Fügen Sie dem Huhn oder Schweinefleisch 125 g fein zerkleinerte Shrimps zu.
Rollen Sie die angebratene Füllung in Salatblätter statt in Crêpes. Ohne weiteres Kochen servieren.
Oder: Statt sie im Fett schwimmend auszubacken, geben Sie die gefüllten Crêpes in eine gebutterte Bratpfanne oder eine Elektropfanne. Zudecken und einige Minuten lang auf einer Seite bräunen, dann umdrehen und die andere Seite bräunen. Die äußere Crêpe wird dann weich statt knusprig.

Lien Kidjo und Pauline Beachy, Paramaribo, Surinam
Violeta Ganal-Maust, La Verne, Kalifornien
Lilian Occeña, East Lansing, Michigan

Rote Eierrollen-Sauce

(Indonesien)

Kuah Lumpia
(kwah LUHM-piah)
Diese Sauce für *Lumpias* stammt von der indonesischen Gemeinde in Surinam.

Ergibt 150 ml

Vermischen:

1/8 l Ketchup
1 Zehe Knoblauch, fein zerkleinert
1 EL Sojasauce (15 ml)
1 EL Zucker (15 g)
1 Spritzer Tabasco-Pfeffersauce *

Lien Kidjo und Pauline Beachy, Paramaribo, Surinam

Süße Braune Sauce

(Philippinen)

Lumpia Sauce
(LUHM-piah sauce)

Ergibt ca. 1/4 l

Vermischen:

1/4 l Brühe oder Wasser
2 EL Zucker (30 g)
1/4 TL Salz (1 g)
1 1/2 TL Sojasauce (7–10 ml) oder nach Geschmack

Etwa 2 Min. kochen lassen.
Hinzufügen:

1 EL Maisstärke (15 g) aufgelöst in
2 EL Wasser (30 ml)

Bei geringer Wärmezufuhr kochen, dabei ständig umrühren, bis die Sauce eindickt. Warm oder bei Zimmertemperatur servieren.
Variation: Süßsaure Sauce erhalten Sie, wenn Sie 2 TL Essig hinzufügen (10 ml).

Lilian Occeña, East Lansing, Michigan

Schweinefleisch-gefüllte Klößchen

(China)

Jiaozi

(Jaou-tsuh)

In chinesischen Familien lädt man Verwandte und Freunde zur Zubereitung dieser leckeren Klößchen ein. Sie sind auch ein sehr beliebter Imbiß, der an Kiosken verkauft wird wie Hot Dogs in Europa. Laden Sie Freunde ein, einen Abend lang mit Ihnen *Jiaozi* herzustellen – und zu essen! Die Zubereitung ist zeitaufwendig, aber nicht schwierig. Sie können es sich einfacher machen, indem Sie fertigen Klößchenteig in einem asiatischen Geschäft kaufen. Die Klößchen können als Vorspeise serviert werden, häufiger kommen sie jedoch – für sich oder mit Früchten – als Hauptmahlzeit auf den Tisch. Als Hauptmahlzeit gerechnet, reicht dieses Rezept für 5–6 Personen

Ergibt 75 Klößchen

KLÖSSCHENTEIG:

3 Min. lang mit Eßstäbchen oder einem hölzernen Löffel umrühren:

1/2 l kaltes Wasser

1 1/2 kg Mehl

Der Teig wird anfangs sehr trocken und krümelig; kneten Sie ihn etwa 5 Min. lang, dann wird er geschmeidig. Mit einem feuchten Tuch bedecken und 15–30 Min. ruhen lassen. Zu einer langen Wurst von etwa 2,5 cm Durchmesser ausrollen. In 2,5 cm lange Stückchen schneiden und Bällchen formen. Mit den Händen flachklopfen und dann zu sehr dünnen Scheiben ausrollen (etwa 8 cm im Durchmesser). Falls der Teig klebt, bestreuen Sie das Brett mit Mehl. Legen Sie die Scheiben auf ein leicht bemehltes Brett oder eine Tischplatte; achten Sie darauf, daß sich die Scheiben nicht überlappen (sie kleben leicht zusammen). Wenn mehrere Leute zusammenarbeiten, kann eine(r) bereits damit beginnen, die Hüllen zu füllen und zu kochen, während andere den Teig ausrollen und formen.

FÜLLUNG:

750 g Rinder- oder Schweinehackfleisch oder eine Mischung von beiden

Mischen mit:

1 1/2 EL Zwiebel oder Frühlingszwiebel (20 g), fein zerkleinert

(12–15 Klößchen pro Person). Wenn Sie eine größere Anzahl Gäste einladen, reichen Sie Suppe dazu.

1/2–1 TL Ingwerwurzel (2–5 g), fein zerkleinert **oder 1/8 TL gemahlener Ingwer (0,5 g)**

1–2 Zehen Knoblauch, fein zerkleinert

Hinzufügen:

1–2 EL Sojasauce (15-30 ml)

2 EL Sesamöl (30 ml)

1 Ei (nach Belieben)

1 Prise Pfeffer

Fein schneiden:

1–1 1/4 große Köpfe Chinakohl *(Napa)*

Nach dem Schneiden alles überschüssige Wasser auspressen. Den Chinakohl der Fleischmischung beigeben und verquirlen, bis die Mischung cremig ist. (Die Füllung kann im voraus zubereitet und im Kühlschrank kaltgestellt werden.)

Geben Sie 1 Teelöffel Füllung auf jede Teigscheibe. Befeuchten Sie die Ränder der Scheibe mit den Fingerspitzen mit etwas Wasser. Falten Sie die Scheibe fest über der Füllung und rollen und drücken Sie die Ränder zusammen, so daß ein Halbmond entsteht. Legen Sie die fertigen Klößchen bis zum Kochen auf ein leicht bemehltes oder geöltes Küchenbrett. Die *Jiaozi* dürfen einander nicht berühren, damit sie nicht zusammenkleben.

Füllen Sie nun eine große Kasserolle oder einen Suppentopf zur Hälfte mit Wasser. Aufkochen lassen. Geben Sie die Klößchen hinein – je 10–15 Stück. Aufkochen lassen. Fügen Sie **175 ml kaltes Wasser** hinzu. Aufkochen lassen. Zum dritten Mal **175 ml Wasser** hinzufügen. Aufkochen lassen. Wieder

175 ml Wasser hinzufügen. Aufkochen lassen. Die Klößchen mit einem gelochtem Löffel herausnehmen. Sie sind fest und cremigweiß und schmecken am besten, wenn sie sofort dampfend heiß serviert werden. Oft kocht eine(r) aus der Gruppe noch weitere Klößchen, während die anderen bereits essen. Wenn sie nicht sofort gegessen werden, halten Sie die *Jiaozis* in einer zugedeckten Schüssel warm. Sie sollten sich möglichst wenig berühren. Servieren Sie die Klößchen in Schüsseln, mit kleinen Schälchen *Jiaozi*-Sauce oder Einfachem *Jiaozi*-Dip. In Scheiben geschnittene frische Früchte oder Gemüse ergänzen die Mahlzeit.
Variation: Verwenden Sie statt Rinder- oder Schweinehackfleisch ganz oder teilweise fein gehacktes Huhn oder Truthahnhackfleisch. Statt die Klößchen zu kochen, können Sie sie auch 15–20 Min. in einem zugedeckten Dampfkochtopf dämpfen. Legen Sie den Kochtopf mit Kohlblättern oder einem feuchten Tuch aus, dann läßt er sich nachher leicht reinigen.
Oder: Gebratene *Jiaozi.* Geben Sie 1 1/2 TL Öl (7 ml) in eine Bratpfanne, legen Sie die Klößchen dicht nebeneinander hinein, so daß sich ihre Ränder gerade eben berühren. Goldbraun braten (etwa 3 Min.). Fügen Sie eine Mischung von 1 EL Mehl (15 g) und 1/8 l Wasser bei und übergießen Sie die Klößchen damit. Bei mittlerer Wärmezufuhr kochen, bis alles Wasser verdampft ist.

Li Anchuan, Chongquing, Sezuan, China, und Grace Bergey, Hatfield, Pennsylvania;

Jules Chun, Taiwan, und Marcia Lewandowski, Santa Cruz, Bolivien
Jen Wu, Hualien, Taiwan, und Dianna Eshleman, Hualien, Taiwan
Carol Shenk Bornman, Goshen, Indiana
Lois Keeney, Akron, Pennsylvania
Christine Weaver, Goshen, Indiana

Jiaozi-Sauce
(China)
Jiaozi Jer
(jaou-tsuh jer)

Reichen Sie jedem Gast eine kleine Schüssel Sauce. Um dem Gericht noch mehr Pfiff zu geben, stellen Sie zusätzlich kleine Schüsseln mit Sojasauce, Pfefferschoten, fein gehackter Ingwerwurzel und gehackter Frühlingszwiebel auf den Tisch, die jeder Gast nach eigenem Belieben der Sauce hinzufügen kann.

Ergibt etwa 1/4 l

Vermischen:
1/4 l Sojasauce
1/4–1 EL Tabasco-Pfeffersauce *
(1–5 ml)
3 Zehen Knoblauch, fein zerkleinert
2 TL Zucker (10 g)
4 TL Essig (20 ml)
2 EL Sesamöl (30 ml)
50 g Geröstete Sesamsamenmischung

Christine Weaver, Goshen, Indiana

Einfacher Jiaozi-Dip

(Taiwan)

Jiaozi Jer

(jaou-tshu jer)

Ergibt etwa 1/4 l

Vermischen:

150 ml Sojasauce
3 EL Essig (45 ml)
2 EL Sesamöl (30 ml)

Lois Keeney, Akron, Pennsylvania

Samosas

(Kenia)

(sah-MOH-sahß)

Diese würzigen, mit Fleisch oder Bohnen gefüllten Teigdreiecke stammen ursprünglich aus Indien und sind in ganz Ostafrika verbreitet. Sie sind ein sehr beliebter Imbiß, der mit süßem Tee serviert wird. Jede der angegebenen Füllungen reicht für ein Teigrezept.

Ergibt 28 Pastetchen

TEIG:

500 g Mehl
1/2 TL Salz (2 g)
150 ml Wasser
1 EL Öl (15 ml)

Achten Sie darauf, einen leicht feuchten Teig zu erhalten. Geschmeidig kneten (3–5 Min.). Mit einem feuchten Tuch bedecken und beiseite stellen.

FLEISCHFÜLLUNG:

In **etwas Öl** anbraten:

2 Zwiebeln, fein zerkleinert
500 g mageres Rinderhackfleisch

Hinzufügen:

1/2 TL Salz (2 g)
1/4 TL Pfeffer (1 g)

1/4 TL Knoblauchgranulat (1 g)
1 TL gemahlener Ingwer (5 g)
1/2 TL gemahlener Koriander (2 g)
1 TL gemahlener Kümmel (5 g)
1 TL Currypulver (5 g)
1 mittelgroße Kartoffel, feinst zerkleinert oder geraspelt
1/4 l Wasser
1/2 TL gemahlener Kardamom (2 g), nach Belieben
2 EL Rosinen (30 g), nach Belieben
gemahlener roter Pfeffer oder gehackte Chilischoten * (nach Geschmack)

Etwa 10 Min. bei geringer Wärmezufuhr kochen lassen, bis das Gemüse gar ist und die Aromen sich gut vermischt haben. Gründlich abtropfen lassen.

BOHNENFÜLLUNG

Über Nacht einweichen oder nach der schnellen Methode und weichkochen:

300 g Mungo-Bohnen
1 TL Salz (5 g)

Bohnen gut abtropfen lassen.
In **2 EL Öl (30 ml)** anbraten:

300 g Zwiebeln, fein zerkleinert
1 1/2 TL gemahlener Kümmel (7 g)
3/4 TL gemahlener Koriander (3 g)
oder 1 EL Koriandergrün (15 g), fein gehackt
2 1/2 EL Currypulver * (35 g)
1/2 TL Salz (2 g), nach Belieben

Die Bohnen einrühren. Gut vermischen. Die Mischung abkühlen lassen, bevor Sie die Teigtäschchen füllen.

Sobald die Füllung fertig ist, teilen Sie den Teig in zwei Hälften. Bedeckt halten, bis Sie damit zu arbeiten beginnen. Jede Hälfte in sieben Stücke teilen. Bälle formen und diese zu dünnen Scheiben ausrollen (etwa 12 cm im Durchmesser). Jeden Kreis halbieren. Geben Sie 1 gehäuften Teelöffel Füllung auf jeden Halbkreis. Befeuchten Sie die Teigränder mit Wasser oder Milch, falten Sie den Teig über der Füllung zusammen, so daß ein Dreieck entsteht, und drücken Sie die Ränder fest zusammen, bis die Teigtasche verschlossen ist. Mit dem restlichen Teig ebenso verfahren.

Zum Kochen erhitzen Sie etwa 5 cm hoch Öl in einer massiven Kasserolle auf etwa 180 °C. Braten Sie immer nur einige Täschchen, bis sie goldbraun und knusprig sind (etwa 3–4 Min.), dabei 2–3mal umdrehen. Auf Küchenpapier abtropfen lassen. Im schwach geheizten Backofen nicht zugedeckt (oder lose zugedeckt) bis zum Auftragen warmhalten. Rechnen Sie pro Person 4–5 *Samosas* für eine Hauptmahlzeit oder 1–2 Stück als Appetithäppchen.

Sie können die Täschchen aufbewahren, wenn Sie sie vor dem Kochen in einem fest verschlossenen Behälter einfrieren. Wenn Sie sie dann verwenden wollen, tauen sie die *Samosas* auf und braten sie. Zum Aufwärmen unbedeckt in den Backofen stellen (wenn man sie zudeckt, werden sie schwammig).

Variation: Verwenden Sie Linsen statt Bohnen. Linsen müssen vor dem Kochen nicht eingeweicht werden.

Wenn Sie kleinere *Samosas* wünschen, teilen Sie den Teig in eine größere Anzahl von Stükken und verringern die Füllmenge.
Oder: Verwenden Sie fertige Eierrollenhüllen, die Sie in asiatischen Geschäften oder Supermärkten erhalten. Hüllen halbieren und zu Rechtecken oder Dreiecken falten.

Asha Mohamed, Mogadischu, Somalia, und Gloria Shelly, Akron, Pennsylvania
Mary Lou Cummings, Quakertown, Pennsylvania
Sylvia L. Hess, Bausman, Pennsylvania

Spinattäschchen
(West Bank)

Sabanekh ib Kubez (sah-BAH-nikh ib KHOH-bez)

Unser Tester erklärte, diese spinatgefüllten Teigtäschchen seien köstlich – sie waren im Handumdrehen vom Tisch verschwunden!

Ergibt 20 Täschchen

Backtemperatur: 180 °C
Backdauer: 15 Min.

TEIG:
In **175 ml warmem Wasser** auflösen:
1 TL Trockenhefe (5 g)
1 TL Zucker (5 g)
Vermischen:
750 g Mehl
50 ml Öl
1/2 TL Salz (2 g)
Hefemischung

Auf einem bemehlten Brett kneten, bis der Teig weich und geschmeidig ist, bei Bedarf noch etwas Mehl hinzugeben. 1 Std. gehen lassen.

FÜLLUNG:
Vermischen:
1 kg Spinat, gehackt
1/4 TL Salz (1 g)
175 g Zwiebeln, fein zerkleinert
1/4 TL Pfeffer (1 g)
3/4 TL gemahlener Kümmel (3 g)
2 TL Olivenöl oder zerlassenes Backfett (30 ml)

Gut vermischen.
Teig in 20 kleine Bällchen teilen. Sehr dünn ausrollen. Einen gehäuften Löffel Spinatmischung (etwa 70 g) auf die Mitte des Teiges geben. Drei Ränder einschlagen, so daß ein Dreieck entsteht, und an der Spitze eindrükken. Bei 180 °C in einer gefetteten Form 15 Min. backen (oder bis sie goldbraun sind).
Variation: Diese Täschchen lassen sich gut einfrieren. Verdoppeln Sie die Zutatenmenge und frieren Sie vor dem Backen die Hälfte ein.

Bishara und Selwa Awad und ihre Familien, Bethlehem, West Bank

Empanadas
(Lateinamerika)
(em-pah-NAH-dahß)
Diese köstlichen Pastetchen mit einer Vielzahl möglicher Füllungen sind ein Hit bei jeder Party, bei Kaffeepausen oder als kleiner Imbiß. Mit heißen oder kalten Getränken servieren.

Ergibt 30 Stück

HÜLLEN:
Vermischen:
1 kg Mehl
1 TL Salz (5 g)
1 TL Backpulver (5 g)
Hineinschneiden:
125 g Margarine
Hinzufügen:
280 ml Milch
1 1/2 TL Zucker (7 g)
1 Ei
Teig in walnußgroße Stückchen teilen und in Kreise von 10 cm Durchmesser ausrollen. Die Hälfte des Kreises mit 1 EL voll von einer der folgenden Füllungen füllen. Die andere Hälfte überschlagen und zu einem Halbmond formen; die Säume mit einer Gabel feststechen. Im Fett schwimmend goldbraun backen.

FÜLLUNGEN:

1) Huhn-Gemüse-Füllung
Kochen:
500 g Huhn
1 Zwiebel, in Würfel geschnitten
1 Prise Salz
Huhn ausbeinen.
Kochen, bis sie gar, aber immer noch fest sind:

3 Kartoffeln, geschält und in Würfel geschnitten
150 g Erbsen

Braten:
1 mittelgroße Zwiebel, in Würfel geschnitten
2 1/2 EL Backfett (35 g)
1 TL gemahlener Kümmel (5 g)
1 1/2 TL Pfeffer (7 g)

Huhn, Kartoffeln, Erbsen sowie Salz nach Geschmack hinzufügen. In 1 cm-Würfel schneiden:
2 Eier, hartgekocht

Die Huhn-Gemüse-Mischung auf die Teigscheiben geben, etwas Ei und 1 Olive zu jeder Portion geben und schließen.

Diese Füllung ist in Bolivien sehr gebräuchlich.

2) Füllung aus Rinderhackfleisch

Braten:
250 g Rinderhackfleisch
1 Zwiebel
1 Prise Salz
1 1/2 TL Pfeffer (7 g)
1 TL gemahlener Kümmel (5 g)

Die Mischung sollte saftig sein.

Hinzufügen:
4 Eier, hartgekocht und in Würfel geschnitten

Diese Füllung ist in Paraguay und Argentinien sehr verbreitet.

3) Käsefüllung
750 g Käse, gerieben (Monterey Jack hat

eine gewisse Ähnlichkeit mit bolivianischem Käse)
ein wenig gehackte Zwiebel (nach Belieben)

Raquel Flores, Santa Cruz, Bolivien, und Ingrid Schultz, Elkhart, Indiana
Rosario (Kitty) Guaristi-Bender, Santa Cruz, Bolivia
Doris Friesen, Asunción, Paraguay
Mary Wenger, Versailles, Missouri

Süßes Tomaten-Chutney

(Lesotho)

Chateni ea Tomato (tscha-tä-NIH ja toh-MAH-toh)

In Lesotho wird dieses süße, aber würzige Chutney bei festlichen Gelegenheiten als Beilage zu Maismehl-Porridge und Gemüse- oder Fleischgerichten gereicht. Es paßt zu allen afrikanischen Eintöpfen und asiatischen Currys.

Ergibt etwa 3/4 l

In einer Kasserolle vermischen:
1 Zwiebel, fein zerkleinert
3 große Tomaten, in Würfel geschnitten
125 g Rosinen
1 EL gemahlener Ingwer (15 g)
2 TL Salz (10 g)
50 g brauner Zucker
50 ml Essig
1/8 TL gemahlener roter Pfeffer * (0,5 g)

Aufkochen lassen. Etwa 1 Std. bei geringer Wärmezufuhr ziehen lassen, bis die Zwiebeln anfangen, braun zu werden. In sterilisierte 250ml-Einweckgläser geben, 1 cm Raum bis zum Rand lassen. Mit Gummiring und Deckel verschließen, dann 5 Min. im kochenden Wasser einsieden.

Maphakiso Masilo, Sehong-hong, Lesotho, und Nicki Petrone, Cleveland, Ohio

Tomaten-Chutney
(Madagaskar)

Lasary
(lah-schah-rih)

Unsere Mitarbeiterin erklärte, keine madagassische Mahlzeit sei ohne dieses Chutney komplett, das im voraus zubereitet und eingefroren werden kann. Eine exzellente Würzmischung, die auch zu afrikanischen und asiatischen Currys paßt.

Für 4–5 Personen

Vermischen:
750 g Tomaten, fein zerkleinert
3–4 Frühlingszwiebeln, in Würfel geschnitten
3 EL Zitronensaft (45 ml)
1 Prise Salz
1 scharfe Chilischote *, gehackt, **oder ein Spritzer Tabasco-Pfeffersauce *** (nach Belieben)

Annetta Miller, Nairobi, Kenia

Nahöstliches Chutney
(West Bank)

Salata Bandura
(SAH-lah-tah bon-DUH-rah)

Diese saftige Würzmischung aus Tomaten paßt gut zu *Makhlubbi* und anderen nahöstlichen Spezialitäten.

Für 4 Personen

In der Küchenmaschine verquirlen, bis die Petersilie fein zerkleinert ist

Saft 1 Zitrone
einige Zweige frische Petersilie

Vermischen:

3–4 reife Tomaten, geschält und in Würfel geschnitten
1 mittelgroße Gurke, geschält und in Würfel geschnitten
1–2 TL Zwiebeln (5–10 g), fein zerkleinert
1 EL Olivenöl (15 ml)
Salz (nach Geschmack)

Zitrone und Petersilie hinzufügen. Einige Stunden in einem zugedeckten Gefäß kaltstellen, damit sich die Aromen vermischen können.

Issa Zahran, Hebron, West Bank, und Lorraine J. Kaufman, Moundridge, Kansas

Pfirsich-Chutney

(Botswana)

Dieses süße und würzige Chutney paßt gut zu *Nshima* und Eintopf sowie zu Currygerichten.

Ergibt 1 l

In einer massiven Kasserolle vermischen:

1 Zwiebel, fein zerkleinert
1 kleiner Apfel, geraspelt
1 scharfe Chilischote *, fein zerkleinert
1 kg Pfirsiche, geschält und fein zerkleinert (ca. 6 mittelgroße Pfirsiche)
175 g Zucker
175 g Rosinen
175 ml Essig
1 TL Salz (5 g)
1 TL Currypulver (5 g)

Aufkochen und 2 Std. bei geringer Wärmezufuhr ziehen lassen, dabei häufig umrühren, damit nichts anbrennt (und um den köstlichen Duft zu genießen!). In 250 oder 500 ml-Einweckgläser füllen, 0,5 cm bis zum Rand freilassen. Mit Gummiring und Deckel verschließen, dann im kochenden Wasser 5 Min. einkochen.

Martha Mphuthing und Kay Miller, Gabarone, Botswana

Melonenmarmelade

(Botswana)

Lekatane Jam

(läi-kah-TAH-nih tschäm)

Die farbenfrohe Wassermelonenmarmelade hat einen unverwechselbaren, köstlichen Geschmack. Kinder helfen gerne beim Entfernen der Samenkörner.

Ergibt 1 1/2 l

Bereiten Sie drei 500ml-Gläser und flache Deckel vor. Im kochenden Wasserbad sterilisieren.

In einer massiven Kasserolle vermischen:

1 kg Wassermelone (samt dem Saft), von den Kernen befreit und püriert (etwa 2 kg ganze Wassermelonen mit Rinde)

4 EL Zitronensaft (60 ml)

1/4 TL gemahlener Ingwer (1 g)

1 Packung Fruchtpektin

Stark wallend bei starker Wärmezufuhr kochen, dabei ständig umrühen. Rasch hinzufügen:

1 1/4 kg Zucker

Wieder aufwallen lassen, dabei ständig rühren, und 1 Min. kochen lassen. Die sterilisierten Gläser sofort bis knapp 0,3 cm unter den Rand füllen. Abwischen, rasch die Deckel daraufgeben und verschließen. Gläser 5 Min. lang auf den Kopf stellen, dann umdrehen. Etwa 1 Std. ruhig stehen lassen.

Kay Miller, Gabarone, Botswana

Tomatenmarmelade
(Malawi)

Diese hellrote Marmelade, vermutlich eine Erfindung der Engländer, wird in ganz Südafrika zubereitet. Stellen Sie sie im Herbst her, wenn Tomaten reichlich vorhanden sind.

Ergibt 1 1/2 l

Schälen, in Würfel schneiden und in eine große Kasserolle geben:
750 g vollreife Tomaten
Hinzufügen:
1 1/2 TL Zitronenschale (7 g), gerieben
50 ml Zitronensaft (etwa 2 Zitronen)
Aufkochen und 10 Min. lang bei geringer Wärmezufuhr kochen lassen. Auf Wunsch Kerne abseihen.
Hinzufügen:
1 1/2 kg Zucker
1 Packung Fruchtpektin
Gut vermischen.
Bei starker Wärmezufuhr wallend aufkochen lassen und 1 Min. kochen, dabei ständig umrühren. Vom Herd nehmen.
Einrühren:
1 Prise gemahlener Ingwer
Schaum mit einem Metalllöffel abschöpfen. In sterile 250 oder 500 ml-Gläser füllen. Mit Gummiringen und Deckeln verschließen und im kochenden Wasser 5 Min. einkochen.
Variation: Tomaten in der Küchenmaschine pürieren, statt sie zu schälen.
Mikrowelle: Zerkleinerte Tomaten, Zitronenschale, Saft und Zucker in eine 2 l-Kasserolle geben. Gut vermischen und nicht zugedeckt auf höchster Stufe 5 Min. kochen lassen. Fruchtpektin hinzufügen. Auf höchster Stufe 4–6 Min. garen oder bis die Mischung

kocht und die Tomaten etwas verkocht sind. Gut umrühren, damit der Zucker sich auflöst. Ingwer hinzufügen, umrühren und wie angegeben fortfahren.

Gudrun Mathies, Elmira, Ontario

KOKOSMILCH

In Gebieten, in denen Kokospalmen in großer Anzahl vorkommen, bietet sich Kokosmilch als die geeignete Flüssigkeit zum Kochen von Reis, Bohnen, Eintöpfen und Currys an. Sie ist auch die Hauptzutat vieler Nachspeisen. Obwohl sie köstlich schmeckt, enthält Kokosmilch viel gesättigte Fettsäuren. Wir empfehlen daher, sie nur zur Zubereitung bestimmter festlicher Speisen zu verwenden.

Kokosmilch ist nicht die klare Flüssigkeit, die man im Kern der Kokosnuß findet. Sie wird hergestellt, indem man eine frisch geraspelte Kokosnuß mit kochendem Wasser übergießt und dann die Flüssigkeit abseiht. Der Vorgang – der in Europa damit beginnt, daß man in einem gut sortierten Supermarkt eine Kokosnuß kauft – kann ziemlich einschüchternd auf Menschen wirken, die noch nie im Leben eine dieser hartschaligen Früchte geöffnet haben. Aber mit der Zeit wird es zu einer vergnüglichen Aufgabe, eine Kokosnuß zu öffnen, das Fleisch zu entfernen und die Milch zu extrahieren. Kinder sind dabei gerne behilflich.

Wenn Sie eine Kokosnuß auswählen, achten sie darauf, daß Sie beim Schütteln die Flüssigkeit im Inneren glucksen hören; dies ist ein Zeichen, daß die Nuß frisch ist. Bevor Sie die Schale öffnen, gießen Sie diese Flüssigkeit ab, indem Sie einen Nagel in die kleinen runden Pole an den Enden einschlagen. Kinder haben Spaß daran, diese »Milch« zu trinken.

Es gibt zwei gängige Methoden, wie man die Schale aufbekommt und das Fleisch entfernt. Legen sie die Kokosnuß auf eine harte Oberfläche und versetzen Sie ihr rundherum mehrere leichte Schläge mit einem Hammer. Dann schlagen Sie einmal rasch und kräftig zu. Oder Sie legen die Kokosnuß auf ein Backblech und backen sie bei 150 °C im Backofen 45–60 Min.

lang, bis die Schale zu zerspringen beginnt. Wenn die Schale sich nicht sauber ablösen läßt, schaben Sie das Fleisch mit dem Messer heraus. Das braune Häutchen auf dem Fleisch kann nach Belieben mit einem Gemüseschäler entfernt werden.

HEILPFLANZEN

Jede Gesellschaft hat ihre eigenen jahrhundertealten Hausmittel zur Behandlung von Krankheiten. Viele Menschen machen von einheimischen Pflanzen und Kräutern Gebrauch. Innerhalb der diätischen und medizinischen Wissenschaft erkennt man in zunehmendem Maße, daß einige Pflanzen tatsächlich chemische Bestandteile enthalten, die eben jene physiologischen Wirkungen hervorrufen, die man ihnen von alters her zuschreibt. Tatsächlich enthalten auch viele synthetische Arzneimittel Pflanzenextrakte.

In der ganzen Welt sprechen sich Gesundheitsfürsorger in zunehmendem Maß für die Anwendung traditioneller Kräutermedizin für bestimmte Krankheitszustände aus. Oft sind diese Kräuterbehandlungen weniger kostspielig und auch weniger gesundheitsschädlich als synthetische Medikamente.

Der Einsatz traditioneller Behandlungsmethoden trägt zur Stärkung des Gemeinschaftssinnes bei. »Wenn eine von uns eine Heilpflanze besitzt«, sagt eine Frau, die ein Gesundheits-Workshop in einem Städtchen im Nordosten Brasiliens leitet, »dann teilen wir diese mit unseren Nachbarn.« Das Interesse an Pflanzen sei bereits Teil des Heilungsprozesses – dieser Meinung ist Jacob Schiere, der an einem Gesundheitsprogramm in Guatemala mitarbeitete. »Menschen, die sich mit Pflanzen auskennen, wissen auch über ihren Körper Bescheid.«

Im folgenden einige Beispiele von Pflanzen, die medizinisch eingesetzt werden.

CAYENNE: Die Frucht dieses afrikanischen roten Paprika ist ein reines und außergewöhnlich starkes Stimulans. Anders als der schwarze Pfeffer, der irritierend wirkt, kann roter Pfeffer zur Heilung von Magen- und anderen inneren Geschwüren beitragen. Erfahrene Kräuterkenner empfehlen ihn gegen Kreislaufbeschwerden, Arthritis und Asthma.

KNOBLAUCH: Diese Heilpflanze mit ihrer jahrhundertelangen Tradition wurde schon für und gegen alles verwendet, einschließlich der Regulierung des Blutdrucks. Diane Robertson, eine Pharmakologin und Kapazität für Naturmedizin in Jamaika, nennt ihn, roh genossen, ein »natürliches Antibiotikum«. Während des Ersten Weltkrieges retteten die Briten Tausenden das Leben, indem sie Wunden mit verdünntem Knoblauchsaft behandelten. Viele Menschen, die im internationalen Dienst stehen, haben die Erfahrung gemacht, daß eine Zehe Knoblauch täglich, roh genossen, ihre Anfälligkeit für Darmparasiten, insbesondere für Amöben, deutlich verringert.

INGWER: Ingwerwurzel ist ein Stimulans, das vor allem brustreinigend wirkt und dazu beiträgt, Schleim in der Kehle und den Bronchien zu lösen. Er befreit auch Magen und Gedärme von Gasen. Ingwertee bereitet man zu, indem man einen Löffel Ingwerpulver (5 g) in einer Tasse kochendem Wasser verrührt und mit Honig oder Zucker süßt. (Weitere Rezepte für Ingwertee finden Sie in diesem Buch.)

ALOE VERA: Der gelatineartige Saft, den man in den üppigen Blättern dieser Pflanze findet, ist ein gutes Hausmittel zur Behandlung von kleinen Brandwunden, Sonnenbrand, geringfügigen Schnittverletzungen und Hautreizungen. Er verhindert, daß Verbrennungen Blasen ziehen, sich infizieren und Narben bilden. Einige Homöopathen/Heilpraktiker bereiten aus dem Gelee einen Saft, den sie als Augenbadmittel und zum Herausziehen von Infektionen verwenden.

Medikamente aus Kräutern sollten in sorgfältig bemessener Dosierung und mit derselben Vorsicht wie synthetische Arzneimittel eingenommen werden!

Leland Miller, Lititz, Pennsylvania; Mary Miller, Ankeny, Iowa, und Nancy Loewen, Providence, Rhode Island, arbeiteten mit Heilkräutern im Rahmen eines internationalen Diensteinsatzes in Bolivien, Brasilien und Jamaika

Kokosmilch

Kokosmilch ist eine weit verbreitete Zutat in der internationalen Küche. Wir stellen Ihnen hier – auf der Grundlage von Rezepten aus Indonesien und Brasilien – verschiedene Methoden vor, wie Sie Kokosmilch selbst zubereiten können. Sie können Kokosmilch auch in Dosen kaufen – nicht zu verwechseln mit Kokosnußcreme, einer beträchtlich teureren, süßen Flüssigkeit, die vor allem für Nachspeisen Verwendung findet.

Ergibt 3/4 l

In der Küchenmaschine vermischen:

Fleisch einer Kokosnuß, in grobe Stücke geschnitten
3/4 l kochendes Wasser

2–3 Min. verquirlen. 20 Min. stehen lassen. Abgießen und alle Milch aus dem Kokosbrei ausdrücken. Sofort verwenden oder bis zu 4 Tagen im Kühlschrank aufbewahren. Wenn Sie die Milch länger aufbewahren möchten, frieren Sie sie ein. Kokosbrei zum Backen verwenden.
Variation: Kokosnußraspeln verwenden und kochendes Wasser darübergießen. 20 Min. stehen lassen, dann abseihen.

Rose Walter Graber, Recife, Brasilien
Lois Deckert, North Newton, Kansas
Anne Warkentin Dyck, Swift Current, Saskatchewan

Süße Sojasauce

(Indonesien)

Kecap Manis
(ke-TSCHOP mah-NIHß)

Süße Sojasauce ist die wichtigste Sauce im Repertoire indonesischer Köche und findet in einer großen Anzahl von Speisen Verwendung. Es gibt sie in einigen asiatischen Geschäften und Spezialitätenläden zu kaufen, man kann sie aber auch leicht selbst zubereiten.

Ergibt 675 ml

Vermischen und beiseitestellen:

675 ml dunkle chinesische Sojasauce
3 Zehen Knoblauch, zerdrückt
1/2 TL Anisschoten (2 g)
1 Lorbeerblatt
1/2 TL Galangal Ingwer (2 g)
1/8 l Wasser

Karamelisieren:

625 g Zucker

Um den Zucker zu karamelisieren, erhitzen Sie ihn in einer dickwandigen Kasserolle bei geringer Wärmezufuhr. Ständig rühren, bis er zu goldbraunem Sirup geschmolzen ist. Dann die Sojasaucenmischung sehr langsam hinzufügen, dabei ständig umrühren. Nachdem alles vermischt ist, aufkochen lassen und rühren, bis sich der Zucker völlig aufgelöst hat. 10 Min. bei geringer Wärmezufuhr kochen.

Lassen Sie diesen etwas eingedickten Sirup abkühlen und gießen Sie ihn dann in Flaschen. Süße Sojasauce hält sich im Kühlschrank mehrere Monate lang.

Scharfe Erdnußsauce

(Indonesien)
Sambal Kacang
(sahm-bahl kah-tschahng)

Ergibt etwa 150 ml

Zu Paste verrühren:
3 EL grobe Erdnußbutter (45 g)
3 EL Milch oder Wasser (45 ml)
Hinzufügen:
50 ml süße Sojasauce (Rezept in diesem Buch)
1 TL gemahlener roter Pfeffer * (5 g) oder nach Geschmack
1 TL Zitronensaft (5 ml)
1 Lorbeerblatt
Vermischen und einige Stunden stehenlassen, damit sich die Aromen vermischen können. Lorbeerblatt vor dem Servieren entfernen.
Mit indonesischem *Shish Kebab* oder Tempeh-Flocken servieren.
Variation: Statt Süßer Sojasauce nehmen Sie gewöhnliche Sojasauce, vermischt mit 2–3 EL braunem Zucker (30–45 g) und einer Prise Knoblauch.

Mary Wenger, Versailles, Missouri
Anne Warkentin Dyck, Swift Current, Saskatchewan

Gewürzte Fischsauce

(Vietnam)

Nuoc Mam

(nuhk mom)

Asiatische Lebensmittelläden bieten Fischsauce in Flaschen an, ein weit verbreitetes Würzmittel in der südostasiatischen Küche. Asiatische Köche verdünnen die Sauce und fügen Gewürzmischungen hinzu, wie im folgenden Rezept angegeben; die Mischung wird über die Speisen geträufelt wie Sojasauce über chinesische Gerichte. Fischsauce hat einen ungewöhnlichen Geschmack, den man bald zu schätzen lernt; versuchen Sie es für den Anfang mit niedrigen Dosierungen.

Ergibt etwa 1/4 l

Verrühren:

3–4 EL Zucker (45–60 g)
1 EL Limetten- oder Zitronensaft (15 ml)
1–2 Zehen Knoblauch, fein zerkleinert
175 ml heißes Wasser

Sobald der Zucker sich aufgelöst hat, hinzufügen:

1/4 TL grober roter Pfeffer* (1 g) oder nach Geschmack
2–3 EL Fischsauce (30–45 ml)

In Flaschen abfüllen und im Kühlschrank aufbewahren. Die Sauce hält sich 2–3 Monate. Wenn Sie unmittelbar vor dem Servieren ein wenig frische Karotte in die Sauce schaben, erhält sie eine hübsche Farbe.

Tran Thi Trinh, Quang Ngai, Vietnam, und Pat Hostetter Martin, Ephrata, Pennsylvania

Scharfe Sauce

(Laos)

Jayo
(TSCHAI-oh)
Diese würzige Soße ist gut geeignet für Klebrigen Reis.

Für 4–6 Personen

In Aluminiumfolie wickeln und schmoren (oder im heißen Backofen erhitzen):

1 große Tomate

Sobald die Tomate weich ist, in eine Rührschüssel geben und vorsichtig mit dem Stößel oder Kartoffelstampfer zerdrücken.
Dazugeben:

1–2 Zehen Knoblauch, fein zerkleinert
1 Prise Pfeffer
1 TL Zucker (5 g)
1/4 TL Salz (1 g)
2–3 TL Fischsauce (10–15 ml)
1–2 TL Koriandergrün (5–10 g), gehackt,
1–2 scharfe Pfefferschoten*, gehackt,
oder Tabasco-Pfeffersauce* (nach Geschmack)

Variation: Ersetzen Sie die gekochte Tomate durch 175 ml dicken Tomatensaft.
Mikrowelle: Vierteln Sie die Tomate, decken Sie sie leicht zu und garen Sie sie auf höchster Stufe 2–3 Min. lang.

Somphane Thadavong, Vientiane, Laos, und Linda Peachey, Lancaster, Pennsylvania

Mexikanische Salsa

Salsa Picante
(SAHL-sah pih-KAHN-täi)

Verwenden Sie *Salsa Picante* als Dip für Tortilla-Chips oder zum Würzen mexikanischer Gerichte. Wie scharf die Sauce wird, hängt davon ab, wie viele und wie scharfe Chilischoten Sie verwenden. Variieren Sie die Mengen und Gewürze nach Ihrem eigenen Geschmack. Koriandergrün ist eine in Mexiko sehr beliebte Würze.

Ergibt 1/2–3/4 l

Vermischen:
3 Tomaten, in Würfel geschnitten
1 Zwiebel, fein zerkleinert
2 Zehen Knoblauch, fein zerkleinert
4 Chilischoten * (Jalapeño), fein zerkleinert
Salz und Pfeffer (nach Geschmack)
2–4 EL Koriandergrün (30–60 g), gehackt nach Belieben
2 EL Öl (30 ml), am besten Olivenöl, nach Belieben
Im Kühlschrank aufbewahren.

Celine Vatterott Woznica, Oaxaca, Mexiko
Melanie Baer, Lancaster, Pennsylvania

Milde Tomatensauce

(Guatemala)

Chirmol

(tschihr-MOHL)

Kleine Tonschälchen mit *Chirmol* sind ein vertrauter Anblick auf den Tischen guatemaltekischer Familien und Restaurants. Diese Sauce gehört zu Fleisch- und Eiergerichten. Die Zutaten können dem eigenen Geschmack angepaßt werden.

Ergibt 1/2–3/4 l

3–5 Min. in **1 EL Öl (15 ml)** anbraten:

- **750 g Tomaten,** in Würfel geschnitten
- **175 g Zwiebeln,** fein zerkleinert
- **125 g grüne Paprika,** fein zerkleinert
- **2 Zehen Knoblauch,** fein zerkleinert

Hinzufügen und kurz anbraten:

- **1/2–1 TL getrockneter Oregano (2–5 g)**
- **1–2 EL frische Minzenblätter (15–30 g),** gehackt
- **2 EL Koriandergrün oder frische Petersilie (30 g),** gehackt

Vom Herd nehmen und hinzufügen:

- **2 EL Zitronensaft (30 ml)**
- **Salz** (nach Geschmack)

Mit Brühe oder Wasser verdünnen, falls gewünscht. In einem Glasgefäß im Kühlschrank aufbewahren. Bei Zimmertemperatur servieren.

Fanny Ellen Yoder, Guatemala City, Guatemala

Superscharfe Sauce

Wenn Sie Feuer auf dem Teller schätzen, versuchen Sie es einmal mit dieser Sauce zu Bohnen-, Gemüse- oder Fleischgerichten. Wie scharf die Sauce ist, hängt von der Auswahl der Chilischoten ab.

Ergibt 3/4–1 l

In der Küchenmaschine verquirlen:

36 kleine rote Chilischoten * (etwa 500 g), fein zerkleinert
1/8 l Öl
1/8 l Essig

Hinzufügen und gut verquirlen:

2 TL Knoblauchgranulat (10 g)
1/2 TL gemahlener Koriander (2 g)
1/2 TL Oregano (2 g)
1 TL Salz (5 g)
1 mittelgroße Zwiebel, fein zerkleinert
ca. 1/2 l Tomatensauce, -püree oder zerkleinerte Tomaten

Geben Sie die Mischung in eine Kasserolle, lassen Sie sie aufkochen und bei geringer Wärmezufuhr kochen, bis die Zwiebel gekocht ist und die Aromen sich gründlich vermischt haben. Falls die Mischung an der Kasserolle klebt, ein wenig Wasser hinzufügen. In ein Glasgefäß gießen und im Kühlschrank oder in der Tiefkühltruhe aufbewahren.

Gehen Sie mit Chilischoten vorsichtig um – tragen Sie am besten Plastikhandschuhe, wenn Sie die Schoten waschen und kleinschneiden. Vermeiden Sie Kontakt mit den Augen, wenn Sie mit Chilischoten arbeiten!

Um eine chutney-ähnliche scharfe Würzmischung zu erhalten, zerkleinern Sie alle Zutaten, statt sie zu verquirlen.

Allan und Anne Wideman, Papua Neu Guniea

Als wir 1951 Deutschland verließen, um nach Kanada zu gehen, kam Onkel C. F. Klassen in Bremerhaven an Bord, um uns zu verabschieden. Er sagte zu meinem Bruder und mir: »Jungs, wenn ihr in Kanada seid, vergeßt zwei Dinge nicht: Erstens, verliert euren Familiensinn nicht. Zweitens: Am Anfang werdet ihr denken, daß die Kanadier alles falsch machen. Aber haltet 5 Jahre lang euren Mund!«

Siegfried Bartel, Agassiz, Britisch Kolumbien

Frankfurter Grüne Kräutersauce

(Deutschland)
Paßt zu Pellkartoffeln, Fleisch, Fisch, hartgekochten oder pochierten Eiern.

Ergibt etwa 1/2 l

In einer mittelgroßen Schüssel vermischen:
3 Eier, hartgekocht und zerkleinert, davon 2 EL für die Garnitur beiseitestellen
1/8 l Öl
3–4 EL Zitronensaft (45–75 ml)
1 Prise Zucker
1/2 TL Senf (2 g)
Einrühren:
75 g saure Sahne oder Schlagsahne
1 kleine Zwiebel, fein zerkleinert
In die Küchenmaschine gießen.
Fügen Sie ca. 1 EL (15 g) einer beliebigen Auswahl der folgenden frischen Kräuter zu (gehackt):
Basilikum, Borretsch, Schnittlauch, Kresse, Petersilie, Kerbel, Sauerampfer, Anis, Dill, Taragon, Oregano, Fenchelstengel oder -samen
Cremig rühren. Je mehr Kräuter Sie verwenden, desto besser wird die Sauce.
Hinzufügen:
Salz und Pfeffer (nach Geschmack)
Vor dem Servieren 1 Std. stehen lassen.
Garnieren mit:
hartgekochte Eier
frische Kräuter, fein gehackt
Variation: Ersetzen Sie einen Teil der frischen Kräuter durch getrocknete Kräuter.

Christoph Leser, Berlin, Deutschland, und Carla Kaye Jones, Hampton, Virginia

Fleischsauce
(Argentinien)

Chimichurri (tschih-mih-TSCHUH-rih)

Diese milde Essigsauce mit Kräutern hält sich gut im Kühlschrank und eignet sich zum Beträufeln lateinamerikanischer Fleisch- oder Gemüsegerichte.

Ergibt 1/2 l

In einer Glasflasche vermischen:

150 ml Essig
325 ml Wasser
1 TL grober roter Pfeffer * (5 g)
1 TL frischer Oregano (5 g) oder 1/2 TL getrockneter Oregano (2 g)
1–2 Zehen Knoblauch, fein zerkleinert
2 EL frische Petersilie (30 g), fein gehackt
1 TL Salz (5 g)

Vor dem Gebrauch 24 Std. kaltstellen.

Inez de Silva, Catamarca, Argentinien, und Sara Larson Wiegner, Akron, Pennsylvania

Scharfe Pfefferwürze

(Äthiopien)

Berbere

(behr-behr-ih)

Diese Version ist ziemlich scharfwürzig, aber immer noch um einiges milder als das *Berbere*, das in Äthiopien verwendet wird. Die Gewürze für diese Mischung zuzubereiten, ist etwas zeitaufwendig, aber Liebhaber würziger Gerichte werden feststellen, daß es die Mühe wert war.

Ergibt 1/4 l

Rösttemperatur: 150 °C
Röstdauer: 20 Min.

Backofen auf 150 °C vorheizen.
Vermischen:

50 g gemahlener roter Pfeffer*
75 g Paprika
1 TL Kräutersalz (5 g)
1 TL Geflügelgewürz (5 g)
1/2 TL gemahlener Ingwer (2 g)
1/2 TL Knoblauchgranulat (2 g)
1/2 TL gemahlener Kardamom (2 g)
1/2 TL Fenugreek (2 g), zerdrückt
1/4 TL gemahlener Muskat (1 g)
1/8 TL gemahlener Zimt (0,5 g)
1/8 TL gemahlene Nelken (0,5 g)
1/8 TL Gewürzmischung (0,5 g)

Gut vermischen. In eine kleine Kuchenform geben und 20 Min. lang im Ofen rösten. Alle 5 Min. umrühren. Sorgfältig beobachten und während der letzten 10 Min. öfter umrühren. *Berbere* wird leicht zu dunkel und nimmt dann einen angebrannten Geschmack an. Abkühlen lassen und in einem luftdicht verschlossenen Gefäß im Kühlschrank oder in der Tiefkühltruhe aufbewahren.

Variation: Rösten Sie die Gewürze in einer dickwandigen Pfanne auf der Herdplatte. Häufig umrühren!

Mary Jane Wehibe, Elizabethtown, Pennsylvania

Einfaches Berbere

(Äthiopien)

Diese schnell zubereitete Ersatzmischung kann verwendet werden, wenn Sie gerade kein richtiges *Berbere* mehr zur Hand haben.

Ergibt etwa 50 ml

Vermischen:

1 TL gemahlener Ingwer (5 g)
3 EL gemahlener roter Pfeffer * (45 g)
1/4 TL gemahlene Nelken (1 g)
1/2 TL gemahlener Zimt (2 g)

Variation: Die Mischung wird weniger scharfwürzig, wenn Sie einen Teil des roten Pfeffers durch Paprika ersetzen.

Aus dem »Africa News Cookbook: African Cooking for Western Kitchens«, Copyright: Africa New Service, Inc., 1985, alle Rechte vorbehalten, mit freundlicher Genehmigung des Verlages

In Somalia gibt es mehr Kamele als Menschen. Kein anderes Tier hat sich so gut an dieses Land angepaßt wie das Kamel. Es kann lange Zeit ohne Wasser auskommen und erträgt hohe Temperaturen. Seine Gewohnheiten schützen die Umwelt: Es tritt sanft auf und »nascht« eher, anstatt zu grasen.

Kamelmilch hat Millionen Menschen in Zeiten der Dürre das Leben gerettet: Ihre Produktion steigt, wenn der Wasservorrat sinkt. Außerdem verdirbt die Milch nicht so schnell wie andere Milchsorten. Nach der Säuerung kann man sie ungekühlt mehrere Wochen lang aufbewahren. Ein somalisches Sprichwort sagt: »Ein Schluck Kamelmilch läßt dich einen halben Tag lang gehen.«

Julia A. Sensening, Dewer, Pennsylvania

Garam Masala

(Indien)

(gah-RAHM mah-SAH-lah)

Es gibt viele Versionen dieses Gewürzpulvers, das in der indischen Küche äußerst reichlich verwendet wird. *Garam Masala* ist in vielen Kräuterhandlungen und in asiatischen Geschäften erhältlich, man kann es aber auch leicht selbst zubereiten; der Duft ist hinreißend.

Ergibt 75 ml

Rösttemperatur: 230 °C
Röstdauer: 12 Min.

Backofen auf 230 °C vorheizen.
Abmessen:
1 1/2 TL Kardamomschoten (7 g), etwa 20 Schoten
Samen aus den Schoten lösen.
In eine kleine Kuchenform geben:
Kardamomsamen
5 TL Koriandersamen (25 g)
1 TL Kümmelsamen (5 g)
1 1/2 TL ganze Nelken (7 g)
2 EL schwarze Pfefferkörner (30 g)

12 Min. backen, dabei ein- bis zweimal umrühren. Abkühlen lassen. Mit Mörser und Stößel zu einem feinen Pulver vermahlen, in der Kaffeemühle mahlen oder in der Küchenmaschine zerreiben.
Variation: Statt die Mischung im Backofen zu backen, rösten Sie diese in einer dickwandigen Pfanne auf der Herdplatte, dabei gelegentlich umrühren.

Joanne Dirks, Akron, Pennsylvania

Geröstete Sesamsamen

(Korea)

Ga Soh Kum
(geh soh kuhm)
Diese gerösteten Samen werden als Garnitur für zahlreiche koreanische Gerichte verwendet.

Ergibt 175 g

In eine massive Bratpfanne geben:

250 g Sesamsamen

Etwa 10 Min. lang langsam bei mittlerer Wärmezufuhr bräunen, dabei ständig umrühren. Sobald die Samen goldbraun sind, vom Herd nehmen.

Hinzufügen:

1 TL Salz (5 g)

Die Samen mit Mörser und Stößel zerdrükken, in der Küchenmaschine zerreiben oder in einen festen Leinensack geben und mit dem Nudelholz zerquetschen.

Yon Sook Suh und Faith Kim, Seoul, Korea, und Pat Yoder, Goshen, Indiana
Catherine Baer, Goshen, Indiana

4. Nachspeisen – Zeit für Süßigkeiten

Das Leben in bäuerlichen Gesellschaften folgt dem Rhythmus der Natur. Jedes Jahr gibt es einen Kreislauf von Roden, Pflanzen, Bestellen, Ernten und Vorräte einbringen. Die wechselnden Jahreszeiten geben dem Leben Struktur und beeinflussen das Ergebnis menschlicher Mühe und Plage in einer innigen und doch unvorhersehbaren Weise.

Wenn die Produktion von Nahrungsmitteln von vorrangiger Bedeutung ist, so bildet sie auch die Basis der Feste und Feiern. Ländliche Gesellschaften feiern die Hoffnung auf reiche Ernte zur Saatzeit und die Erfüllung dieser Hoffnung zur Erntezeit. Ein Festtag gibt der Arbeit die ihr gebührende Ehre und sorgt gleichzeitig für eine wohlverdiente Ruhepause von dieser Arbeit.

Ein festlicher Tag bedeutet jedoch zugleich immer ein Opfer. In solchen Gemeinschaften ist »ein Ruhetag nicht einfach ein neutrales Intervall in der Kette der Arbeitstage«[1], in ihnen gibt es keinen Müßiggang im Sinne der modernen Industrielandschaft. Wenn die Menschen einen Festtag feiern, dann verzichten sie auf den lebenswichtigen Ertrag eines ganzen Arbeitstages.

Dennoch kommt nichts der Festlichkeit ihrer Feiertage gleich. »Unsere Erfahrung in Lesotho lehrte uns, daß schwere Arbeit und bittere Armut die Menschen nicht davon abhält zu feiern«, bemerkten Brenda und Rich Hostetler Meyer. »Das Leben ist hart in Lesotho, aber niemals so hart, daß es nicht noch einen Anlaß gebe zu tanzen. Die Frauen singen die Geschichte ihres Lebens, ihren Lobpreis für wohlgetane Arbeit, ihre Anbetung Gottes. Und immer wird getanzt. Ohne zu tanzen ist es schwer, ja vielleicht unmöglich, mit dem Rhythmus des Lebens Schritt zu halten.«[2]

In diesem Zusammenhang sind Nachspeisen und Süßigkeiten, wie Fleisch, etwas Ähnliches wie der festliche Tanz, der dem Feiertag erst seinen Glanz gibt. In Gesellschaften, in denen Nahrungsmittel beschränkt sind, kommt es kaum jemals vor, daß man jeden Tag oder auch nur jede Woche Süßspeisen ißt. Sie sind die Meilensteine der wirklich festlichen Tage im Leben der Familien und der Gemeinschaft.

Technologien und Maschinen haben den Rhythmus der Natur in der modernen Gesellschaft verstummen lassen. Unsere Eßgewohnheiten haben mehr Ähnlichkeit mit der unveränderlichen Fließbandproduktion in der Fabrik als mit dem Ebben und Fluten der natürlichen Jahreszeiten, dem Wechsel von Arbeit und Festtag. Wir haben überreichliche Vorräte zur Verfügung und essen, als wäre jeder Tag ein Festtag, wir haben das ganze Jahr hindurch frische Früchte und Gemüse und jeden Tag Süßspeisen. Aber unserem Essen fehlt die Freude eines lang erwarteten, wohlverdienten Feiertages. Wenn wir Desserts zu oft servieren und essen, dann müssen wir auf die Freude eines seltenen Augenblicks des Vergnügens verzichten.

Viele der folgenden Rezepte wurden uns zugesandt mit Kommentaren wie: »Das wird hier natürlich nicht jeden Tag gegessen, sondern nur zu besonderen Gelegenheiten. Wir essen hier nicht jeden Tag Nachspeisen.« Halten wir uns daran. Feiern wir, wenn die Natur und die Ereignisse in unserem Leben uns einen Anlaß dazu geben. Dann wird Süßigkeit wieder etwas sein, das uns überrascht und erfreut.

Anmerkungen:

[1] Josef Pieper: »In Tune with the World: A Theory of Festivity«. N.Y.: Harcourt, Brace & World, 1965, S. 14

[2] Brenda und Rich Hostetler Meyer: »The Loads of Lesotho Travel on the Heads of the Women«. Dia-Show, hergestellt vom Zentralkomitee der Mennoniten, Akron, Pennsylvania, 1986

Während der Jahre, die wir in Guatemala lebten, begannen wir einmal den Heiligen Abend mit dem Besuch eines evangelischen Gottesdienstes, den wir gemeinsam mit den Brüdern und Schwestern von den K'ekchi'-Indianern feierten. Nach dem zweieinhalbstündigen Gottesdienst aßen wir die traditionellen dampfend heißen Maismehl-*Tamales*. Wir lachten und scherzten zusammen, aber sprachen auch über unsere Sorgen.

Als wir die Kirche um Mitternacht verließen, schien die ganze Stadt in Feuerwerksflammen zu stehen. Überall knisterte, krachte und zischte es. Zehn Minuten lang gab es kaum ein Weiterkommen auf den Straßen.

Bevor wir noch unser Haus erreichten, begegneten wir einem katholischen Nachbarn auf der Straße, der sofort darauf bestand, uns einzuladen – auf ein paar *Tamales*. Wir hatten schon mehr als genug gegessen und trugen noch einen Beutel voll *Tamales* zum Frühstück heim, aber wir konnten seine Einladung nicht abschlagen. Sein Haus quoll über von Gästen, die uns mit

Umarmungen und »*Feliz Navidad* – Frohe Weihnachten!« begrüßten. Festliche spanische Musik erklang im Hintergrund, während die Besucher ihre *Tamales* verzehrten.

Schließlich bat der Gastgeber um Ruhe und lud die Gäste ein, sich vor der kleinen tönernen Krippe unter dem Weihnachtsbaum zu versammeln. Alle knieten zu einer kurzen Feier zur Begrüßung des Kindleins in der Krippe nieder.

Als wir uns schließlich wieder auf den Heimweg machten, alle Taschen gefüllt mit der zweiten großzügigen Ladung *Tamales,* waren die Straßen leer und still. Wir gingen zu Bett mit reichgefülltem Magen und fröhlich in Herz und Sinn, wenn wir an die Erlebnisse des Abends zurückdachten.

Am Christtagsmorgen weckte uns ein Klopfen an der Tür. Ein Freund, ein K'ekchi', der selbst nicht viel besaß, brachte uns als Geschenk einen weiteren Teller des unübertrefflichen Leckerbissens: Heiße Weihnachts-*Tamales.* In diesen Weihnachtsfeiern, die sich so sehr von den gewohnten unterschieden, wurde Weihnachten für mich auf ganz neue Weise wirklich.

Mary Jane Newcomer, Lakes Wales, Florida

In Laos gehört zu den meisten festlichen Ereignissen wie Hochzeiten, Geburten oder Begrüßung von Freunden die traditionelle Zeremonie des Bänderknüpfens, *Baci.* Dabei versammeln sich Nachbarn und Freunde in einem Wohnhaus um den *Baci*-Baum, der aus Bananenblättern und Blumen gebunden und mit Kerzen und Bändern geschmückt wird.

Einer der Ältesten der Gemeinschaft leitet die Zeremonie mit einem Gesang, der dem Gesang buddhistischer Mönche in den Tempeln ähnelt. Der Gesang beginnt in der allseits vertrauten Pali-Sprache, doch bald beginnt der Älteste, humorvolle Anekdoten in der Lao-Sprache zu erzählen und den Feiernden Segenswünsche auszusprechen.

Während der Zeremonie ergreift die Person, der zu Ehren sie abgehalten wird, eines der Bänder, die vom Baum herabhängen, und hält es in Gebetshaltung in den Händen. Die restlichen Besucher schließen sich nun in einer Schlange an, indem jeder den Ellenbogen des/der vor ihm Stehenden leicht berührt. Auf diese Weise fließen die Segenswünsche des Ältesten bis

an den äußersten Rand des Kreises, wo sie bekräftigt und wieder zum Ehrengast zurückgeschickt werden.
Am Schluß der Zeremonie bindet der Älteste ein Band um die Handgelenke des Geehrten. Andere folgen seinem Beispiel. Während sie weitere Bänder knüpfen, singen sie einen Segensspruch: »Mögest du ein langes Leben haben, gute Gesundheit und zehn Kinder...« Dieser freudigen und ermutigenden Zeremonie folgt eine Mahlzeit, zu der auch ein Gericht namens *Lap* (Glück) gehört.

Lois Foehringer und David Merchant, Vientiane, Laos

Selbstgemachter Joghurt

Ergibt 2 kg

Dieses günstige Rezept für mageren Joghurt benötigt nicht mehr als 5 Minuten effektiver Arbeitszeit. Geben Sie den Joghurt zur weiteren Herstellung in eine Joghurtmaschine, den Backofen oder in eine Kühlbox.

In einer Schüssel vermischen:

1 kg Trockenmilch
1 3/4 l warmes Wasser

Mit einem Schneebesen verrühren.
In einer separaten Schüssel vermischen:

1/4–1/2 l angerührte Milch
125 g Naturjoghurt

Mit einem Schneebesen sorgfältig verrühren und der restlichen Milch hinzufügen. Erneut gut umrühren. Geben Sie die Flüssigkeit dann in die Behälter der Joghurtmaschine oder in ausgespülte Marmeladegläser. Lassen Sie die Mischung etwa 8 Stunden ruhen (»brüten«).
Herstellung in einem unbeleuchteten Backofen: Heizen Sie den Backofen auf 100 °C vor, schalten Sie den Backofen ab und stellen Sie dann die in Tücher gewickelten Marme-

ladegläser hinein. Lassen Sie alles 6–8 Stunden ruhen. (Unter Umständen müssen Sie den Backofen nach ein paar Stunden wieder erhitzen. Nehmen Sie dazu den Joghurt so lange aus dem Backofen und stellen Sie ihn erst dann wieder zurück.)
Herstellung in einem beleuchteten Backofen: Verfahren Sie wie oben angegeben, aber stellen Sie die gefüllten Marmeladengläser in den Backofen, ohne sie in Tücher zu wickeln.
Die ideale »Brüt«-Temperatur beträgt 61–66 °C. Bewahren Sie den Joghurt im Kühlschrank auf.
Variation: Setzen Sie die gefüllten Marmeladengläser in eine kleine Kühlbox. Füllen Sie die Box mit so viel heißem Leitungswasser, daß die Marmeladegläser gerade bedeckt sind. Verschließen Sie die Kühlbox gut und lassen Sie alles ca. 6 Stunden ruhen.
Anmerkung: Unsere Tester haben beim ersten Mal gekauften Naturjoghurt verwendet. Joghurt, der von selbstgemachtem Joghurt entnommen wurde, wird nach jeder erneuten Joghurtherstellung allmählich säuerlicher werden.

Marilyn Langeman, Akron, Pennsylvania

Bananen in Kokosnußsauce

(Thailand)

Glooay Booat Chee (gluh-eh baou-AHT tschih)

In der thailändischen Küche gibt es ziemlich viele Süßspeisen, sie werden jedoch nicht als Nachtisch serviert, sondern als Snack zwischen den Mahlzeiten. Der übliche Abschluß einer Mahlzeit ist eine Platte frischer Früchte, die kunstvoll zugeschnitten und raffiniert arrangiert werden.

Für 4–6 Personen

In einer Kasserolle erhitzen:

175 ml Kokosmilch

Hinzufügen:

2 TL Zucker (10 g)

1 Prise Salz

Aufkochen und 2 Min. bei geringer Wärmezufuhr ziehen lassen, dabei ständig umrühren. Vom Herd nehmen.

Einrühren:

3 große Bananen, geschält und in 1 cm dicke schräge Scheiben geschnitten

Nochmals 10 Sek. lang aufkochen lassen. Für sich allein oder mit Eiscreme oder süßem Klebrigem Reis servieren. Am besten sofort servieren, da sich die Bananen rasch verfärben.

Variation: Verwenden Sie gewöhnliche Milch mit 2 EL Kokosraspeln.

Khun Sureeporn und Lily Bérubé, Phanat Nikhom, Thailand

Horoset

(Israel)

(hah-ROH-set)

Diese symbolträchtige Speise, die bei den Juden Bestandteil des Passamahles ist, soll an den Mörtel erinnern, mit dem die Juden als Sklaven in Ägypten arbeiten mußten, und wird von jeder jüdischen Gemeinde nach eigenen Rezepten zubereitet. *Horoset* ergibt ein üppiges Dessert oder eine leckere Vorspeise, je nachdem, wie süß oder pikant Sie es würzen.

Ergibt 800 g

Reiben, mahlen oder in der Küchenmaschine verquirlen:

2 kleine Äpfel, geschält
3 Bananen, geschält
Saft und Schale von 1/2 Zitrone
Saft und Schale von 1/2 Orange
15 Datteln
125 g Erdnüsse, fein gemahlen
kandierte Früchte (nach Geschmack)

Vermischen mit:

1 TL gemahlener Zimt (5 g)
Zucker (nach Geschmack)
1/8 l Traubensaft oder trockener Rotwein (nach Belieben)

Zu kleinen Bällchen formen oder als Aufstrich auf *Matze*-Waffeln streichen, wie sie traditionell zum Passamahl gegessen werden. Um die Menge zu strecken und das Formen zu erleichtern, fügen Sie nach Belieben ein wenig Matzemehl zu. Matzemehl und -waffeln sind überall erhältlich, wo koschere Nahrungsmittel verkauft werden.

Variation: Verwenden Sie statt Matzemehl weißes Maismehl. Bestreuen Sie den Fruchtmörtel mit fein gehackten Mandeln oder Walnüssen.

Florence Kreider, Broadway, Virginia

Mangoschaum
(Indien)

Ahm Phul
(ahm fuhl)

Dieses Dessert ist schnell und einfach zuzubereiten – und hat den exotischen Geschmack frischer Mango.

Für 4–6 Personen

Zwei reife Mangos schälen, dann das Fleisch von den Kernen schneiden und in der Küchenmaschine pürieren.

Gut vermischen:

625 g pürierte Mango
1/8 l Milch

Mit einem Häubchen aus süßer Sahne servieren.

Variation: Falls die Mangos nicht reif genug sind, mit etwas Zucker nachsüßen.

Sie können auch Mangopüree aus der Dose verwenden, das in asiatischen Geschäften erhältlich ist.

Nav Jiwan International Tea Room, Ephrata, Pennsylvania

Eine Freundin nahm mich mit zu einem Besuch in einem Bauernhaus in Jamama im Süden Somalias. Als wir ankamen, begann die Gastgeberin, die auf dem Lehmfußboden ihrer Hütte hockte und kochte, sofort in einer Emailleschüssel Eier zu verquirlen. Sie fügte Mehl und Kardamomsamen bei. Nachdem sie den Teig in eine Kuchenform gegossen hatte, stellte sie ihn in eine etwas größere Form, die auf glühenden Kohlen auf dem Boden ruhte. Dann stülpte sie eine zweite Backform umgekehrt darüber und häufte glühende Kohlen darauf. Es dauerte nicht lange, bis wir einen leichten, duftigen Biskuitkuchen serviert bekamen!

Miriam Housman, Lancaster, Pennsylvania

Gebackene Planten in Orangensauce

(Guatemala)

Plátanos al Horno (PLAH-tah-nohß ahl OHR-noh)

Planten haben Ähnlichkeit mit großen Bananen. Die Haut der reifen Früchte ist schwarz und gibt sanftem Druck nach. Bewahren Sie sie im Kühlschrank auf. Sie können die Planten in diesem Rezept durch 5 Bananen ersetzen.

Für 6 Personen

Backtemperatur: 190 °C
Backdauer: 20–25 Min.

Backofen auf 190 °C vorheizen.
Schälen und in Scheiben schneiden:
3 sehr reife Planten
In eine gefettete Backform geben und Flocken darüberstreuen von:
2 EL Margarine (30 g)
Übergießen mit:
175 ml Organgensaft
Bestreuen mit:
1 TL geriebene Orangenschale (5 g)
1/4 TL gemahlener Zimt oder Muskat (1 g), nach Belieben
Nicht zugedeckt 20–25 Min. backen, dabei gelegentlich mit Fett begießen. Warm mit einem Schlagsahnehäubchen, Eiscreme oder Joghurteis servieren (nach Belieben).

Nav Jiwan International Tea Room, Ephrata, Pennsylvania

Preiselbeerschaum

(Finnland)

Vatkattu Marjapuuro
(vaht-KAHT-tuh mahr-jah-PUH-roh)

In Finnland, wo man wildwachsende Beeren reichlich findet, wird dieser Schaum aus wilden Beeren zubereitet, die Preiselbeeren in Geschmack und Aussehen ähnlich sind. Eine erfreulich leichte Nachspeise und einfach in der Zubereitung.

Für 6–8 Personen

In einer Kasserolle bei mittlerer Wärmezufuhr zum Kochen bringen:

3/4 l Preiselbeersaft

Sobald er kocht, langsam einstreuen:

6 EL Zucker (90 g)

Unter kräftigem Rühren langsam hinzufügen:

125 ml ungekochte Weizengrütze

Wärmezufuhr verringern und unter gelegentlichem Rühren ziehen lassen (6–8 Min.), bis die Masse eindickt. Sobald die Mischung dickflüssig ist, in eine große Rührschüssel umgießen und mit dem Handrührgerät auf höchster Geschwindigkeitsstufe 10–15 Min. verquirlen, oder bis die Mischung leicht und cremig ist und eine hübsche zartrosa Farbe hat. In eine Servierschüssel oder einzelne Schalen gießen. Innerhalb von 2 Std. bei Zimmertemperatur servieren.

Variation: Verwenden Sie statt Preiselbeersaft Apfel-, Erdbeer- oder Johannisbeersaft mit 1 EL Zitronensaft (15 ml).

Nav Jiwan International Tea Room, Ephrata, Pennsylvania

Ananaskuchen

(Jamaika)

Rechnen Sie eine große frische Ananas pro Kuchen.

Ergibt 1 Kuchen

Backtemperatur: 220 °C / 180 °C
Backdauer: 10 Min. / 30–40 Min.

Stellen Sie Blätterteig für einen Kuchen mit Kruste bereit.
In einer Kasserolle vermischen:

1–1 1/4 kg ungesüßte Ananasstücke, mundgerecht geschnitten, frisch oder aus der Dose (abgießen und Saft aufbewahren)
50 g Mehl
50 g Zucker
1/4 TL gemahlener Muskat (1 g)
1/4 TL gemahlener Zimt (1 g)
1 Prise Salz
2–4 EL Ananassaft oder Wasser (30–60 ml), je nach Bedarf

Bei mittlerer Wärmezufuhr unter ständigem Rühren kochen, bis die Mischung dickflüssig wird.
Vom Herd nehmen und einrühren:

1 EL Margarine (15 g)

Backofen auf 220 °C vorheizen. Die Hälfte des Blätterteiges ausrollen und den Boden einer 1l-Backform damit bedecken. Mit der Fruchtmischung füllen. Restlichen Teig ausrollen; schneiden Sie mehrere Schlitze in dessen Mitte und decken sie den Kuchen damit zu. Überstehenden Teig wegschneiden.

Ränder fest verschließen. 10 Min. backen. Hitze auf 180 °C reduzieren und 30–40 Min. backen, bis die Kruste leicht gebräunt ist.

Pauline Cousins, St. Mary, Jamaika

Einfaches Wassermelonendessert

(Korea)
Hwa Che
(hwah tscheh)
Die Koreaner bereiten aus Wassermelonen und *Ci-da,* einem kohlensäurehaltigen Getränk, ein einfaches Dessert zu, das ihr mit Zwiebel, Knoblauch, rotem Pfeffer und Sesamsamen gewürztes Essen ergänzt. Dieses Dessert eignet sich als schöner Abschluß vieler internationaler Mahlzeiten.

Schneiden Sie eine oder mehrere gekühlte **Wassermelonen** in Bällchen oder Würfel. Kurz vor dem Servieren mit **etwas Zucker** (nach Belieben) und zerstoßenem Eis bestreuen. **Mit Ginger Ale** übergießen und servieren.

Frau Chung, Seoul, Korea, und Pat Yoder, Goshen, Indiana

Wildfruchtpudding

(Vereinigte Staaten)

Menotse Inhino
(mihn-ohtz ih-NJE-noh)

Die Cheyenne bereiten Pudding – gewöhnlich Beerenbrei genannt – traditionsgemäß aus wilden Früchten oder Beeren zu, die sie in der Sonne dörren. Sie zerquetschen und zerstoßen die Beeren und formen sie zum Trocknen zu Küchlein.

Für 4–6 Personen

In einer Kasserolle vermischen:

500g getrocknete Pflaumen, Sauerkirschen oder andere Trockenfrüchte
1/2 l Wasser

Zudecken und 7–10 Min. weichkochen.

Paste bereiten aus:

1–2 EL Maisstärke (15–30 g)
2–3 EL Wasser (30–45 ml)
1 EL Zucker (15 g) oder nach Geschmack

Paste in die Früchtemasse einrühren. Unter ständigem Rühren bei geringer Wärmezufuhr kochen lassen, bis die Masse eindickt. 1/2 TL Margarine (2 g) hinzugeben, damit sich keine Haut bildet.

Heiß oder kalt servieren.

Variation: Die halbe Menge Trockenfrüchte durch frische oder tiefgekühlte Früchte oder Beeren ersetzen.

Mikrowelle: In einer zugedeckten 3 l-Kasserolle Trockenfrüchte und Wasser auf höchster Stufe 8–10 Min. garen, bis sie kochen. Paste bereiten und einrühren. Auf höchster Stufe noch einmal 5 Min. kochen.

Betty E. Hart, Clinton, Oklahoma

Würziger Reispudding

(Indien)

Payesh

(pai-ESCH)

Eine dünnflüssigere Version dieses wohlschmeckenden Reispuddings, ohne Rosinen und Cashewnüsse, wird zum Fest *Annaprashanna* gereicht, an dem man den Tag feiert, an dem ein sechs Monate altes Kind zum ersten Mal Reis zu essen bekommt. Während der Zeremonie darf jeder Gast das Kind mit einem Löffel *Payesh* füttern.

Für 4–6 Personen

In eine Kasserolle geben:

125 g Langkornreis
1/4 l Wasser

Aufkochen, dann zugedeckt 10 Min. bei geringer Wärmezufuhr ziehen lassen.

Hinzufügen:

3/4 l Milch
75 g brauner Zucker
2 Lorbeerblätter
2 Kardamomschoten
2,5-cm-Stück Zimtstange
2 ganze Nelken
1 Prise Salz
50 g Rosinen (nach Belieben)
2 EL ungesalzene Cashewnüsse (30 g), gehackt, nach Belieben

Wieder aufkochen lassen. Zugedeckt bei geringer Wärmezufuhr 30–45 Min. kochen lassen, dabei gelegentlich umrühren, damit die Mischung nicht am Topfboden anklebt. Sobald die Mischung dickflüssig geworden ist, vom Herd nehmen und einrühren:

1 TL Vanille (5 g)

Kaltstellen und als Dessert, kleinen Imbiß oder süßes Frühstück servieren.

Anmerkung: *Basmati,* ein aromatischer indischer Langkornreis, eignet sich besonders gut für dieses Gericht.

Mikrowelle: In einem 1l-Glasgefäß Milch

auf höchster Stufe 6 Min. erwärmen, oder bis sie heiß ist, aber noch nicht kocht. In einer 3 l-Kasserolle Milch, Reis und Gewürze (Wasser weglassen!) vermischen. Fest zudekken und auf höchster Stufe 6–8 Min. oder bis zum Aufkochen kochen, dann 25 Min. lang auf mittlerer Stufe. Nicht umrühren. Zu diesem Zeitpunkt ist der Pudding sehr milchig. Deckel abnehmen und Vanille, Rosinen und Cashewnüsse (nach Belieben) hinzufügen. Ohne Bedeckung auf mittlerer Stufe 3–5 Min. kochen oder bis die Milch zum Großteil absorbiert und der Reis weich ist. Umrühren. 10 Min. stehen lassen, damit die Masse eindickt. Kaltstellen.

Cynthia Peacock, Kalkutta, Indien

Gesüßter Klebriger Reis

(Laos)

Khao Niew Varn
(kau NIH-oh wahn)

Gesüßter Klebriger Reis wird gewöhnlich mit Mangos oder asiatischer Vanillesauce gegessen, paßt aber auch gut zu frischen oder konservierten Pfirsichen oder Bananen in Kokosnußsauce.

Für 6 Personen

Klebriger Reis (Rezept in diesem Buch) zubereiten aus:

500 g ungekochter Rundkornreis

Solange er noch warm ist, vermischen mit:

1/4 l Kokosmilch
75–125 g Zucker
1/2 TL Salz (2 g)

Zudecken und vor dem Servieren 15 Min. stehen lassen.

Linda Peachey, Lancaster, Pennsylvania

Zitronen-Weizengrütze-Pudding

(Italien)

Budino di Semolino
(buh-DIH-noh dih seh-moh-LIH-noh)

Italiener stellen diese gebackene Eiercreme speziell für alte Leute und als Leckerbissen für Kinder her. Familien schätzen sie als Dessert nach einer kräftigen Suppenmahlzeit.

Für 4–6 Personen

Backtemperatur: 160 °C
Backdauer: 30–35 Min.

In einer großen Kasserolle erhitzen:

3/8 l Milch

Bei geringer Wärmezufuhr unter ständigem Rühren langsam einrühren:

75 g ungekochte Weizengrütze

2–3 Min. kochen, bis die Masse dickflüssig wird. Vom Herd nehmen und hinzufügen:

125 g Zucker
2 EL Margarine (30 g)
1 Prise Salz

50 g Rosinen
1 1/2 EL Zitronensaft (20 ml) oder die abgeriebene Schale von 1 Zitrone
Gut umrühren, um Zucker und Margarine zu schmelzen.
Hinzufügen und glattrühren:
3 Eidotter
Unterheben:
3 Eiweiß, zu steifem Schnee geschlagen
In eine gefettete 2l-Kasserolle gießen und 30–35 Min. lang im auf 160 °C vorgeheizten Backofen backen. Die Kruste wird hellbraun, das Innere stockt wie gebackene Eiercreme.
Mikrowelle: Margarine in einem 1l-Glasgefäß etwa 30 Sek. zerlassen. Weizengrütze einrühren. Milch hinzufügen und lose zugedeckt auf höchster Stufe 6–8 Min. garen oder bis der Inhalt kocht, dann bei mittlerer Hitze 8–10 Min., bis die Masse eindickt. Alle 2 Min. umrühren. Inzwischen in einer 1l-Kasserolle Zucker, Salz, Zitronenschale, Eidotter und Rosinen vermischen. Mit der Getreidemischung verrühren und auf höchster Stufe 1–2 Min. garen. Eischnee unterheben und im Backofen backen.

Minnie Magro, Italien, und Naomi Fast, Newton, Kansas

Kokosnuß-Pudding

(Puerto Rico)

Tembleque
(tehm-BLÄH-käh)

Für 8 Personen

In einer Kasserolle vermischen:

1 l Kokosmilch
150 g Zucker
3/4 TL Salz (3 g), nach Belieben

Verwenden Sie ein wenig von der Milchmischung dazu, um

125 g Maisstärke

aufzulösen.

Den Rest der Milch hinzufügen. Bei mittlerer Wärmezufuhr kochen, dabei ständig umrühren, bis die Mischung dickflüssig wird. Wärmezufuhr verringern und weitere 5 Min. kochen. In eine Servierschüssel gießen. Mit gemahlenem Zimt bestreuen. Im Kühlschrank kaltstellen und gekühlt servieren.

Variation: Ersetzen Sie die Kokosmilch durch Kokosnußcreme (aus der Dose) und genug Milch, um 1 l zu erhalten. Zucker und Salz weglassen.

Mikrowelle: In einer 2 l-Kasserolle Salz, Zucker, Maisstärke und Kokosmilch vermischen. Auf höchster Stufe 6 Min. kochen. Umrühren. Weitere 4–10 Min. auf höchster Stufe kochen oder bis die Masse kocht und dickflüssig wird. Jede Minute einmal umrühren, damit sie glatt bleibt.

Elizabeth Figarella, Waterbury, Connecticut

Kaffeecreme

(Brasilien)

Pudim de Cafe
(puh-DIHN däi kah-FÄI)

Ergibt 12 Portionen

Backtemperatur: 180 °C
Backdauer: 30–40 Min.

In einer Kasserolle vermischen und erhitzen:
3/4 l Milch
1/4 l Schlagsahne oder Kondensmilch
Einrühren:
3 EL Instantkaffee (45 g)
3 EL abgeriebene Orangenschale (45 g)
10 Min. bei geringer Wärmezufuhr ziehen lassen.
Hinzufügen und gründlich vermischen:
5 Eier, gut verquirlt
1/2 TL Salz (2 g)
125 g Zucker
1 TL Vanille (5 g)
1/4 TL gemahlener Muskat (1 g)
Durch ein feinmaschiges Sieb abseihen. In eine 3,5 l-Kuchenform gießen. In eine größere wassergefüllte Form stellen und bei 180 °C 35–40 Min. im Backofen backen, bis die Masse gestockt ist. Abkühlen lassen, in Würfel schneiden und mit einem Häubchen Schlagsahne servieren.

Nav Jiwan International Tea Room, Ephrata, Pennsylvania

Flan
(Spanien)

(flahn)

Dieses köstliche Dessert aus Eiern und Milch ist in vielen Gebieten der Welt sehr beliebt, besonders dort, wo spanischer Einfluß spürbar wird. Die Köche in Lateinamerika fügen noch Kokosnuß hinzu.

Für 5–6 Personen

Backtemperatur: 180 °C
Backdauer: 35–40 Min.

SIRUP:
In einer kleinen Kasserolle bei geringer Wärmezufuhr erhitzen, bis die Mischung dunkelbraun wie Karamelsirup ist:

50 g Zucker
4 Tropfen Zitronensaft

Keine Sorge, wenn der Sirup etwas anbrennt. In eine Puddingform geben und Boden und Wände damit gut bestreichen. In den Kühlschrank stellen, während Sie den *Flan* zubereiten.

FLAN:
Aufkochen:

1/2 l Milch
1 TL Vanille (5 g)

In einer separaten Schüssel verquirlen:

4 Eier
175 g Zucker

Langsam die Eier-Zucker-Mischung der gekochten Milch zugeben. In die gekühlte Puddingform gießen und im Wasserbad in den Backofen stellen (nehmen Sie einen Behälter, der etwa 2,5 cm hoch mit Wasser gefüllt ist). 35–40 Min. bei 180 °C backen, bis ein in die Mitte eingestochenes Messer sauber herauskommt. Abkühlen lassen und aus der Form stürzen. Gekühlt servieren.

Variation: Costa Rica Kokosnuß-Flan *(Flan de Coco)* bereiten Sie folgendermaßen zu: Ersetzen Sie den Zitronensaft durch 2 EL Wasser (30 ml) und eine Prise gemahlenen Zimt. Zucker in der Eiermischung auf 50 g reduzieren, 1/4 l Milch durch 300 g Kondensmilch ersetzen und 1 EL Maisstärke (15 g) hinzufügen. 250 g Kokosraspel den Eiern und dem Zucker hinzufügen.

Mabel Pallares und Frances Penner, Madrid, Spanien
Luisa Cordero und Beverlee Ludema, San José, Costa Rica

Trifle
(Südafrika)

Trifle verwendet Kuchenreste mit Pudding und Früchten. Wenn Sie grüne oder rote Gelatine hinzufügen, erhalten Sie ein farbenfrohes Weihnachtsdessert. *Trifle* wird oft zu ganz besonderen Gelegenheiten zubereitet, zum Beispiel am 21. Geburtstag, einem besonders bedeutungsvollen Tag im Leben eines jungen Südafrikaners.

Für 8–10 Personen

In eine durchsichtige Glasschüssel krümeln:
Kuchen, wenigstens 1 Tag alt (am gebräuchlichsten ist weißer Kuchen)
Kuchen übergießen mit:
1 Schicht halb gestockter Gelatine, beliebiger Geschmack
Hinzufügen:
1 Schicht Vanillesauce oder Pudding
Darüberstreuen:
bunte Mischung frischer, tiefgekühlter oder konservierter Früchte, in Würfel oder Scheiben geschnitten
Hinzufügen, um die Früchte zu bedecken:
1 dünne Schicht Pudding
Jede Schicht wiederholen.
Als Häubchen daraufsetzen:
Schlagsahne
Kaltstellen, damit die Gelatine stockt.
Variation: Die Gelatineschicht weglassen und Vanillesauce oder Pudding unmittelbar auf die Kuchenkrümel gießen.

Olga Reimer, Mkuze, Natal, Südafrika

Schokoladencreme

(Frankreich)

Mousse au Chocolat (muhß oh scho-koh-LAH)

Ein üppiges Schokoladendessert.

Für 6 Personen

In einer Kasserolle vermischen:

100 g Blockschokolade, in Würfel gebrochen

1/2 l Wasser

Mischung bei geringer Wärmezufuhr aufkochen, ständig rühren, bis die Schokolade und das Wasser gut vermischt sind.

Hinzufügen:

175 g Zucker

1/8 TL Salz (0,5 g)

3 Min. bei geringer Wärmezufuhr ziehen lassen, dabei ständig umrühren. Vom Herd nehmen. In einer separaten kleinen Schüssel vermischen:

2 Blatt Gelatine

50 ml kaltes Wasser

Gut vermischen, dann durch Erhitzen auflösen und der Schokoladenmischung hinzufügen.

In einer separaten Schüssel leicht verrühren:

2 Eier

Löffelweise hinzufügen, jeweils 1 EL (15 ml):

4 EL Schokoladenmischung (60 ml)

Glattrühren. Der übrigen Schokoladenmischung hinzufügen und wieder auf den Herd stellen. Köcheln lassen, bis die Masse dickflüssig wird; nicht aufkochen lassen! Abkühlen lassen.

Hinzufügen:

1 TL Vanille (5 g)

1 EL Wein (15 ml), nach Belieben
Schlagen:
$1/2$ l Sahne
Die Schlagsahne der Schokoladencreme unterziehen. 3–4 Std. kaltstellen.
Variation: Mit Schlagsahne oder Schokoladenflocken oder geraspelter Kokosnuß garnieren.

Melody Rupley, Akron, Pennsylvania

Zitronenkuchen
(Norwegen)
Citron Kake
(sih-TROHN KAH-kah)
Kartoffelmehl, das Ähnlichkeit mit Maismehl hat, gibt diesem Kuchen seine glatte Konsistenz.

Ergibt 2 Laibe

Backtemperatur: 180 °C
Backdauer: 50–60 Min.

Verquirlen, bis die Mischung dickflüssig wird:
500 g Zucker
3 Eier
Hinzufügen und gründlich vermischen:
250 g Margarine, zerlassen
125 g Kartoffelmehl
625 g weißes Mehl
2 TL Backpulver (10 g)
$1/4$ l Milch
abgeriebene Schale von 1 Zitrone
Backofen auf 180 °C vorheizen. Teig in zwei Brotformen gießen (die Formen sollen nur am Boden eingefettet und bemehlt sein). 50–60 Min. backen. Aus den Backformen nehmen. Die noch warmen Laibe mit einer dicken Glasur aus dem **Saft von 1 Zitrone**

und **Puderzucker** überziehen. In Scheiben geschnitten mit frischen Früchten oder Sorbet servieren.

Variation: Falls kein Kartoffelmehl erhältlich ist, nehmen Sie statt dessen Maismehl oder Reismehl, oder erhöhen Sie den Mehlanteil auf 750 g.

Gerd Doroshuk, Dauphin, Manitoba

Käsekuchen

(Israel)

Dieses typische Sabbatdessert aus Israel ist cremig und üppig, aber nicht allzu süß.

Ergibt 1 Kuchen

Backtemperatur: 180 °C
Backdauer: 35 Min. / 10 Min.

Bereitstellen:
1 vorgebackener Mürbteigboden
Zu glatter Creme verquirlen:
500 g Quark
2 Eier, verquirlt
2 TL Vanille (10 g)
75 g Zucker
1/8 TL Salz (0,5 g)
In die vorgebackene Kuchenhülle gießen. Bei 180 °C im Backofen 35 Min. (oder bis die Mischung gestockt ist) backen. 10 Min. lang abkühlen lassen.
Cremig verquirlen:
250 g saure Sahne
Allmählich hinzufügen:
75 g Zucker
1 TL Vanille (5 g)
Über den Kuchen streichen. Noch einmal

10 Min. in den Ofen stellen. Kaltstellen und servieren.

Variation: Die saure Sahne weglassen. Kuchen völlig abkühlen lassen und mit frischen Früchten belegen (Pfirsiche, Erdbeeren, Aprikosen oder Ananas) und leicht gestockte Gelatine desselben Fruchtgeschmacks darübergeben. Kaltstellen und servieren.

Esther Ben Yoseph, Israel, und Florence Kreider, Broadway, Virginia

Ameisenkuchen
(Brasilien)

Bolo Formigeiro
(BOH-loh for-mih-GÄ-ih-roh)

Die »Ameisen« in diesem Kuchen sind Stückchen von geraspelter Schokolade und Kokosnuß. Dieser üppige, schwere Kuchen sollte gegessen werden, wie es in Brasilien Brauch ist – zu seltenen Gelegenheiten und in sehr kleinen Portionen. Sie verbrauchen ein paar Kalorien, wenn Sie den Eischnee nach brasilianischer Art schlagen – mit einer Gabel.

Für 20–30 Personen

Backtemperatur: 180 °C
Backdauer: 45–60 Min.

Vermischen:
500 g Mehl
500 g Zucker
250 g Maisstärke
125 g Kokosnuß, geraspelt
1 EL Backpulver (15 g)

Vermischen:
4 Eidotter
1/4 l Kokosmilch
250 g Margarine, zerlassen

Die trockenen und die flüssigen Zutaten vermischen.

Zu steifem Schnee schlagen:
4 Eiweiß

Der Mischung unterziehen.
Hinzufügen:
50–75 g Schokolade (halbbitter), geraspelt
1 Prise Salz
Behutsam verrühren. Backofen auf 180 °C vorheizen. Teig in eine gefettete und bemehlte hübsche Kuchenform gießen (3,5 l Inhalt). 45–60 Min. (je nach Größe der Form) backen, oder bis die Oberfläche goldbraun ist und sich ein Zahnstocher sauber wieder herausziehen läßt. Sobald der Kuchen abgekühlt ist, mit Puderzucker bestreuen.
Variation: Der Kuchen wird weniger kalorienreich, wenn Sie den Zucker auf 250 g, die Margarine auf 125 g und die Maisstärke auf 125 g reduzieren; verwenden Sie nur 3 Eier. Ersetzen Sie Maisstärke ganz oder teilweise durch Mehl. Nehmen Sie Milch statt Kokosmilch.

Dona Lourdes, Jardim Primavera, Recife, Brasilien, und Mert Brubaker, Lancaster, Pennsylvania

In Nordkenia gehört zur traditionellen Hochzeitszeremonie eine Prozession von vier verheirateten Männern und vier verheirateten Frauen, die Geschenke ins Haus der Brautmutter bringen. Auf ihrem Weg durchschreiten sie eine Reihe von symbolischen Toren. An jedem halten sie an, um Gebete um Frieden und Segen für beide Familien, alle ihre Herden und das jungvermählte Paar zu sprechen. Ein typisches Gebet ist folgendes:

Wir sind Menschen des Friedens
Frieden in der Nacht
Frieden am Tag
Frieden am Abend
Frieden mit den Tieren, die morgens weiden
Frieden mit den Tieren, die tagsüber weiden
Frieden mit den Tieren, die beim Zusammentreiben der Herden weiden
Frieden für das Brautpaar
Frieden für ihre Familien
Frieden im Norden
Frieden im Süden
Gott segne die Weiden mit Wasser für unsere Tiere.

David Adolphe-Laroche und B.J. Linquist-Laroche, Kalacha, Kenia

Baumkuchen nach alter Art

(Vereinigte Staaten)

Dieser hohe, saftige Kuchen, der oft mit getrockneten Apfelringen zubereitet wird, hat eine lange Tradition im Südosten von Kentucky und anderen Gebieten der USA. Wenn man keine fünf oder sechs Backformen derselben Größe hat, so kann man die Schichten jeweils zwei und zwei backen.

Für 12–15 Personen

Backtemperatur: 190 °C
Backdauer: 15 Min.

In einer Rührschüssel vermischen:

1 kg Mehl
250 g Zucker
2 TL Backpulver (10 g)
1 TL Speisesoda (5 g)
1/4 TL Salz (1 g)
1 EL gemahlener Ingwer (15 g)
1/2 TL gemahlener Muskat (2 g)

Einrühren:

250 g Margarine, zerlassen
1/4 l Buttermilch
3 Eier
250 g Melasse oder brauner Zucker

Gut vermischen, so daß ein schwerer Teig entsteht. Auf ein bemehltes Brett geben und in 6 gleiche Teile teilen. Jedes Teil leicht ausrollen und in eine gut gefettete und bemehlte runde 1,5 l-Backform geben. Mit der Gabel anstechen, damit der Teig sich beim Backen nicht aufbläht. 15 Min. im vorgeheizten Backofen bei 190 °C backen. Sobald die Kuchen abgekühlt sind, werden sie mit Zwischenschichten aus Apfelfüllung aufeinander gestapelt. Der Kuchen schmeckt am besten, wenn er in einem luftdichten Gefäß über Nacht oder noch länger ruhen kann, damit die Schichten saftig werden.

APFELFÜLLUNG:
Vermischen und weichkochen:

10–13 mittelgroße Äpfel, von den Kerngehäusen befreit und fein zerkleinert, **oder 500–625 g getrocknete Äpfel,** die Sie einige Stunden einweichen. Abgießen und Flüssigkeit aufheben, die Äpfel fein zerkleinern.
175 g Zucker
1 TL gemahlener Zimt (5 g)
1/2 TL gemahlene Nelken (2 g)
1/2 TL Gewürzmischung (2 g)

Wenn Sie getrocknete Äpfel verwenden, fügen Sie gerade genug von der Einweichflüssigkeit hinzu, um eine dicke Sauce zu erzielen.

Mikrowelle: Kochen Sie die zerkleinerten Äpfel für die Füllung in einem zugedeckten Gefäß auf höchster Stufe 5 Min. lang. Umrühren, zudecken und noch einmal 5–6 Min. weichkochen.
Zucker und Gewürze einrühren.

Dorothy Brogdon, Partridge, Kentucky, und Mary Score, Cumberland, Kentucky
Emma Reed und Lori Weiler, Letcher County, Kentucky

Die Ungarn sind sensibel für den Lauf der Jahreszeiten. Selbst Stadtbewohner in Budapest versäumen es nicht, zu den Erntefeiern zurück in ihre Dörfer zu pilgern. Sie behaupten – und das zu recht –, daß man nur lang genug an einem Ungarn kratzen muß, um unter der Schale einen Bauern zu finden.

Der Herbst ist eine Zeit des Zurückkehrens und Dankens. In Scharen reisen die Ungarn zurück zu ihren Wurzeln. Die Dörfer feiern das Fest des Neuen Weines und Allerheiligen. Die Kirchen planen spezielle Erntedankgottesdienste. Familientreffen, Ausgelassenheit und Lobpreis werden bei den Erntefeiern angenehm gemischt.

Joseph Miller, Ephrata, Pennsylvania

Appalachen-Pudding
(Vereinigte Staaten)

Für 8 Personen

Backtemperatur: 180 °C
Backdauer: 30–35 Min.

Backofen auf 180 °C vorheizen.
Glattrühren:
250 g Mehl
1 1/2 TL Backpulver (7 g)
1/2 TL Salz (2 g)
175 g Zucker
1/4 l Milch
1/2 TL Vanille (2 g)
In einer 3,5 l-Backform zerlassen:
125 g Margarine
Teig in die Backform gießen.
Auf den Teig geben:
1 kg frische oder konservierte Früchte oder Beeren, abgetropft (Flüssigkeit aufbewahren)
Übergießen mit:
1/4 l Fruchtsaft
30–35 Min. backen, bis der Kuchen hellbraun ist. Aus dem Backofen nehmen und **1/8 l Fruchtsaft** darübergießen, damit der Pudding feucht bleibt.
Variation: Fügen Sie den Äpfeln 1/2 TL gemahlenen Zimt (2 g) zu.

Emma Reed und Lori Weiler, Letcher Country, Kentucky

Ingwerpudding

(Lesotho)

Dieser gedämpfte Pudding ist in ganz Südafrika verbreitet.

Für 6–8 Personen

Backtemperatur: 190 °C
Backdauer: 50–55 Min.

In einer viereckigen Backform von 2 l Fassungsvermögen vermischen:

1/2 l kochendes Wasser
125 g Zucker
1/4 TL Salz (1 g)
1 EL Essig (15 ml)

Rühren, bis der Zucker sich auflöst. Beiseite stellen. In einer separaten Schüssel vermischen:

75 g Margarine, zerlassen
75 g Backfett, zerlassen
500 g Mehl
2 EL Aprikosen-, Johannesbeer- oder Pflaumenmarmelade (30 g)
1 TL Speisesoda (5 g)
1 1/2 TL gemahlener Ingwer (7 g)

Gut vermischen, etwas Milch hinzufügen, falls der Teig zu trocken wird. Backofen auf 190 °C vorheizen. Die Kuchenmischung löffelweise in den Sirup tropfen lassen. Fest mit einem Deckel oder Alufolie verschließen (damit sich Dampf entwickeln kann) und 50–55 Min. backen oder bis die Masse gestockt ist. Mit Vanillesauce, Schlagsahne oder Milch servieren.

Gudrun Mathies, Elmira, Ontario
Gillian Gator, England, und Rose Breneman Stewart, Lancaster, Pennsylvania

Als mein Mann und ich am polytechnischen Institut von Virginia studierten und noch nicht verheiratet waren, hatten wir die wunderbare Möglichkeit, in Hillcrest Hall, einem internationalen Wohnheim, zu wohnen.

Einhundert Menschen aus 27 Ländern lebten zu dieser Zeit dort. Wir lernten neue Sprachen, aßen unbekannte Speisen und begannen, uns als Teil einer globalen Gemeinschaft zu fühlen. Als wir heirateten, baten wir unsere Freunde aus dem Wohnheim, uns als Hochzeitsgeschenk Rezepte aus ihrer Heimat zu geben. Wenn wir heute aus unserem »Hillcrest-Hall-Kochbuch« kochen, erinnern wir uns an liebe Freunde aus der ganzen Welt.

Carla Kaye Jones, Hampton, Virginia

Obstkuchen
(Deutschland)

Obstkuchen ist für Augen und Gaumen gleichermaßen eine Freude. Er bietet sich als farbenfrohe Alternative zu dick mit Zuckerguß glasierten Torten an; Kinder helfen gerne mit, die Früchte zu arrangieren.

Ergibt 1 flachen Kuchen

Backtemperatur: 180 °C
Backdauer: 20–30 Min.

Backofen auf 180 °C vorheizen.
Cremig rühren:
125 g Margarine
125 g Zucker
1 Ei
1/2 TL Vanille (2 g)
Einrühren:
425 g Mehl
2 TL Backpulver (10 g)
1/4 l Milch
Verquirlen, bis die Masse glatt ist. In eine gefettete und bemehlte 30cm-Kuchenbodenform oder eine tiefe Pizzaform gießen. 20–30 Min. backen. Abkühlen lassen und auf eine Kuchenplatte stürzen. Den Kuchenboden mit einem hübschen Arrangement frischer oder konservierter Früchte bedecken (z. B. der Länge nach geschnittenen Bananen, Ananasringen, Maraschinokirschen, Aprikosen oder Pfirsiche). Mit Glasur bedecken (siehe unten). Mit Schlagsahne oder Sorbet servieren.

GLASUR:
In einer Kasserolle vermischen:
1/4 l Fruchtsaft
1 TL Zitronensaft (5 ml)
1 EL Maisstärke (15 g)

Kochen, bis die Masse dickflüssig wird. Leicht abkühlen lassen, Flüssigkeit über die Früchte geben.

Hildegard Petry und Cathy Gingerich Stoner, Krastel, Deutschland
Martha Miller, Bronx, New York

Fruchtmeringe
(Neuseeland)

Pavlova
(pav-LOH-vah)

Für dieses ungewöhnliche Dessert benötigt man frische Früchte erster Qualität. Stellen sie *Pavlova* am besten her, wenn die Früchte erntefrisch sind.

Für 4–6 Personen

Backtemperatur: 120 °C
Backdauer: 60 Min.

Backofen auf 180 °C vorheizen.
Zu weichem Schnee verquirlen:
6 Eiweiß
1 TL Weinstein (5 g)
1/4 TL Salz (1 g)
Weiterschlagen und allmählich hinzufügen:
250 g Zucker
In den steifen Schnee einschlagen:
2 TL Maisstärke (10 g)
1 TL Essig (5 ml)
1 TL Vanille (5 g)
Aus einer braunen Papiertüte einen Kreis von 22 cm Durchmesser ausschneiden. Die Unterseite mit Wasser befeuchten und auf ein Kuchenblech legen. Geben Sie die Eiweißmischung auf den Kreis und drücken Sie in der Mitte eine Mulde ein. In den Backofen stellen. Temperatur auf 120 °C reduzieren und 1 Std. backen, oder bis der Schaum zart-

braun ist. Abkühlen lassen. Messer waagerecht zwischen dem Papier und dem feuchten Meringeboden durchschieben. Kuchen vom Papier auf einen Teller geben. Die Mulde mit frischen Erdbeeren, Himbeeren oder Kiwischeibchen füllen.

Carla Kaye Jones und George Switzer, Hampton, Virginia

Baklava
(Naher Osten)
(bahk-LAH-vah)

Baklava, auch griechische Kuchen genannt, ist ein sehr beliebtes Festtagsdessert im ganzen Mittelmeerraum. Die Zubereitung ist einfach, benötigt jedoch ihre Zeit. Planen Sie reichlich Zeit ein, wenn Sie zum ersten Mal mit Phylloteig arbeiten. Servieren Sie dieses üppige und sehr süße Dessert in kleinen Portionen.

Ergibt 30 Stück

Backtemperatur: 160 °C
Backdauer: 1 Std.

Vermischen und beiseite stellen:
500 g Nüsse, gehackt (Walnüsse, Mandeln, Pistazien oder eine Mischung von allen)
250 g Zucker
1 EL Wasser (15 ml)
1 EL Vanille (15 g)
1 TL Zimt (5 g)
Bereitstellen:
300 g Butter, zerlassen
Bogen einzeln auseinandernehmen und zuschneiden, so daß sie genau den Boden einer 3,5 l-Backform bedecken:
1 Packung Phylloteig (etwa 30 Bogen)
Form mit zerlassener Butter bestreichen. Die Hälfte der zugeschnittenen Teigbögen in die Backform geben, jeden Bogen einzeln mit zerlassener Butter bestreichen. Nußmischung

daraufgeben. Mit zerlassener Butter beträufeln. Die restlichen Teigblätter darüberlegen, jedes einzeln mit Butter bestreichen. Mit einem sehr scharfen Messer den ganzen Inhalt der Backform der Länge nach in 5 Streifen schneiden. Die Streifen vorsichtig mit diagonalen Schnitten in rhombenförmige Stücke teilen. Die restliche zerlassene Butter darüberträufeln. Im vorgeheizten Backofen (160 ° C) 1 Std. lang backen, oder bis die Kruste goldbraun ist.

SIRUP:
In einer Kasserolle vermischen:
3/8 l Wasser
300 g Zucker
Aufkochen und 10 Min. bei geringer Wärmezufuhr ziehen lassen.
Einrühren:
2 EL Zitronensaft (30 ml)
2 EL Honig (30 g)
Etwas abkühlen lassen. Über die gebackene *Baklava* gießen. Völlig abkühlen lassen und zum Servieren in Rhomben schneiden.
Variation: Teilen Sie die Phylloteigbögen in drei, die Nüsse in zwei Schichten. Schmeckt ebenfalls köstlich!

Alice W. Lapp, Akron, Pennsylvania

Wenn es in den Bergen im Libanon schneit, sammeln die Kinder saubereren Schnee und fügen Fruchtsaft und Zucker hinzu, um eine beliebte Süßigkeit, *Yuksuma,* zuzubereiten. An verschneiten Abenden versammeln sich große Gruppen von Jungen und Alten um die Holzfeuer in den Öfen, essen *Yuksuma,* erzählen Geschichten und Witze, stricken und singen.

Scones mit Schlagsahne und Marmelade
(England)
Ein Leckerbissen mit langer Tradition, der zum Tee serviert wird.

Ergibt 18 Scones

Backtemperatur: 230 °C
Backdauer: 12–15 Min.

Backofen auf 230 °C vorheizen.
Vermischen:
750 g Mehl
1/2 TL Salz (2 g)
2 EL Backpulver (30 g)
50 g Zucker
Hineinschneiden:
125 g Margarine
Hinzufügen:
150 ml Milch
Gut durchkneten, nach Bedarf weiteres Mehl zugeben, bis der Teig nicht mehr klebt. Teig mit den Handflächen 1 cm dick ausklopfen. Mit einem Keksausstecher oder dem bemehlten Rand eines Glases 18 Kreise ausstechen. Auf ungefettete Backbleche geben. 12–15 Min. bei 230 °C backen. Etwas abkühlen lassen. Mit Butter bestreichen, dann ein Klümpchen Marmelade und einen Löffel voll ungesüßte Schlagsahne daraufgeben.
Variation: Nachdem Sie die Milch zugegeben haben, geben Sie dem Teig noch 125–175 g Rosinen oder Korinthen zu.

Leslie Book, Managua, Nicaragua

Bananen-Hafermehl-Kekse
(Jamaika)

Ergibt ca. 56 Stück

Backtemperatur: 190 °C
Backdauer: 12–15 Min.

Verrühren, bis die Mischung leicht und cremig wird:
175 g Margarine
250 g Zucker
Dazugeben:
1 Ei, verquirlt
Hinzufügen:
2–3 Bananen, geschält und zu Brei zerdrückt
875 g grobe Haferflocken
125 g Erdnüsse oder Mandeln, gehackt
Gründlich vermischen.
In einer separaten Schüssel vermischen:
300 g Mehl
1/2 TL Speisesoda (2 g)
1/2 TL Salz (2 g)
1/4 TL gemahlener Muskat (1 g)
3/4 TL Zimt (3 g)
Der Bananenmischung hinzufügen und gründlich vermischen. Backofen auf 190 °C vorheizen. Den Teig teelöffelweise auf ungefettete Backbleche tropfen lassen (etwa 3,5 cm Abstand zwischen den Klümpchen lassen). 12–15 Min. backen oder bis sie goldbraun sind. Auf einem Rost abkühlen lassen.

Pauline Cousins, St. Mary, Jamaika

Sesamplätzchen

(Nigeria)

Zakin Ridi

(ZAH-kin rih-dih)

Kinder haben Spaß daran, diese Kekse auszuschneiden. Ein mildes, süßes Gebäck mit reichlich Nuß- und Sesamgeschmack.

Ergibt ca. 60 Stück

Backtemperatur: 200 °C
Backdauer: 8–10 Min.

Cremig rühren:

175 g Backfett oder Margarine
250 g Zucker
2 Eier
1 TL Vanille (5 g) oder 1/2 TL Zitronenöl (2 ml)

Hinzufügen:

625 g Mehl
1 TL Backpulver (5 g)
1 TL Salz (5 g)
250 g Sesamsamen

Rühren, bis alles gut vermischt ist. Zudecken und mindestens 1 Std. lang kaltstellen. Backofen auf 200 °C vorheizen. Den Teig auf einem leicht bemehlten, mit einem Tuch bedeckten Brett 1/3 cm dick ausrollen. Die gewünschten Formen ausschneiden oder ausstechen. Auf ungefettete Backbleche geben. 8–10 Min. backen oder bis sie gerade hellbraun werden.

Martha Adive und Suzanne Ford, Jos, Nigeria

Ingwerriegel aus Grasmere
(England)

Dieses Rezept für Vollweizenriegel mit einem Schuß Ingwer stammt aus dem Dorf Grasmere im englischen Lake District, wo der Dichter William Wordsworth lebte. Diese Riegel sind knuspriger und gehaltvoller als weiche Pfefferkuchen.

Ergibt 24 Stück

Backtemperatur: 160 °C
Backdauer: 20–25 Min.

Backofen auf 160 °C vorheizen.
In einer Schüssel vermischen:
500 g Vollweizenmehl
175 g grobe Haferflocken
3/4 TL Speisesoda (3 g)
1 1/2 TL Weinstein (7 g)
1 EL gemahlener Ingwer (15 g)
175 g brauner Zucker
Hineinschneiden, bis die Mischung Ähnlichkeit mit Brotkrümeln hat:
250 g Margarine
Einrühren:
50 ml Milch
In eine niedrige, gefettete Backform (3,5 l Inhalt) geben und mit einer bemehlten Gabel kräftig niederdrücken. 20–25 Min. backen, bis sie blaßbraun sind. In Stücke schneiden, solange sie noch warm sind, aber in der Pfanne belassen, bis sie völlig abgekühlt sind. In einem luftdicht verschlossenen Gefäß aufbewahrt, halten sie sich gut.

Betsy Byler, Fairfax, Virginia

Kokosnuß-Knusperle

(Indien)

Bolinha

(bohl-IHN-jah)

Diese einzigartigen Plätzchen, die mit Weizengrütze zubereitet werden statt mit Mehl, sind im indischen Staat Goa sehr beliebt. Das Originalrezept verlangt sechs Eidotter; wir haben sie durch drei ganze Eier ersetzt.

Ergibt ca. 60 Stück

Backtemperatur: 190 °C
Backdauer: 8–10 Min.

In einer Kasserolle vermischen:

250 g Zucker
1/8 l Wasser

Aufkochen (etwa 5 Min.), so daß ein dünner Sirup entsteht.

Hinzufügen:

750 g frische oder abgepackte Kokosnuß, geraspelt
1/4 TL Zimt (1 g)

Bei geringer Wärmezufuhr unter ständigem Rühren 5 Min. kochen lassen. Vom Herd nehmen und abkühlen lassen.

Der abgekühlten Kokosnußmischung abwechselnd hinzufügen:

3 Eier
500–625 g Weizengrütze

Gut vermischen. Backofen auf 190 °C vorheizen. Teig löffelweise auf gefettete Kuchenbleche tropfen lassen und 8–10 Min. lang goldbraun backen.

Rose Chater, Bardez, Goa, Indien, und Cynthia Peacock, Kalkutta, Indien

In den Niederlanden tauschen die Christen Weihnachtsgeschenke traditionell am Vorabend des Nikolaustages aus. St. Nikolaus, ein in Spanien geborener Bischof aus dem vierten Jahrhundert, kam im Boot in die Niederlande. Er gilt als besonderer Freund der Seeleute und Kinder. Die Legende sagt, daß er heimlich Geld durch die Fenster von armen Leuten warf, die ihre Kinder in die Sklaverei verkaufen wollten, und ebenso durch die Schornsteine von armen jungen Frauen, die eine Mitgift benötigten.

Einige moderne Bräuche haben ihren Ursprung in dieser Geschichte. Eltern werfen Pfeffernüsse in den Raum und legen Geschenke unter den Kamin. Viele Familien tauschen ihre Geschenke anonym aus. Sie kaufen kleine Geschenke und schreiben humorvolle Gedichte, die sich auf ein Erlebnis beziehen, das der Empfänger während des Jahres hatte.

Juliëtte Kuitse, Elkhart, Indiana

Holländische Gewürzkekse

(Niederlande)

Speculaasjes
(spai-kuh-LAHSS-jes)

Speculaasjes, vielerorts auch Windmühlenkekse genannt, haben ihren Namen von einer in den Niederlanden hergestellten Mischung aus gemahlenem Zimt, Ingwer, Nelken und Piment. Früher wurden sie am Nikolaustag, dem 6. Dezember, gebacken, heute sind sie eine das ganze Jahr über beliebte Köstlichkeit.

Ergibt ca. 36 Stück

Backtemperatur: 160 °C
Backdauer: 10–12 Min.

Cremig rühren:

150 g Margarine
175 g brauner Zucker
1 Ei

Milch und trockene Zutaten abwechselnd hinzufügen:

675 g Mehl
1/2 TL Backpulver (2 g)
1/2 TL Salz (2 g)
1 TL Zimt (5 g)
1/2 TL gemahlener Ingwer (2 g)
1/4 TL gemahlene Nelken (1 g)
1/2 TL Gewürzmischung (2 g)
75 ml Milch

Den Teig mit bemehlten Händen glattkneten. Mindestens 4 Std. kaltstellen. Auf einem bemehlten Brett dünn ausrollen und Formen ausschneiden oder -stechen. Auf einem gefetteten Backblech 10–12 Min. lang im auf 160 °C vorgeheizten Backofen backen.

Juliette Kuitse, Elkhart, Indiana

Mandelplätzchen
(China)
Xingren Dangang
(sching-RAN DAHN-gahng)

Ergibt ca. 90 Stück

Backtemperatur: 190 °C
Backdauer: 10 Min.

Cremig rühren:
250 g Backfett oder Margarine
175 g Zucker
Hinzufügen:
2 Eier, eins nach dem anderen
1 EL Mandelöl (25 ml)
2–4 Tropfen gelbe Lebensmittelfarbe (nach Belieben)
Vermischen:
625–750 g Mehl
1/2 TL Speisesoda (2 g)
1/4 TL Salz (1 g)
Vermischen Sie mit den Fingern die trockenen Zutaten mit der nassen Mischung zu einem ziemlich schweren Teig. Diesen halbieren. Auf einem bemehlten Brett jede Hälfte mit dem Handflächen zu einer ca. 30 cm langen, 3,5 cm dicken Nudel ausrollen. In Wachspapier wickeln und 3 Std. im Kühlschrank kaltstellen.
Backofen auf 190 °C vorheizen.
Leicht verquirlen:
1 Eiweiß
Teigrolle in 0,7 cm dicke Scheibchen schneiden und auf ein ungefettetes Kuchenblech legen. Je eine **Mandelhälfte** in die Mitte jedes

Plätzchens drücken. Mit dem Eiweiß bestreichen und 10 Min. backen.

Nav Jiwan, International Tea Room, Ephrata, Pennsylvania

Schokotrüffel

(Frankreich)

Truffes au Chocolat (truhf oh schoh-koh-LAH)

Diese Schokoladentrüffel werden Ihnen auf der Zunge zerschmelzen – allerdings auch auf den Fingern, denn sie werden von Hand gerollt. Unsere Mitarbeiterin schreibt: »Zur Weihnachtszeit sieht man in Frankreich und Belgien die Leute an allen Ecken und Enden Schokotrüffel zubereiten.«

Ergibt 25–30 Stück

Zerlassen und bei sehr geringer Wärmezufuhr in einer Kasserolle verrühren:

175 g Schokolade, halbbitter

3 EL Milch (45 ml)

Hinzufügen:

6 EL Butter (90 g)

Kurz verrühren, bis alles geschmolzen und gut vermischt ist. Vom Herd nehmen. Mindestens 4 Std. oder über Nacht kaltstellen. Kleine Bällchen formen – verwenden Sie einen Teelöffel oder die Finger. Die Mischung erscheint erst sehr widerspenstig, wird aber durch die Handwärme rasch weich. In Kakaopulver rollen, bis die Bällchen damit völlig bedeckt sind. Die Trüffel halten sich im Kühlschrank etwa eine Woche, bei Zimmertemperatur ein bis zwei Tage.

Variation: Die Bällchen statt in Kakaopulver in geraspelten Kokosnüssen, Schokoladenstreuseln oder feingehackten Nüssen wälzen.

Nicole Roose, Brüssel, Belgien, und Sylvia Shirk Charles, Somerville, Massachusetts

Denis Sengualane, ein anglikanischer Bischof aus Mosambik, erzählte die folgende Geschichte. Sie soll Weltreisenden Mut machen, mit wachen Augen durch ihre Umwelt zu gehen und die Bedürfnisse einer Welt voll Hunger auch dann zu verstehen, wenn sie im Urlaub sind.

Der Bischof hatte eine Kirchenkonferenz in Madagaskar besucht, die in einem typischen Touristenhotel abgehalten worden war. Eines Morgens, als er in der Schlange vor dem Frühstücksbuffett wartete, beobachtete er den Koch beim Spiegeleierbraten. Er sah ihm zu, wie er ein Ei nach dem anderen in die Pfanne schlug, sorgsam den Dotter inspizierte und dann wiederholt ein oder zwei, ja sogar drei Eier in den Abfallkübel warf, bevor er zufrieden war.

Der Bischof geriet in Zorn, als er daran dachte, wie knapp die Nahrungsmittel in seinem Heimatland waren – Eier gab es dort kaum jemals zu kaufen. Die Mitglieder seiner Pfarre, die ihn zum Flughafen chauffiert hatten, hatten ihm voll Aufregung von einer besonderen Freude erzählt: Die Familie hatte sechs Eier als Geschenk erhalten, und nun freuten sich alle auf ihre Schlemmermahlzeit am Abend. Als er an diese Familie dachte und all die Leute in Mosambik, die froh gewesen wären, auch nur eines von diesen weggeworfenen Spiegeleiern zu haben, empörte sich der sonst so sanfte Bischof und wandte sich an den Koch.

»Mein Sohn«, sagte er, »warum wirfst du denn so viele Eier weg? Weißt du nicht, daß viele Menschen auf der Welt verhungern und daß solche Verschwendung Sünde ist?«

Der Koch sah sehr niedergeschlagen aus. Er antwortete: »O ja, ehrwürdiger Vater, ich weiß, daß es falsch ist. Aber der Hoteldirektor schreibt mir vor, es so zu machen, denn die Touristen, die von weither kommen, essen keine Spiegeleier, an denen die Dotter nicht mehr ganz sind.«

Leona Dueck Penner, Winnipeg, Manitoba (aus dem »Mennonite Reporter«, 22. Januar 1990, S. 12)

Seit 400 Jahren feiern die spanischen Einwohner im Norden New Mexikos Weihnachten in einer Mischung von spanischen und einheimischen Bräuchen und Speisen. Ein traditionelles Weihnachtsfest in New Mexiko muß das Anzünden von *Luminarias,* auch *Farolitos* genannt, beinhalten.

Um diese Lichter herzustellen, gibt man ein paar Handvoll Sand in braune Papiertüten und steckt eine kleine, langsam abbrennende Kerze in den Sand. In der Abenddämmerung werden die Kerzen angezündet. Reihen von sanft scheinenden Lichtern säumen die Straßen, Bürgersteige, Einfahrten und sogar Flachdächer. Die Menschen in den Bergen entzünden manchmal für dasselbe Ritual große Feuer mit *Piñon* und Zedernholz.

Daniel Erdman, Lancaster, Pennsylvania

Gebet eines Touristen

Herr, ich will kein Zuschauer sein,
kein Pauschalreisender, der durchs Busfenster
einen Blick auf die wirkliche Welt wirft,
kein bloßer Zuschauer angesichts von Armut
und Not und Heimatlosigkeit

Herr, mache mich betroffen – rufe mich –
beziehe mich ein – verpflichte mich –
Und Herr – hilf mir, aus dem Bus auszusteigen.

Freda Rajotte, Weltrat der Kirchen, Genf, Schweiz
(mit freundlicher Genehmigung der Autorin)

Geographisches Verzeichnis

Allgemeines Verzeichnis

Originalbezeichnungen der Rezepte